Gesichter, Geschichten, Geheimnisse

Gesichter, Geschichten, Geheimnisse

Deutsche Lebensläufe aus 2000 Jahren

Herausgegeben von
Winifred König und Claudia Schreiner

nicolai

Begleitbuch zur Fernsehreihe »Geschichte Mitteldeutschlands«
des Mitteldeutschen Rundfunks (MDR)
Produktion: OTTONIA Media GmbH
Leitung: Dr. Claudia Schreiner
Redaktion: Winifred König

Text- und Bildredaktion: Lew Hohmann
Umschlaggestaltung: Beatrix Vogel

© Nicolaische Verlagsbuchhandlung GmbH, Berlin
Lektorat: Antonia Meiners, Berlin
Layout und Satz: Lisa Neuhalfen
Repro: Mega-Satz-Service, Berlin
Druck und Bindung: Rasch, Bramsche
Alle Rechte vorbehalten
Printed in Germany
ISBN 3-89479-183-7

Inhalt

Vorwort

Was wir heute sind, sind wir geworden. Wie wir es geworden sind, erfahren wir durch die Beschäftigung mit der Vergangenheit. So entsteht Identität. Thüringen, Sachsen-Anhalt und Sachsen, die drei Länder des MDR-Sendegebietes, haben zweifelsfrei eine große, wechselvolle Geschichte, die unendlich viel Stoff, auch für eine filmische Auseinandersetzung, bietet. Deshalb rief der MDR vor nun schon fast zehn Jahren das Multimediaprojekt »Geschichte Mitteldeutschlands« ins Leben. Der Erfolg macht deutlich: Geschichte, lebendig und anschaulich ins Bild gesetzt, ist von großem Interesse für ganz sicher mehr als einen Abend. Menschen stehen im Mittelpunkt der Reihe, deren Schicksale und Biografien wesentliche geschichtliche Ereignisse und Epochen in der Region und oftmals weit darüber hinaus geprägt haben. Da waren die großen Herrscherpersönlichkeiten, deren Wirken die territoriale und machtpolitische Entwicklung in dem Raum beeinflusst hat, den wir »Mitteldeutschland« nennen. Männern wie August dem Starken verdankt Sachsen seinen Eintritt in die große Weltpolitik. Kaiser Otto der Große war einer der bedeutendsten Herrscher seiner Zeit. Frauen wie die heilige Elisabeth oder die thüringische Königstochter Radegunde lebten den Menschen ihrer Zeit ein Ideal vor, das in den wesentlichen Zügen noch heute Gültigkeit hat. Vieles wissen wir über ihr Wirken. Doch wie lebten sie? Was quälte oder freute sie? Antworten auch jenseits der Fakten zu suchen, die Schicksale dieser Menschen lebendig werden zu lassen, das ist das Anliegen der Reihe. Das wachsende Interesse der Zuschauer nicht nur in unserem Sendegebiet bestätigt diesen Weg. Dass dabei der Wunsch vieler Menschen, ein dem veränderten Anspruch der »Geschichte Mitteldeutschlands« entsprechendes Buch zu lesen, immer drängender wurde, hat uns angespornt. Die Lebensgeschichten von 15 Protagonisten der »Geschichte Mitteldeutschlands« aus nahezu 2000 Jahren sind in diesem Band versammelt. Wir wünschen ihm viele interessierte Leser, nicht nur in Mitteldeutschland.

Claudia Schreiner / Winifred König

Die Heilige Radegunde; französische Bilderhandschrift

Steffen Jindra

Radegunde
Die geraubte Prinzessin 518–587

Die Unbekannte

Radegundes Name ist in Deutschland nur wenigen ein Begriff. Dabei klingt ihre Lebensgeschichte fast wie ein Märchen: Geboren in Zeiten der Völkerwanderung als Prinzessin eines legendären Reiches in der Mitte Europas, wird sie als Kind zur Siegesbeute in einer blutigen Schlacht, später zur Königin im Land ihrer Feinde und schließlich zur glühend verehrten Heiligen. Im Gegensatz zu den Deutschen sind die Franzosen besser informiert. Bei ihnen rangiert Sainte Radegonde in der Popularität nur knapp hinter Jeanne d'Arc und genießt den Ruf einer Nationalheiligen. Es mag daran liegen, dass sie den größten Teil ihres Lebens im heutigen Frankreich verbracht hat und in Poitiers begraben ist. Allerdings wissen nur wenige unserer Nachbarn im Westen, dass Radegunde ursprünglich aus Thüringen stammt.

Die Quellensituation erscheint auf den ersten Blick günstig, denn schon kurz nach ihrem Tod verfasste Venantius Fortunatus, der sie noch persönlich kennen gelernt hatte, eine Schrift über das Leben der Radegunde. Doch schrieb er keine Biografie im modernen Sinn, sondern die Vita einer Heiligen. Gedacht als Anleitung zur Frömmigkeit, stilisiert Fortunatus Radegunde darin zum Ideal einer vorbildlichen Christin, deren Weg von Wundern begleitet ist und in strahlender Heiligkeit endet. Wichtige Fakten fehlen, wie auch jede Kritik an der Heldin. Dennoch kann uns, dies eingedenk, das Werk als Orientierung auf der Suche nach den Spuren von Radegundes Leben dienen.

Prinzessin im Reich der Thüringer

»Von Geburt ist Radegunde eine Barbarin aus dem Lande Thüringen«, so beginnt die Vita des Venantius Fortunatus. Für den aus Italien stammenden Dichter lag jenes Land zweifellos außerhalb der zivilisierten Welt. Die Thüringer, wahrscheinlich verwandt mit den schon in der Antike erwähnten Hermunduren, stammen aus Mitteleuropa und tauchen um das Jahr 400 erstmals in den Berichten römischer Chronisten auf.

Radegundes Geburtsjahr liegt im Dunkeln. Historiker einigten sich auf die Zeit zwischen 518 und 520. Unbekannt ist auch der Name ihrer Mutter, ver-

»Chlotar aber führte Radegunde, König Berthachars Tochter, bei seiner Rückkehr als Gefangene mit sich.« *Aus der Chronik des Gregor von Tours*

Venantius Fortunatus, Verfasser einer zeitgenössischen Biografie Radegundes

Chlodwig erschlägt den fränkischen Fürsten Ragnachar nach verlorener Schlacht

Der Spangenhelm von Stößen

Am Rande des Dorfes Stößen bei Naumburg fand man 1929 in einem vor 531 angelegten Grab eines adligen Thüringers einen Spangenhelm. Der Helm stammt aus einer ostgotisch-italienischen Werkstatt und ist mit christlichen Motiven versehen. Auf der Stirnseite befindet sich ein Kreuz, dem die griechischen Buchstaben Alpha und Omega beigegeben sind. Nur der thüringische Hochadel und die Königsfamilie waren der Form nach christlich. Vielleicht war es Radegundes Vater, König Berthachar, der den Helm von Theoderich geschenkt bekam. Heute befindet sich der Fund im Besitz des Landesmuseums für Vorgeschichte in Halle.

mutlich war sie früh gestorben. Die männliche Verwandtschaft ist besser überliefert. »Ihr Großvater war Bessinus, ihr Onkel väterlicherseits Herminafrid, ihr Vater König Berthachar«, schrieb Fortunatus. Bessinus oder Bisin ist der erste namentlich überlieferte König der Thüringer. Seine Söhne Berthachar und Herminafrid folgen in der Herrschaft. Als Angehörige des Thüringer Königshauses gehört Radegunde zur Spitze des germanischen Hochadels. Wo sie geboren und aufgewachsen ist, entzieht sich unserem Wissen. Der Königshof wird zwar im Raum der Unstrut vermutet, doch hat ihn bis heute noch niemand lokalisieren können. Berthachar und sein Bruder gebieten zu Beginn des 6. Jahrhunderts über das größte germanische Reich nördlich der Alpen. Im Süden reicht es fast bis zur Donau, im Osten an die Elbe und im Norden bis weit über den Harz hinaus. Im Westen standen Truppen der Thüringerkönige bereits an der Weser. Dort allerdings stoßen sie auf einen gefährlichen Gegner – die Franken.

Seit Ende des 5. Jahrhunderts haben die aus dem Gebiet am Niederrhein stammenden Franken unter der Führung ihres Königs Chlodwig große Teile des ehemals römischen Gallien unterworfen und gehören zu den führenden Mächten in Europa. Nach Chlodwigs Tod im Jahre 511 setzen seine Söhne die Eroberungspolitik fort und werden zur Bedrohung für die Thüringer. Radegundes Vater Berthachar ist vermutlich eines der ersten prominenten Opfer im Krieg mit den Franken. Nach seinem Tod kommen Radegunde und ihr jüngerer Bruder an den Hof ihres Onkels Herminafrid, der sich im Kampf gegen die Franken mit Theoderich dem Großen, dem König der Ostgoten, verbündet hat. Der herrscht von Ravenna in Norditalien aus über weite Gebiete des untergegangenen Römischen Reiches – genauer gesagt des westlichen Teils, denn im Osten regieren die Byzantiner als direkte Nachfolger der Römer. Wertvolle Geschenke und eine Heirat besiegeln das Bündnis. Theoderich schickt seine Nichte Amalaberga über die Alpen und gibt sie Herminafrid zur Frau. In einem Brief an den Thüringerkönig preist Theoderich seine Nichte: »Amalaberga ist eine Königin, wohlkundig der Wissenschaft und der feinen Sitte, nicht allein strahlend im Glanze ihrer Ahnen, sondern auch hell leuchtend durch die wahre Würde der Frauen.« Im Gegenzug lässt Herminafrid seinem neuen Bündnispartner edle Pferde aus der königlichen Zucht zukommen.

Auf Radegundes Erziehung nimmt Amalaberga mit Sicherheit Einfluss. Sie wird Radegunde erzählt haben vom Glanz der Antike und der Welt der Römer – von Kunst, Wissenschaft und Religion. Sicher befanden sich auch Priester im Gefolge der Ostgotin, und es ist davon auszugehen, dass sich der Einfluss des Christentums mit Amalabergas Ankunft am Thüringer Königshof verstärkte. Die Königsfamilie ist zwar mit der Religion der Christen be-

10

Palast des ostgotischen Königs Theoderich; Mosaik in San Apollinare Nuovo

reits vertraut, pflegt aber noch immer den Kult der alten germanischen Götter. Das ostgotische Italien dagegen ist lange schon christianisiert. Sehr wahrscheinlich wird Radegunde in jener Zeit getauft, vielleicht auf Betreiben der Ostgotin.

Doch nicht nur den christlichen Glauben bringt Amalaberga über die Alpen. Mit ihr kommen auch begabte Handwerker ins Thüringerreich. Zu den begehrtesten zählen die Goldschmiede. Um sicherzugehen, dass kein Schmied auf die Idee kommt, seinen Herrn zu verlassen, soll man einigen sogar die Achillessehnen durchtrennt haben. Aus ostgotischen Werkstätten stammen auch die bei den thüringischen Frauen begehrten Gewandspangen – so genannte Fibeln. Gemeinsamkeiten zwischen Thüringern und Ostgoten reichen von der Kunst über die Religion bis hin zu Modegeschmack und Schönheitsideal. Die Beziehungen der Thüringer in den Süden und Osten Europas, ja bis nach Asien, sind intensiver als die Kontakte nach Westen. Im frühen 6. Jahrhundert kann man von einem eigenständigen thüringisch-ostgotischen Kulturkreis sprechen.

Am Hof des Herminafrid lernt Radegunde auch Amalafrid, den Sohn ihres Onkels und der Amalaberga kennen. Weit mehr als verwandtschaftliche Bande entspinnen sich zwischen der jungen Prinzessin und ihrem einige Jahre älteren Cousin, dem Thronfolger im Reich der Thüringer. Später noch schreibt Radegunde über die Nähe zu Amalafrid: »Was der erschlagene Vater, was mir die Mutter hätten sein können, war er mir allein. In seinen liebevollen Armen wurde ich mit zärtlichen Küssen beschwichtigt. Von Angst war ich erregt, wenn uns nicht ein- und dasselbe Dach schützte. Wenn er fortging, bereute ich, dass er fern war.« Daraus auf eine Liebesbeziehung zu schließen, ginge gewiss zu weit, denn Radegunde war damals elf oder zwölf Jahre alt. Doch bleibt Amalafrid der wichtigste Mensch in ihrem Leben. Das Glück der beiden ist allerdings nicht von Dauer.

Die Pferde der Thüringer
Die Thüringer waren berühmt für ihre Pferdezucht. Eine in einem Adelsgrab bei Hettstedt gefundene Trense gilt bis heute als die prächtigste der Völkerwanderungszeit. Der Pferdezucht verdanken die Thüringer auch ihre erste Erwähnung. Um das Jahr 400 nennt der römische Gelehrte Vegetius Renatus die exzellenten Pferde der Thüringer in seiner »Maultierheilkunde« und stellt sie auf eine Stufe mit denen der Hunnen.

Grabmal Theoderichs bei Ravenna, erbaut aus 300 Tonnen istrischen Steins

Gregor von Tours

Der Chronist (538/39–594, eigentlich Georgius Florentius) entstammt einer angesehenen Familie des gallischen Senatorenadels. Er schlug die geistliche Laufbahn ein und wurde 573 zum Bischof von Tours geweiht. Er verfasste die Zehn Bücher Geschichten (Decem libri historiarum), eine Mixtur aus christlicher Universalchronistik, gallischer und fränkischer Geschichte. Gregor hat Radegunde nach der Gründung des Klosters in Poitiers persönlich kennen gelernt und war neben Venantius Fortunatus einer der wichtigsten Zeugen ihres Lebens.

526 stirbt König Theoderich, der wichtige Verbündete der Thüringer, in Ravenna. Der Streit um seine Nachfolge schwächt die Macht der Ostgoten. Die Franken wittern die Chance, zum entscheidenden Schlag gegen die Thüringer auszuholen. Prokop von Cäsarea, zeitgenössischer byzantinischer Chronist, vermerkt: »Als Theoderich nicht mehr unter den Lebenden weilte, brauchten die Franken keinen Gegner mehr zu fürchten und zogen gegen die Thüringer.« Fünf Jahre nach dem Tod des mächtigen Ostgoten ziehen die Franken unter Führung des königlichen Bruderpaares Theuderich und Chlotar mit einer gewaltigen Heeresmacht über den Rhein. Am Rande der Buchonia, der heutigen Rhön, stoßen verbündete sächsische Truppen dazu.

Liest man den Bericht des Gregor von Tours, die einzig zeitnahe Schilderung der Ereignisse, sind die Thüringer vom Einmarsch des fränkischen Heeres überrascht und versuchen sich mit einer List zu retten: »Als die Franken nun heranzogen, stellten die Thüringer ihnen eine Falle. Auf dem Schlachtfeld gruben sie Löcher, deren Öffnungen sie mit dichtem Rasen bedeckten. In diese nun stürzten viele der fränkischen Reiter, als es zum Schlagen kam. Nachdem die Franken aber die List bemerkt hatten, fingen sie an, achtsam zu sein.« König Herminafrid scheint sich nicht ruhmvoll hervorgetan zu haben: »Als die Thüringer sahen, dass sie großen Verlust erlitten und auch ihr König Herminafrid geflohen war, wandten sie den Angreifern den Rücken und kamen bis zur Unstrut. Dort wurden so viele Thüringer niedergemacht, dass der Fluss von der Masse der Leichname zugedämmt wurde und die Franken über sie, wie eine Brücke, an das jenseitige Ufer zogen.« Das Ausmaß der thüringischen Niederlage von 531 bezeugt auch ein Brief Radegundes: »Schrecklich bedecken die unbegrabenen Leichen das Schlachtfeld. Das ganze Volk liegt in einem Grab. Nackten Fußes watet die Schwester im Blute des Gatten und steigt über den gefallenen Bruder. Die hohen Giebel der Päläste, sie liegen niedergebrannt, umgerissen von der Gewalt des Untergangs.«

Das Land der Thüringer wird Teil des Frankenreichs und von nun an nie mehr eigenständig sein. Radegunde fällt in die Hände der Franken. Zwischen König Chlotar und seinem Bruder Theuderich entbrennt sofort nach der Schlacht ein Streit um die Aufteilung der Kriegsbeute. Beide wissen, dass derjenige, der Prinzessin Radegunde sein eigen nennt, die Nachfolge im Thüringer Königshaus erlangen kann. Das Los entscheidet über Radegundes Schicksal. Theuderich bekommt zwar den größten Teil des eroberten Landes, Chlotar aber die thüringische Königstochter. Fortunatus schrieb: »Wäre dieser Streit nicht beigelegt worden, dann hätten die Brüder noch die Waffen gegeneinander erhoben. So kam sie in die Gewalt des Königs Chlotar.« Gregor von Tours fasste nüchtern zusammen: »Chlotar aber führte Radegunde, König Berthachars Tochter, bei seiner Rückkehr als Gefangene mit sich.«

Königin im Reich der Franken

Radegunde und ihr jüngerer Bruder gelangen zunächst nach Athies, der Sommerresidenz des Frankenkönigs Chlotar, mehr als 1000 Kilometer von ihrer Heimat entfernt. Die spätantike Villa war knapp ein halbes Jahrhundert vor den Ereignissen noch in römischer Hand, bis die Franken Gallien erobert hatten. Mit Sicherheit sind zusammen mit dem Geschwisterpaar auch andere Thüringer ins Frankenreich verschleppt worden. Belege dafür sind Gewandspangen thüringischen Typs, die französische Archäologen in der Umgebung von Athies fanden.

Die Gräuel des Krieges in Thüringen verfolgen Radegunde auch fern der Heimat. Nur zwei Jahre nach der Schlacht lockt Theuderich ihren Onkel Herminafrid zu Friedensverhandlungen über den Rhein: »Als er in seine Heimat zurückgekehrt war, ließ er Herminafrid zu sich kommen, und gab ihm sein Wort zum Pfande, dass ihm nichts geschehen solle. Er überhäufte ihn auch mit Ehrengeschenken. Da sie aber eines Tages auf der Mauer der Stadt Zülpich miteinander sprachen, erhielt Herminafrid einen Stoß, ich weiß nicht von wem, stürzte von der Mauer zur Erde und gab seinen Geist auf. Wer ihn von dort herabwarf, wissen wir nicht. Man behauptet aber, dass ganz gewiss eine Hinterlist Theuderichs dabei im Spiele gewesen sei.« So überliefert es Gregor von Tours. Nach dem Mord sind Amalaberga und ihr Sohn Amalafrid nicht mehr sicher in Thüringen. Sie fliehen nach Italien ins Reich der Ostgoten. In Ravenna gewährt ihnen König Theodahad, ein Bruder Amalabergas, Asyl.

Die Schrecken des Krieges wird Radegunde nie überwinden. Noch im hohen Alter betrauert sie ihr Schicksal, wie eine Briefstelle belegt: »O Elend des Krieges! Wie schnell stürzen prächtige Königreiche! Das Reich der Thüringer liegt in Trümmern. Ich, ganz erfüllt von Trauer, vermag nicht den See der Tränen zu weinen, die zu weinen wären.«

König Chlotar ist ein gewalttätiger Herrscher. Zwei seiner Neffen hat er eigenhändig erdolcht, nur um sie von der Thronfolge auszuschließen. Doch trotz seiner Rigorosität und Erfolge gegen äußere Feinde ist er bei der Ausübung seiner Macht auf Hilfe angewiesen – besonders auf die der hohen Geistlichkeit. Die Kirche hatte den Untergang der römischen Macht in Gallien überdauert und dank gut geordneter Strukturen der gallischen Bistümer den Fortbestand des öffentlichen Lebens nach dem Ende des Römischen Reichs gesichert. Die Kleriker genießen den Respekt der Bevölkerung. Einer von ihnen ist Bischof Medardus von Noyon. Wie die meisten hohen Geistlichen des Reiches ist er kein Franke, sondern ein vornehmer und hoch gebildeter Vertreter des alteingesessenen gallo-römischen Senatorenadels. An Chlotars Hof in Soissons hat Medardus großen Einfluss.

Die Söhne des Frankenkönigs Chlodwig I.: von links Childebert, Chlothar, Chlodomir und Theuderich

Chlotar I., König der Franken

Die Schlacht bei Burgscheidungen

Nicht selten findet man den Hinweis, Austragungsort der Schlacht von 531 sei Burgscheidungen an der Unstrut gewesen. Diese Aussage beruht auf den Angaben des Chronisten Widukind von Corvey, die er in seiner Sachsengeschichte macht. Er spricht davon, dass die Schlacht bei der »Burg Scheidungen (urbs Scithingi), die über dem Fluss Unstrut gelegen war«, stattfand. Widukind allerdings schreibt mit einem Abstand von fast 500 Jahren zu den Ereignissen. Archäologische Grabungen in der Umgebung von Burgscheidungen haben bisher noch nichts Thüringerzeitliches zu Tage gebracht.

Diese Welt, geprägt von christlichen Idealen und antiker Tradition, ist Radegunde bereits aus ihrer Zeit mit Amalaberga vertraut. Wie in Italien ist die römische Kultur im Frankenreich, dem alten Gallien, noch lebendig. Radegunde nutzt die Zeit in Athies, um sich noch intensiver damit zu befassen. Sie lernt Latein, die damals geläufige Schriftsprache. Auch die Werke christlicher Kirchenväter, wie die von Augustinus und Hieronymus, lernt sie in dieser Zeit kennen. Die enge Verbindung von römischer und christlicher Kultur mit der germanischen Welt steht am Beginn des Übergangs von der Antike zum Mittelalter. Sie erwächst auch aus der Begegnung Radegundes mit den hohen kirchlichen Würdenträgern, die sie im Palast von Soissons kennen lernt. In Gesprächen mit Bischof Medardus wird sie vieles über das Frankenreich, von königlicher Macht und dem Einfluss der Kirche erfahren haben. Vor allem aber vertieft Radegunde ihren Glauben. Fortunatus zufolge gründet sie in Athies ein Hospital für arme Frauen.

Als um das Jahr 540 König Chlotars Gemahlin stirbt, weiß Radegunde, dass sie nichts mehr vor der Ehe mit dem skrupellosen und grausamen Frankenkönig schützt. Mit fünf Frauen war er bereits verheiratet und noch mehr Konkubinen teilten sein Bett. Medardus von Noyon traut die beiden, und die thüringische Prinzessin wird zur Königin der Franken. Ihr Gemahl kann damit Ansprüche auf das Erbe der Thüringerkönige erheben.

Die Ehe jedoch bleibt kinderlos, von Venantius Fortunatus erfährt man, warum: »Als sie nachts mit dem Fürsten zu Bette lag, bat sie, um der leiblichen Notdurft willen aufstehen zu dürfen. Sie erhob sich und verließ das Schlafgemach, doch ohne zum geheimen Ort zu gehen. Auf nacktem Boden verrichtete sie ihre Gebete. Man sagte darum zum König, er habe mehr eine Nonne als eine Königin geheiratet.«

Im Jahr ihrer Heirat erobern die Truppen des byzantinischen Kaisers Justinian Ravenna, die Hauptstadt des Ostgotenreiches. Fast der gesamte gotische Hochadel fällt den Byzantinern in die Hände, darunter auch Radegundes Tante Amalaberga und deren Sohn Amalafrid. Als Geiseln werden sie nach Konstantinopel gebracht. Getrennt von ihrer Familie und Amalafrid, allein im fremden Land und ohne Hoffnung auf Rückkehr, wird der Glaube für Radegunde zum bestimmenden Lebensinhalt. Sie will ihn mit der Rolle als Königin verbinden und dem Prinzip der Gewalt im fränkischen Königshaus entgegenwirken. Christliche Werte, antike Gelehrtheit und die Erlebnisse ihrer Jugend bestärken Radegunde in der Überzeugung, dass Mord und Totschlag nicht genügen, um ein Land zu regieren. Doch das Frankenreich befindet sich im Dauerzustand der Gewalt. Radegunde versucht, mäßigend einzuschreiten. Das Wenige, was sie erreicht, verklärt die Heiligenlegende des Fortunatus' zu den Wundergeschichten von der sanften Königin: »Wurde jemand vom König wegen einer Missetat wie gewöhnlich zum Tode verurteilt, so litt die heilige Königin selbst durch solche Hinrichtung, auf dass der Verurteilte nicht den Tod durch das Schwert erleide. Sie eilte zu den Beamten, zu treuen Bediensteten und zu den einflussreichen Männern, mit deren Fürsprache sie den Zorn des Königs zu beschwichtigen suchte, bis aus der Erregung des Königs, die das Todesurteil bedeutet hatte, eine Stimme des Heils wurde.«

Nach der Katastrophe von 531 werden die wirtschaftlichen und kulturellen Einflüsse Italiens und Osteuropas in Thüringen mehr und mehr zurückgedrängt. Zahlreiche Funde belegen die Anwesenheit der Franken zwischen Saale und Unstrut sowie ihren Einfluss auf die Kultur der Thüringer. Den Raum nördlich des Harzes haben die Franken an die mit ihnen verbündeten Sachsen abgetreten. Befestigte Stützpunkte sollen helfen, die Herrschaft der Franken zu sichern. Dennoch erreichen im Jahre 555 den Königshof von Soissons Nachrichten von einem Aufstand in Thüringen. Radegundes jüngerer Bruder, der die letzten Jahre stets an ihrer Seite war, steht im Verdacht, darin verwickelt zu sein. Andeutungen bei Fortunatus lassen vermuten, dass er Kontakte nach Konstantinopel aufgenommen hatte – zu Amalafrid. Ein Alarmzeichen für Chlotar, denn Radegundes Cousin ist als Sohn des Herminafrid der rechtmäßige Erbe des Throns der Thüringer. Doch aus Konstantinopel kommt keine Unterstützung. Der Aufstand wird niedergeschlagen und Radegundes Bruder am fränkischen Königshof ermordet. Noch lange nach den Ereignissen klagt Radegunde, dass es ihr nicht vergönnt war, dem toten Bruder die Augen zu schließen und ihn zu beerdigen. Wahrscheinlich traf ihn der Dolch des Mörders, als seine Schwester nicht in Soissons weilte. Venantius Fortunatus fasst ihr Leid in Worte: »Die ich einmal die Heimat verlassen musste, ich wurde zum zweitenmal hart getroffen, musste erdulden, dass mein Bruder von den Feinden erschlagen wurde.«

Chlotar besiegt zwar die aufständischen Thüringer, verliert aber seine Frau, denn, so Fortunatus weiter: »Sie wandte sich vom König ab, ging zum heiligen Medardus von Noyon und bat diesen inständig, ihr Kleid zu vertauschen und sie dem Herrn zu weihen.« Doch der Respekt vor dem heiligen Stand der Ehe und die Angst vor König Chlotars Zorn hatten Medardus zunächst zögern lassen. Erst nachdem sie sich selbst das Kleid einer Klosterfrau angelegt hatte, muss er ihren Wunsch erfüllen und weiht die fränkische Königin Radegunde zur Diakonin. Auch in dieser von Fortunatus erzählten Geschichte vermischen sich Wahrheit und Legende. Denn ohne die Erlaubnis des Königs hätte der Bischof Radegunde nie zur Diakonin weihen dürfen. Vielmehr hat Chlotar wohl in die Trennung eingewilligt. Wie sich zeigen wird, ist ihm die Königin im Schoß der Kirche mehr von Nutzen als im Ehebett.

Bischof Medardus von Noyon traut Radegunde und König Chlotar in Soissons

Venantius Fortunatus

Venantius Fortunatus, geboren vor 540 bei Treviso, absolvierte in Ravenna das klassische antike Studium. Er gilt als einer der bedeutendsten Lyriker und Biographen der Spätantike. Nachdem er über einem St.-Martin-Heiligtum von einem Augenleiden geheilt wurde, pilgerte er zum Grab des Heiligen nach Tours. Im Frankenreich verdingte er sich an verschiedenen Königshöfen als Gelegenheitsdichter. Freundschaft verband ihn mit Bischof Gregor von Tours und besonders mit Radegunde. Im Kloster Poitiers trat er als Privatsekretär in ihre Dienste, schlug später selbst die geistliche Laufbahn ein und wurde um 600 zum Bischof von Poitiers geweiht. Als solcher verfasste er die Vita der heiligen Radegunde.

Radegunde verlässt das Schlafgemach um zu beten

Diakonin im Kloster von Poitiers

Radegunde verlässt Noyon und geht nach Aquitanien in den Süden des Reiches. Eine späte Legende verklärt ihren Weggang zu einer Flucht. Chlotars Truppen, die sie verfolgt haben sollen, entkommt sie mit Hilfe eines Wunders. Blitzschnell lässt sie ein Haferfeld um sich wachsen und wird nicht entdeckt. In Saix, dem Ort des angeblichen Wunders, bauten Verehrer im 19. Jahrhundert eine Kapelle, die der Radegunde geweiht ist. Der Ort, heute ein winziges Dorf im Poitou, war damals ein königlicher Wirtschaftshof, den Radegunde genau wie die Villa in Athies von Chlotar zur Hochzeit geschenkt bekommen hatte. Saix wird ihr neues Domizil.

Frauen aus allen Teilen des Reiches, darunter viele Adelige, kommen nach Saix, um mit Radegunde zu leben und zu arbeiten. Gemeinsam widmen sie sich der Pflege von Kranken, Armen und Notleidenden. Wie schon in Athies, gründet Radegunde ein Hospital, doch leitet sie es nun persönlich. Hier findet sie Trost und lebt entsprechend ihren Idealen. Sie verrichtet niedrigste Arbeiten und geht damit weiter als andere Frauen ihrer Gemeinschaft. Glauben wir Fortunatus, so hat sie selbst den Kranken die Füße gewaschen. Ihre Wohltätigkeit in Saix ist einer der Gründe, dass sie noch heute in Frankreich als Heilige verehrt wird.

Auch nach ihrem Weggang vom Königshof spielt Radegunde noch eine wichtige Rolle im Frankenreich. Sie bleibt weiterhin Königin und hält Kontakt zu ihrem Ehemann. Spätere Darstellungen der Radegunde vereinen christliche Barmherzigkeit mit dem Bild der Königin und Gelehrten, als Heilige mit Zepter und Buch. Betkreuz und Lesepult der Radegunde werden bis heute als Reliquien in der Nähe von Poitiers, im Kloster Sainte Croix (Heiliges Kreuz) aufbewahrt. Name und Ursprung des Klosters gehen auf Radegunde zurück. Vom Bau aus dem 6. Jahrhundert existieren heute nur noch spärliche Reste. Damals stand es direkt an der römischen Stadtmauer von Poitiers.

Auch die Geschichte der Klostergründung ist legendenumwoben. Angeblich habe Chlotar die Sehnsucht nach seiner Frau gepackt, und er wollte sie nach Soissons zurückholen. Radegunde sei entsetzt gewesen und suchte Hilfe in den Grotten von Chinon, ganz in der Nähe von Poitiers. Ein Einsiedler, inspiriert vom Heiligen Geist, versicherte ihr dort nach langen Gebeten, dass Chlotar die Strafe Gottes treffen würde, wenn er nur versuchen sollte, sie dem gottgefälligen Leben zu entreißen. Der König habe daraufhin endgültig auf seine Frau verzichtet und ihr das Kloster in Poitiers gebaut. Doch nicht eine wundersame Wandlung, sondern politische Interessen werden Chlotar bewogen haben, sich mit seiner Frau zu arrangieren. Radegundes gute Beziehungen zu den gallo-römischen Bischöfen und ihre persönliche Ausstrahlung sollen helfen, Chlotars Macht in Aquitanien, das erst vor kurzem in seinen Herrschaftsbereich kam, zu festigen.

Chlotar stirbt 561 im Alter von 60 Jahren in Soissons. Kaum sind seine Gebeine unter der Erde, bricht unter den Nachfolgern der Bruderkrieg aus. Als Königin mahnt Radegunde ihre Stiefsöhne zu Frieden und Einigkeit – vergeblich. Umso energischer treibt sie ihre eigenen Vorhaben voran. Im Jahr 570 diktiert sie zwei Briefe, die sie einer fränkischen Gesandtschaft nach Konstantinopel anvertraut. Der erste ist an Kaiser Justinian von Byzanz gerichtet. Darin bittet sie um eine wertvolle Reliquie: ein Stück des Heiligen Kreuzes Christi, welches sich im persönlichen Besitz des Kaisers befindet. Der kommt ihrer Bitte nach und die bedeutende Reliquie gelangt ins Frankenreich. Geradezu jubilierend beschreibt Fortunatus die Prozession, mit welcher das heilige Stück durch Poitiers ins Kloster geführt wird. Mit diesem Erfolg mehrt Radegunde ihren Ruhm und macht Poitiers zu einer zentralen Pilgerstätte in Aquitanien. Sainte Croix ist seitdem der Name des Klosters.

Der zweite Brief ist für Amalafrid bestimmt, der als Offizier der kaiserlichen Armee in Konstantinopel leben soll. Nach 30 Jahren der Trennung will sie endlich ein Lebenszeichen: »Der, bei dessen Anblick ich in zarter Liebe Trost fand, den hat das harte Schicksal aus meinen Armen gelöst. Hat etwa Bitternis der Niederlage dir die süße Zuneigung genommen, da in der Ferne dich gar keine Sorge um mich quält? Erinnere dich wenigstens daran, Amalafrid, was in den frühen Jugendjahren ich, Radegunde, dir war, wie sehr du mich einst geliebt.« Verfasser beider Briefe ist Venantius Fortunatus, jener Dichter aus Italien, der Radegunde bewundert und der in Poitiers ihr Vertrauter wird. Ihm erzählt sie von ihrem wechselvollen Schicksal, und ihre Erinnerungen werden später in seinen Schriften zur Vita der Heiligen. Mit der Antwort auf den zweiten Brief erfährt Radegunde, dass Amalafrid verstorben und sie die letzte Überlebende des Thüringer Königshauses ist. Eine Nachricht, die sie verzweifeln lässt. Sie zieht sich vom weltlichen Leben zurück, doch nicht ohne zuvor ihr politisches Testament zu machen. Um ihr Lebenswerk zu sichern, stellt Radegunde das Kloster in Poitiers unter den Schutz der gallorömischen Kirche. In einem Brief an deren höchste Würdenträger erklärt sie ihre religiösen Motive und ihre Visionen von königlicher Herrschaft. Zur Äbtissin macht sie Agnes, die sie einst an Stelle einer Tochter bei sich aufgenommen hat. Radegunde selbst bekleidete nie dieses Amt, sondern blieb zeit ihres Lebens Diakonin. Am 13. August 587 stirbt sie im Alter von etwa 70 Jahren. Das Begräbnis leitet der Bischof und Chronist Gregor von Tours. Radegundes Gebeine ruhen noch heute in der Kirche Sainte Radegonde in Poitiers.

Bittsteller treten vor Radegunde

Der Untergang des Thüringerreiches ist eng verbunden mit dem Schicksal der thüringischen Prinzessin, die zur fränkischen Königin und Heiligen wurde – in einer Zeit der gemeinsamen Wurzeln deutscher und französischer Geschichte. Thüringen bleibt für Jahrhunderte in den Händen der Franken und wird damit zu einem festen Bestandteil des abendländisch-westlichen Kulturkreises. Dies ist ohne Zweifel auch dem Wirken von Radegunde zu verdanken.

Radegunde wäscht einem
Kranken die Füße

Zeittafel Radegunde

um 400	Erste Erwähnung der Thüringer
474–526	Herrschaft Theoderichs, des Königs der Ostgoten
476	Ende des Weströmischen Reiches
482–511	Herrschaft Chlodwigs, des Königs der Franken
510	Der Thüringer König Herminafrid heiratet Amalaberga, die Nichte des Ostgotenkönigs Theoderich
511–561	Herrschaft Chlotars, des Königs der Franken, Sohn Chlodwigs
518/520	Geburt der Radegunde, Tochter des thüringischen Königs Berthachar
um 529	Tod König Berthachars, des Vaters der Radegunde
531	Die Thüringer unterliegen den Franken in der Schlacht an der Unstrut. Ende des Thüringerreiches
533	Ermordung des Herminafrid in Zülpich
535	Flucht von Amalaberga und Amalafrid nach Ravenna ins Ostgotenreich
um 540	König Chlotar heiratet Radegunde
540	Die Byzantiner erobern Ravenna. Amalaberga und Amalafrid gelangen nach Konstantinopel
555	Aufstand der Thüringer gegen die Franken. Ermordung von Radegundes Bruder in Soissons
555–557	Radegunde gründet das Kloster in Poitiers
565	Bekanntschaft zwischen Radegunde und Venantius Fortunatus
570	Radegunde erhält vom byzantinischen Kaiser ein Stück des Heiligen Kreuzes als Reliquie für ihr Kloster in Poitiers
575	Radegunde zieht sich weitgehend aus der Öffentlichkeit zurück
587	Tod der Radegunde in Poitiers

Kaiser Otto I. mit Bildern seiner Heldentaten, Abbildung aus dem 19. Jahrhundert

Petra Bertram

Otto der Große

Ein Herrscher in dunkler Zeit 912–973

Auf dem Höhepunkt seiner Macht herrschte Otto der Große über ein Gebiet, das von Lothringen bis Mähren und von der Nord- und Ostsee bis südlich von Rom reicht. Otto stand für den rasanten Aufstieg der Sachsen vom eben erst christianisierten Barbaren-Volk zum »Haupt der ganzen Welt«, er ließ sich in Rom zum Kaiser krönen und legte den Grundstein für ein Reich, das später das Heilige Römische Reich deutscher Nation genannt wurde und erst 1806 infolge der napoleonischen Kriege unterging. Das »regnum teutonicum« – das »deutsche Königreich«, war eher ein militärisches Zweckbündnis als eine Nation. Otto der Große baute die deutsche Reichskirche als Basis für die Festigung des deutschen Königtums aus, erweiterte mit der Missionierung der Westslawen und Ungarns den Einfluss des Abendlandes nach Osten, und er führte das Kaisertum des Heiligen Römischen Reiches im Bündnis mit dem Papsttum zu einer glanzvollen Höhe. Sein Leben war ein ständiger Kampf um den Erhalt seiner Macht: Familienfehden und Mordanschläge, grausame Kriege und politische Intrigen bestimmten seinen Alltag.

»Gegeben am 1.Oktober der Fleischwerdung unseres Herrn Jesus Christus 949, in der 6. Indiktion, im 13. Jahr aber der Regierung des Herrn Otto, des nie besiegbaren Königs, geschehen in Magdeburg im Namen Gottes mit Segen Amen.«
Schlusstext der Gründungsurkunde des Bistums Brandenburg

Der Aufstieg der Ottonen zur Macht

Als Ottos Geburtsdatum werden der 23. September oder der 23. November 912 angegeben, als Geburtsort Wallhausen bei Sangerhausen vermutet. Die Familie, wegen des früheren Leitnamens Liudolf auch Liudolfinger genannt, war in der späten Karolingerzeit zu großen Besitzungen in Sachsen gelangt. Ottos Vater, der Sachsenherzog Heinrich I., wird im Jahr 919 zum König in Ostfranken gewählt. So tritt der vorher periphere sächsische Raum in den Brennpunkt europäischer Geschichte. Die Legende ist weithin bekannt: Heinrich, auch der Vogler genannt, weilt in Quedlinburg zum Vogelfang, als ihm die Nachricht von seiner Königswahl überbracht wird. »Hoch des Sachsenlandes Stern …!« sei gerufen worden. Da ist sein Sohn Otto sieben Jahre alt. Nachdem die Franken, Sachsen, Alemannen, Bayern und Thüringer Heinrich in Fritzlar zum König gewählt haben, muss er seine Krone in mehreren Kriegen verteidigen. Im 10. Jahrhundert genießt derjenige Ansehen und Macht, der ein guter Kriegsherr ist – und Heinrich ist überaus erfolgreich, besonders in seinen Kämpfen gegen die heidnischen Ungarn und Slawen. Von einem

Die Feldzüge König Heinrichs I. festigen die Macht der Ottonen; französische Buchmalerei

Einzelheiten aus dem Leben Ottos des Großen verdanken wir wenigen zeitgenössischen Chronisten, von denen der Mönch Widukind von Corvey am ausführlichsten berichtete. Er wurde um 925 geboren und kam noch vor 942 in das Kloster Corvey an der Weser (heute Höxter). Wahrscheinlich gehörte er dem sächsischen Hochadel an und hatte vielleicht auch verwandtschaftliche Beziehungen zum ottonischen Königshaus – etwa dreißigmal traf er mit Otto zusammen. 957/58 begann Widukind mit der Niederschrift der Geschichte des Aufstiegs der Sachsen, der »Rerum gestarum Saxonicarum«.

dieser Feldzüge, auf denen er seinen Vater begleitet, bringt Otto eine gefangene Slawin von hoher Geburt mit nach Hause. Weder ihr Name noch ihre genaue Herkunft sind überliefert. 929 kommt sein Sohn Wilhelm zur Welt, der später als Erzbischof von Mainz versuchen wird, seine Interessen gegen Otto durchzusetzen. Da aber Eheschließungen zwischen den herrschenden Dynastien eine viel zu hohe machtpolitische Bedeutung haben, um darauf verzichten zu können, wird die Slawin in ein Kloster geschickt, und Sohn Otto muss auf Heinrichs Geheiß Edgitha, die Tochter des angelsächsischen Königs Æthelstan, heiraten. 929 findet vermutlich in Quedlinburg die Hochzeit statt. Gelockt wird Edgitha mit einer beeindruckenden Morgengabe: Magdeburg. Rechtliche Basis für dieses Geschenk ist Heinrichs »Hausordnung«. Mit der so bezeichneten Urkunde ordnet er für die Zeit nach seinem Tod sein »Haus«. In dem Vermächtnis bestimmt Heinrich auch seinen Sohn Otto zu seinem alleinigen Nachfolger. Das ist neu. Bis dahin erbten alle Söhne gleiche Teile des Landes und der Macht. Aber Heinrichs Hausordnung legt fest: Otto bekommt alles, seine Brüder Heinrich und Thankmar gehen leer aus. Diese Regelung bestimmt zwar Otto zum Herrscher, schafft aber zugleich zwei erbitterte Rivalen.

Am 2. Juli 936 stirbt Heinrich in Memleben und wird in der Krypta des Quedlinburger Doms beigesetzt.

Der junge König muss seine Krone verteidigen

Nur einen Monat nach Heinrichs Begräbnis, am 7. oder 8. August 936, lässt sich der 24-jährige Otto in Aachen zum König krönen, seine Frau Edgitha zur Königin. Im Aachener Dom war schon Karl der Große (768–814) gekrönt worden – er ist Vorbild für Otto. Der symbolträchtigen Zeremonie folgt ein überreiches Krönungsmahl. Damit demonstriert der neue König seine Macht, und mit ihrem Dienst an der Königstafel zeigen die anwesenden Herzöge Otto, dass sie ihn als Herrscher anerkennen und ihm untertan sein werden.

Ottos Brüder Heinrich und Thankmar, die in der Hausordnung Heinrichs übergangen wurden, neiden Otto Krone und Alleinherrschaft. Otto tut von Beginn seiner Regentschaft an nichts, den Neid seiner Brüder zu besänftigen. Andere werden mit Gütern beschenkt, zu Markgrafen erhoben. Gegenüber Widersachern aber zeigt Otto Härte und macht sich schon bald viele Feinde. So finden seine Brüder leicht Anhänger für einen Aufstand gegen den König. Thankmar und seine Verbündeten greifen 938 Ottos Burgen an der fränkisch-sächsischen Grenze an. Die königlichen Truppen schlagen unerbittlich zurück. Als die Männer Thankmars die Eresburg aufgeben, flüchtet Thankmar in eine Kirche und legt die Waffen und seinen goldenen Halsschmuck nieder –

Otto I. und Edgitha heiraten 929 in Quedlinburg; Grabmal im Magdeburger Dom

22

in der Symbolsprache des Mittelalters verzichtet er damit auf seinen Anspruch auf die Königsmacht. Einer der Königstreuen tötet Thankmar dennoch. König Otto – so ist überliefert – weint um den verlorenen Bruder.

Seinen Bruder Heinrich begnadigt Otto und belehnt ihn mit dem Herzogtum Lothringen.

Doch schon 940 verjagen ihn die Lothringer. Daraufhin verbündet sich Heinrich erneut mit den Gegnern seines Bruders und erobert in blutigen Schlachten große Gebiete von Ottos Machtbereich. Dass Otto viel auf Reisen ist, erleichtert Heinrichs Umsturzversuch. – Herrscher haben im 10. Jahrhundert keinen festen Wohnsitz. Otto zieht mit seinem Gefolge von bis zu 1000 Leuten von Pfalz zu Pfalz. Sein Reich ist groß, er kann nicht überall gleichzeitig sein. In einer auf Präsenz angewiesenen Gesellschaft wird ein ferner Herrscher schnell zum schwachen Herrscher. Also braucht König Otto Verbündete, die an seiner Stelle die Königsherrschaft repräsentieren. Ottos Bruder Heinrich aber kann zwei dieser Herzöge auf seine Seite ziehen. 941 plant er die Ermordung Ottos während des Osterfestes in Quedlinburg. Otto erfährt davon und straft hart. Viele Anführer lässt er töten, andere müssen mit großen Geschenken ihre Schuld tilgen. Die Ruine der Stiftskirche von Walbeck nahe Magdeburg ist das heute noch sichtbare Zeugnis eines solchen Geschenks des aufständischen Grafen Lothar II. an König Otto.

In der Familie lässt Otto Milde walten und verzeiht seinem Bruder erneut. Weihnachten 941 wirft sich Heinrich während der Mitternachtsmesse im Büßergewand vor Otto nieder. Otto muss vergeben und tut dies mit dem im 10. Jahrhundert üblichen Zeichen, einem Kuss.

Weihnachten 941 wirft sich Bruder Heinrich während der Mitternachtsmesse vor Otto nieder, worauf dieser ihm vergeben muss

König Otto kann seine Herrschaft festigen und ausbauen

Ab jetzt macht König Otto Politik mit der Familie, nicht mehr gegen sie. 948 ernennt er Heinrich zum Herzog von Bayern.

Auch die anderen Gebiete seines Königreiches sollen in die Hände von Verwandten übergehen. Otto betreibt geschickte Heiratspolitik: Seine Tochter Liutgard vermählt er nach Lothringen, Sohn Liudolf in Schwaben, und das Herzogtum Franken unterstellt er direkt seiner Krone. Seinen Bruder Brun ernennt er 953 zum Erzbischof von Köln und gleichzeitig zum Herzog von Lothringen. 954 wird Ottos Sohn Wilhelm Erzbischof von Mainz. Diese Koppelung von weltlicher und geistlicher Macht und die enge Bindung der Kirche an die Krone soll Ottos Reich stabilisieren. Ein Konstrukt, das als ottonisch-salisches Reichskirchensystem in die Geschichtsschreibung eingeht.

Ein stabiles Reichsgefüge hat für Otto große Bedeutung, denn dringende »außenpolitische« Probleme dulden keinen Aufschub. Immer wieder verwüs-

Rerum gestarum Saxonicarum

Die Sachsengeschichte ist eine der wichtigsten Quellen des 10. Jahrhunderts. Sie diente der Identifikation und Herrschaftslegitimierung des Königshauses. Widukind schrieb nicht auf, »wie es wirklich war«, sondern bemühte sich, einen idealen, von Gott gesandten Herrscher zu preisen. Darüber hinaus musste er sich in einer weitgehend oralen Gesellschaft auf mündliche Quellen verlassen, und so sind die Texte zudem geprägt von den Erinnerungen und Wertungen der Erzählenden. Ebenso beeinflussen Auftraggeber, Anlass und Adressat das Verhältnis zwischen Idealisierung und Kritik. Die Sachsengeschichte ist Mathilde, der Tochter Ottos und Äbtissin vom Stift Quedlinburg gewidmet. Insofern musste Widukind davon ausgehen, dass auch Otto sie zu Gesicht bekommt.

Otto I., Sohn Heinrichs I., abgebildet mit den Insignien der Macht: in seiner Linken die Sphaira, Sinnbild des Kosmos, in der Rechten das Zepter, Sinnbild des Friedensstifters

Die Symbolsprache des Mittelalters

Bild- und schriftarm, fast komplett analphabetisch – das war die Gesellschaft, in der Otto der Große lebte. Der König und sein Hof reisten von Pfalz zu Pfalz, wickelten Rechtsgeschäfte ab, demonstrierten vor Ort ihre Macht und versicherten sich der Verbündeten. Wo heute schriftlich fixierte Gesetze und Vorschriften das Miteinander organisieren, regelten im Mittelalter feste Gewohnheiten, für alle verbindliche Rituale das Zusammenleben. Kommuniziert wurde über physische Präsenz und symbolische Handlungen, sie verdeutlichten die Stellung des Einzelnen im sozialen Gefüge. Zeremonien wie eine Königskrönung waren bis ins Detail besetzt mit Bedeutung. Bei einem Krönungsmahl oder Gastmahl z. B. umgab sich der Herrscher mit hochrangigen Verbündeten, zeigte seinen Reichtum, seine Macht und band seine Gäste durch Freizügigkeit an sich.

ten die Ungarn das Land, die Elbslawen erheben sich gegen die von Otto eingesetzten Markgrafen, und ein Feldzug nach Böhmen steht ins Haus. Zudem wird er mit 34 Jahren Witwer. Am 26. Januar 946 findet die Beisetzung Edgithas in der heute noch erhaltenen Familiengruft in Magdeburg statt. Nach diesem frühen Tod seiner Frau ordnet Otto wie sein Vater Heinrich sein »Haus« und bestimmt seinen Sohn Liudolf zum alleinigen Thronfolger.

In den folgenden Jahren werden sich die Schwerpunkte in Ottos Politik aufgrund europäischer Entwicklungen allerdings verschieben. 950, während er auf einem Feldzug gegen die Böhmen kämpft, stirbt der erst 25-jährige König Lothar von Italien und hinterlässt die 19-jährige Adelheid als kinderlose Witwe. Ein lombardischer Markgraf, Berengar von Ivrea lässt sich daraufhin in Pavia zum König krönen. Berengar befürchtet, dass die ehrgeizige und vermögende Königswitwe selbst auf den Thron will. Er lässt sie am 20. April 951 gefangen nehmen und in einer Burg oberhalb des Gardasees einkerkern. Sie kann jedoch fliehen und bittet Otto I. um Hilfe.

Damit ist für Otto die Chance gekommen, in Italien mehr Land und Macht, ja vielleicht sogar die Kaiserkrone zu erringen.

Was Widukind von Corvey in seiner Chronik verharmlosend Romreise nennt, ist ein erfolgreicher Feldzug, der mit dem Sieg über Berengar endet. Adelheid ist glücklich, auch wenn die Lebensverhältnisse im Norden nicht sonderlich komfortabel sind. Sie heiratet den mächtigsten Herrscher nördlich der Alpen und wird durch seine Hochzeitsgeschenke die reichste Frau Europas.

Auch Otto ist zufrieden, die neue Ehefrau ist eine zusätzliche Legitimation für Ottos neuen Titel: König der Franken und Langobarden – genau so nannte sich einst Karl der Große. Und wie der will auch Otto jetzt Kaiser werden. Als Indiz dafür gilt eine Urkunde, die Otto mit einem metallenem Siegel beglaubigt, eine so genannte Metallbulle. Ein solches Siegel zu benutzen, ist kaiserliches und päpstliches Vorrecht. Doch Otto ist ein wenig voreilig, denn Papst Agapet II. verweigert die Kaiserkrone.

Otto muss sich gegen den dritten und letzten Aufstand behaupten

Nördlich der Alpen wird indes erneut seine königliche Macht bedroht. Sohn Liudolf, der gerade erst zum Thronfolger ernannt wurde, fürchtet aufgrund der neuen Ehe seines Vaters um seinen Platz. In Saalfeld, wo schon Ottos Bruder Heinrich seinen Aufstand begonnen hatte, feiert Liudolf Weihnachten 951 ein Gastmahl. Und wie schon bei Heinrich lassen sich viele Fürsten von seinen Versprechen locken. Otto reist zurück nach Norden. Ostern 953 bricht der Aufstand offen aus. Als Otto an diesem bedeutendsten Fest der Christenheit seine Königsmacht und seine Nähe zu Gott demonstrieren will, findet er mit seinem Gefolge weder in Ingelheim noch in Mainz, Köln oder Aachen Aufnahme. Die mit Liudolf verbündeten Pfalzgrafen weigern sich, den König zu bewirten. Otto muss bis nach Dortmund ausweichen, um angemessen zu feiern – eine offensichtliche Krise seiner Herrschaft. Otto bleibt kein anderer Weg, als Krieg gegen den eigenen Sohn zu führen.

Ohne es zu wollen, sind ihm die Ungarn dabei von Nutzen. Die gefürchteten heidnischen Räuberhorden ziehen immer wieder mordend und plündernd durchs Land, sie erscheinen den gottesfürchtigen Menschen des 10. Jahrhunderts wie eine Strafe des Herrn. 954 verwüsten sie ganz Franken. Mit diesen Heiden verbündet sich Liudolf. Er bringt sie dazu, seine eigenen Gebiete zu verschonen und stattdessen das Territorium seines Vaters zu überfallen. Doch damit ist Liudolf einen Schritt zu weit gegangen. Eben noch wie ein Gegenkönig gefeiert, gilt er jetzt als Verräter. Seine Verbündeten wenden sich von ihm ab, die Machtbasis schwindet, Liudolf gibt schließlich auf. Widukind von Corvey beschreibt das Büßerritual: »Als der König auf der Jagd war, warf sich sein Sohn mit bloßen Füßen vor dem Vater nieder, von tiefster Reue ergriffen und mit kläglichen Worten brachte er erst seinen Vater, schließlich aber alle Anwesenden zum Weinen.«

Liudolf unterwirft sich seinem Vater Otto I.

Otto triumphiert in der entscheidenden Schlacht seines Lebens

Im Sommer 955 belagern die Ungarn Augsburg. Die Stadt hält den Angreifern bis zum Eintreffen des Reichsheeres von Otto stand. Das Lechfeld, eine bis zu sieben Kilometer breite Schotterebene in der Nähe der Stadt, bietet sich für eine offene Feldschlacht geradezu an. Weil die meisten seiner sächsischen Kämpfer im Norden bleiben müssen, da ein Krieg mit den slawischen Nachbarn droht, besteht Ottos Streitmacht hauptsächlich aus Franken, Schwaben, Bayern und Böhmen. Es ist das erste Mal, dass die verschiedenen Völker des ostfränkischen Reichs geschlossen gegen einen äußeren Feind kämpfen.

Am Tag des heiligen Laurentius, dem 10. August 955, ist es soweit. Am Tag vor der Schlacht sorgt rituelles Fasten für Reinheit. Otto gelobt, ein Bistum in Merseburg zu gründen, falls er siegen sollte, und reitet dann mit der Heiligen Lanze in der Hand voran in die Schlacht seines Lebens.

Die Ungarn gelten als gute Taktiker und haben außerdem eine »Wunderwaffe« – einen Reflexbogen aus druckfestem Horn und hochelastischen Tiersehnen. Damit können sie weiter und härter schießen als die Ostfranken mit ihren hölzernen Langbögen. Diese Wunderwaffe geht allerdings bei Regen buchstäblich aus dem Leim. Und am 10. August 955 regnet es wolkenbruchartig – ein Sommergewitter verhilft Otto schließlich zum Sieg über die Ungarn. So zumindest berichten es die rühmenden Quellen.

Ottos Reise nach Italien
Widukinds schreibt zu Ottos Werben um Adelheid: »Da [Otto] die Vorzüge der … Königin [Adelheid] nicht verborgen blieben, beschloss er, sich unter dem Vorwand einer Romreise aufzumachen. Und als man in der Lombardei angelangt war, versuchte er, mit Geschenken aus Gold die Liebe der Königin zu ihm als vorteilhaft erscheinen zu lassen. Nachdem er zuverlässig ins Bild gesetzt war, heiratete er sie und erhielt mit ihr die Stadt Pavia, die königliche Stätte.«

Diese Schlacht beendet nicht nur ein für alle Mal die Raubzüge der Ungarn in Ottos Herrschaftsgebiet – sie werden nach 955 ein sesshaftes und christliches Volk –, sondern auch die Fürsten im Lande wagen bis zu Ottos Tod keinen Aufstand mehr gegen ihn. Der Sieg auf dem Lechfeld wird als eindeutiges Zeichen dafür gesehen, dass Otto Gottes Gnade genießt, dass er ein Auserwählter ist. Das Heer der Bayern, Franken, Schwaben und Böhmen ruft Otto noch auf dem Schlachtfeld zum »Vater des Vaterlandes« und zum »Imperator« aus. Otto ist auf dem vorläufigen Höhepunkt seiner Macht angekommen, von nun an nennen ihn die Chronisten »Otto den Großen«.

Otto der Große erfüllt sich seine Träume

Otto I. verjagt die Ungarn

Gleich nach der Lechfeldschlacht beginnt Otto mit dem Bau eines Doms in Magdeburg. Am östlichsten Punkt seines Reiches will er ein Erzbistum errichten, eine Stadt, die sich mit Rom und Konstantinopel messen kann. Von hier aus will Otto die Christianisierung der Slawen vorantreiben und seinen Machtbereich im Osten ausdehnen. Doch diese Pläne stoßen auf Widerstand, auch in seiner Familie. Ottos Sohn Wilhelm aus seiner ersten Verbindung mit der slawischen Prinzessin ist inzwischen Erzbischof von Mainz und sieht seine eigenen Interessen bedroht. Sein Erzbistum Mainz müsste Ländereien und Macht an die Magdeburger Neugründung abgeben. Da die betroffenen Bischöfe, Wilhelm und Bernhard, der Erzbistumsgründung nicht zustimmen, muss Otto den Magdeburg-Plan aufschieben.

Die nächsten Jahre sind ungewöhnlich ruhig, aber überschattet von Todesfällen. 958 ist Otto schwer krank, vier seiner Kinder sind gestorben, darunter auch sein Sohn und designierter Nachfolger Liudolf. Aber inzwischen hat ihm Adelheid schon den neuen Thronfolger geboren, Otto II.

Keine ausgefeilte Strategie, sondern katastrophale Zustände in Rom verhelfen Otto 962 zur lang ersehnten Kaiserkrönung. Im Herbst 960 hat Berengar von Ivrea seine Machtposition wieder ausgebaut. Weiter südlich in Rom führt der neue Papst Johannes XII. ein äußerst unchristliches Leben: Er treibt Unzucht, trinkt Wein, geht auf die Jagd und trägt Waffenschmuck – so zumindest kolportieren es seine Gegner. Das Ansehen des Papstes ist zutiefst beschädigt, eine Chance für Berengar, seine Machtgelüste nach Rom auszudehnen. Papst Johannes XII. bittet Otto um Hilfe. Der römische Papst und der ostfränkische König schließen einen Handel: Dafür, dass Otto die Kaiserkrone aus päpstlicher Hand bekommt, verspricht er dem Papst, seinen Rang zu achten, für seine persönliche Sicherheit zu sorgen, das Land des heiligen Petrus zu schützen und die päpstliche Gerichtshoheit in Rom zu respektieren. – Kaiserkrone gegen militärischen Schutz.

Am 10. August 955 werden die Ungarn von Otto I. vernichtend geschlagen; Buchmalerei von Hektor Muelich

Am 2. Februar 962 findet die Kaiserkrönung in der Peterskirche statt: Otto I., Kaiser von Gottes Gnaden. Wozu ihn das Volk schon nach der Lechfeldschlacht machen wollte, wird jetzt durch den Segen des Papstes verwirklicht. Erhoben zum Kaiser, kann Otto seinem Konkurrenten in Konstantinopel, dem Kaiser des Oströmischen Reiches, nun ebenbürtig entgegentreten. Auf den Münzen und auf dem Siegel präsentiert er sich fortan wie der byzantinische Herrscher: Er ist frontal abgebildet. In seiner Linken trägt Otto die Sphaira, Sinnbild des Kosmos, in seiner Rechten das Szepter, Sinnbild der Friedensstiftung – ein wahrhaft himmlischer Herrscher.

Reiche Geschenke besiegeln das Geschäft zwischen Otto und Johannes XII. Der Papst schenkt dem Kaiser Reliquien und gibt seine Zustimmung zum Erzbistum Magdeburg. Am 12. Februar 962 findet eine Krönungssynode statt, auf der Otto das Papstprivileg erhält. Jetzt kann er aus dem Moritzkloster in

Widukinds Bericht über die Lechfeldschlacht

»Die erste, zweite und dritte Legion bildeten die Baiern, an ihrer Spitze die Befehlshaber Herzog Heinrichs, denn er selbst war unterdessen vom Kampfplatze entfernt, weil er an einer Krankheit darnieder lag, woran er auch starb. Die vierte bildeten die Franken, deren Leiter und Führer Herzog Konrad war. In der fünften, der stärksten, welche auch die königliche genannt wurde, war der Fürst selbst, umgeben von den Auserlesenen aus allen tausenden der Streiter und von muthigen Jünglingen und vor ihm der sieggewohnte Erzengel, durch einen dichten Haufen gedeckt. Die sechste und siebente Schar machten die Schwaben aus, welche Burkhard befehligte, dem der Bruder des Königs seine Tochter zur Ehe gegeben hatte. In der achten waren tausend auserlesene böhmische Streiter, besser mit Rüstungen als mit Glück versehen; hier war auch alles Gepäck und der ganze Troß, weil man die Nachhut für den sichersten Platz hielt.«

Ottos Verhältnis zur Kirche

Infolge der Erfahrungen mit den aufständischen Fürsten begann Otto, Mitgliedern des hohen Klerus wichtige weltliche Ämter zu übertragen und belehnte sie mit Reichs- und Königsgut. Das hatte große Vorteile: Die Kirchenmänner waren meist hochgebildet, also für Verwaltungsaufgaben besser geeignet als die Kriegsherren des Hochadels. Des Weiteren fiel das Amt nach dem Tod des Inhabers an den König zurück, da Geistliche nicht heiraten durften und so auch keine Erben hatten, zumindest keine legitimen. Voraussetzung dafür war natürlich, dass der König das uneingeschränkte Recht der Investitur hatte, d. h. Bischöfe und Äbte seiner Wahl einsetzen konnte. Dies erhielt er aufgrund des guten Einvernehmens mit dem Papst – später fungierten die Ottonen sogar als Schutzmacht des Papstes. Das uneingeschränkte Recht der Investitur und die Unterordnung des Papstes unter den Kaiser wurde im 11. Jahrhundert im Investiturstreit in Frage gestellt.

Magdeburg ein Erzbistum machen und das nach der Lechfeldschlacht gegebene Versprechen einlösen, das Bistum Merseburg zu errichten.

Als Gegenleistung für die Kaiserkrone erkennt Otto die »Konstantinische Schenkung« an, in der Kaiser Konstantin 600 Jahre zuvor den Vorrang der römischen Kirche über alle anderen Kirchen anerkannt und ihr die Herrschaft über die Stadt Rom, ganz Italien und die Westhälfte des Römischen Reiches übertragen haben soll. Festgehalten ist Ottos Zusicherung in einer Urkunde, die als »Ottonianum« bekannt wurde. Doch dann erfährt Otto vom Geständnis eines Kardinaldiakons, der jene Schenkungsurkunde selbst geschrieben und sie als das Originaldiplom Kaiser Konstantins ausgegeben hat (endgültig bewiesen wird die Fälschung der Konstantinischen Schenkung erst im 15. Jahrhundert). So getäuscht, wird Otto zum erbitterten Gegner des Papstes. Dieser lässt – dem Chronisten Liudprand von Cremona zufolge – dem Verräter fürs Ausplaudern die Nase abschneiden, die Zunge herausreißen und zwei Finger verstümmeln.

Die Errichtung des Magdeburger Erzbistums würde auf Kosten der Halberstädter Diözese gehen und ruft deshalb den Protest des zuständigen Bischofs Bernhard hervor. Das bedeutet für Otto wieder warten und verhandeln. Erst 966 trifft er Bernhard in Quedlinburg anlässlich der Weihe von Ottos Tochter Mathilde zur Äbtissin von Quedlinburg. Nach einem Streit zwischen Bernhard und Otto wird der Kaiser exkommuniziert und erst nach einem Bußgang bis Halberstadt wieder in die Kirche aufgenommen. Auch muss er das

Die »Konstantinischen Schenkung«; Freskogemälde in der Kirche S.S. Quatro coronati zu Rom

Versprechen geben, zu Bernhards Lebzeiten Magdeburg nicht zum Erzbistum umzuwandeln und in Merseburg kein Bistum zu errichten.

Als 968 Bernhard und Wilhelm, die Gegner des Magdeburger Erzbistums, sterben, ist der Weg endlich frei für die Erfüllung von Ottos lang gehegtem Traum. Mit der Errichtung des Erzbistums beginnt der Bau einer riesigen Pfalz. Weihnachten 968 wird der erste Erzbischof von Magdeburg inthronisiert, die neu gegründeten Bistümer Zeitz, Meißen und Merseburg werden geweiht, Havelberg und Brandenburg Magdeburg unterstellt.

Das alles geschieht in Ottos Abwesenheit, denn er ist 966 zu seinem dritten Italienfeldzug aufgebrochen. Er kann die abtrünnigen Vasallen unterwerfen und seine Macht in der römischen Kirche festigen. Das ruft seinen Konkurrenten in Konstantinopel auf den Plan. Der byzantinische Kaiser betrachtet sich ebenso als alleinigen Nachfolger der römischen Kaiser wie Otto. Eingegangen in die Geschichte ist diese Phase als »Zweikaiserproblem«.

Ausnahmsweise lässt sich Otto auf eine diplomatische Lösung ein. Er ist jetzt 56 Jahre alt und plant die Vollendung seines Lebenswerks. Wie sein Vater Heinrich möchte auch er das Erbe regeln. Seinen Sohn Otto II. hat er schon als Nachfolger bestimmt und zum Mitkaiser gekrönt. Eine Heirat mit einer byzantinischen Herrschertochter wäre machtpolitisch und diplomatisch die eleganteste Lösung des schwelenden Konflikts. Otto schickt eine Gesandtschaft zu Nikephoros Phokas, dem Kaiser in Konstantinopel. Der Gesandte wird attackiert und gedemütigt, eine Beleidigung! Er sendet einen wütenden

Darstellung der Gründung Magdeburgs durch Otto I.

Gründung des Klosters Fischbeck bei Hameln durch Otto I. im Jahre 955: Im unteren Mittelfeld überreicht Otto I. der Äbtissin die Urkunde; Darstellung auf einem romanischen Teppich

»… Er stand wie üblich mit der Dämmerung von seinem Bett auf und war bei den nächtlichen und morgendlichen Lobgesängen anwesend. Dann ruhte er ein bisschen. Nachdem später der Messgottesdienst gefeiert worden war, spendete er gewohnheitsgemäß den Armen, aß ein wenig und ruhte wieder in seinem Bett. … Beim Evangeliengesang fühlte er sich schon fiebrig und erschöpft. …. Er verlangte das Sakrament des göttlichen Leibes und Blutes, empfing es und übergab ohne Seufzer mit großer Ruhe … seinen letzten Atemzug dem barmherzigen Schöpfer aller.«

Statue Kaiser Ottos I.
zu Magdeburg

Bericht zurück an Otto, in dem er Nikephoros als einen »regelrechten Gnom« beschreibt, mit »vertrockneten Pobacken«, der sich »nur von Knoblauch, Zwiebeln und Porree [ernähre] und Badewasser« trinke.

Es gibt Krieg mit Byzanz. Es geht um die Ländereien in Süditalien – und es geht um den Anspruch der Nachfolge der römischen Kaiser. Ganze fünf Jahre kämpft Otto immer wieder gegen die byzantinischen Truppen. Erst mit Nikephoros' Nachfolger, dem friedliebenderen Kaiser Johannes Tsimiskes kann Otto Frieden schließen. Der schickt auch die ersehnte Braut, seine Nichte Theophanu, 972 nach Rom, wo Otto II. und Theophanu am 14. April 972 heiraten. Jetzt erkennt Byzanz auch die Rechtmäßigkeit eines westlichen Kaisertums an. Das »Zweikaiserproblem« ist gelöst.

So hat Otto sein Haus geordnet. Sechs Jahre schon weilt er in Italien, da gibt es wieder Unruhe in der Heimat. Sein Stellvertreter in Sachsen, Hermann von Billung, feiert am Palmsonntag 972 in Magdeburg ein königliches Zeremoniell und schläft demonstrativ im königlichen Bett – ein Affront und eine klare Botschaft an Otto, der umgehend zurückkehrt, deutliche Zeichen seiner Macht im Gepäck: antike Säulen aus Ravenna, die er in den Magdeburger Dom einbauen lässt. Nach dem großen Brand von 1207 finden sie auch im neuen Dom Platz, wo man sie noch heute sehen kann.

Im Jahr 973 feiert Otto den Palmsonntag in Magdeburg und das Osterfest am Grab seiner Eltern in Quedlinburg. Gesandtschaften aus Dänemark, Polen, Böhmen, Ungarn, Unteritalien, Rom, Byzanz, Spanien sind anwesend. So viel Ehre wird nur wenigen Herrschern seiner Zeit erwiesen. Doch die Feiern sind wohl zu viel für den 60-jährigen Otto: Den Abend des 7. Mai 973 erlebt er nicht mehr. Er stirbt in der Pfalz Memleben. Ottos Eingeweide werden in Memleben bestattet, sein einbalsamierter Leichnam wird in Magdeburg beigesetzt. Dazwischen liegt eine 30 Tage während Prozession von Memleben nach Magdeburg – eine bisher unübliche Zeremonie, die Größe und Stärke des von Otto aufgebauten Kaisertums zeigt. Zuerst in der alten Familiengruft im Magdeburger Dom beigesetzt, wird der Sarg Ottos nach dem Brand im 13. Jahrhundert in den gotischen Neubau des Doms überführt. Der designierte Thronfolger Otto II. wird alleiniger Kaiser im großen Reich. Er stirbt nach nur zehn Regierungsjahren. Danach teilen sich die Witwe Theophanu, seine Mutter Adelheid und Äbtissin Mathilde, Ottos Tochter, bis zur Volljährigkeit Ottos III. die Macht. Der dritte ottonische Kaiser wird als Begründer des europäischen Gedankens in die Geschichte eingehen. Auch er stirbt nach wenigen Herrschaftsjahren. Heinrich II., Großneffe Ottos I., ist der letzte ottonische Kaiser. Mit ihm erlischt 1024 das Geschlecht der Ottonen in der männlichen Linie. Die Machtzentren Quedlinburg und Magdeburg verlieren an Bedeutung. Ein »goldenes Zeitalter« geht zu Ende.

Zeittafel Otto der Große

912	**23. 9. oder 23. 11.** Geburt Ottos als Sohn des Sachsenherzogs Heinrich, der Vogler, und Mathildes
919	**Mai** Wahl Heinrichs I. zum König
929	**September** In der Hausordnung bestimmt Heinrich Otto zu seinem Nachfolger
929	**16. 9.** Hochzeit Ottos mit der englischen Prinzessin Edgitha, als Hochzeitsgeschenk erhält sie Magdeburg
936	**2. 7.** Tod Heinrichs I. in Memleben, Bestattung in Quedlinburg
936	**7./8. 8.** Königserhebung Ottos in Aachen
937	Gründung des Moritzklosters in Magdeburg
937	Erster Aufstand gegen Otto, unter der Führung seines Bruders Thankmar
938	**28. 7.** Tod Thankmars
939	Beginn des zweiten Aufstands gegen Otto, unter der Führung seines Bruders Heinrich
940	**Sommer** Feldzug Ottos ins westfränkische Reich
941	**Ostern** Heinrichs Mordplan scheitert
946	**26. 1.** Tod Edgithas, Ernennung seines Sohnes Liudolf zum Thronfolger durch Otto
950	**Frühjahr** Böhmenfeldzug Ottos, Adelheid, die Witwe des italienischen Königs, wird gefangen genommen
951	**August** Aufbruch Ottos nach Italien
951	**23. 9.** Einzug Ottos in Pavia
951	**9./10. 10.** Entsendung einer Gesandtschaft zu Papst Agapet II., in der Otto um die Kaiserwürde bittet
951	**Ende** Hochzeit Ottos mit Adelheid von Burgund
953	Letzter Aufstand gegen Otto, unter der Führung von Sohn Liudolf
955	**10. 8.** Sieg Ottos gegen die Ungarn auf dem Lechfeld
955	**Ende** Geburt Ottos II.
961	**16. 5.** Hoftag in Worms. Wahl Ottos II. zum Mitkönig
961	**Pfingsten** Krönung und Salbung Ottos II. in Aachen
961	**15. 8.** Aufbruch Ottos des Großen zum zweiten Italienfeldzug
962	**2. 2.** Kaiserkrönung Ottos des Großen in Rom durch Papst Johannes XII.
966	**15. 8.** Hoftag in Worms, Aufbruch zu Ottos drittem Italienzug
967	**20. 4.** Papsturkunde über die Gründung der Kirchenprovinz Magdeburg
967	**Weihnachten** Krönung Ottos II. zum Mitkaiser in Rom
968	**Februar** Tod des Bischofs Bernhard von Halberstadt und des Erzbischofs Wilhelm von Mainz
968	**Oktober** Gründung des Erzbistums Magdeburg
969/70	Feldzüge Ottos des Großen in Süditalien, Verhandlungen mit Byzanz
972	**14. 4.** Hochzeit Ottos II. mit byzantinischer Prinzessin Theophanu in Rom
973	**Ostern** Hoftag in Quedlinburg
973	**7. 5.** Tod Ottos in Memleben, Bestattung im Magdeburger Dom

Theophanu, byzantische Prinzessin und Römische Kaiserin

Leonore Brandt

Theophanu
Kaiserin aus Byzanz 960–991

Es gab kaum eine Frau auf dem Thron, die ihre Zeitgenossen so sehr in Bewunderer und Neider teilte wie Theophanu, die Prinzessin aus Byzanz. Mit wahrscheinlich zwölf Jahren heiratete die junge Griechin den deutschen Thronfolger Otto II. und wurde nach dessen Tod 983 die bedeutendste Herrscherin des Mittelalters.

In alten Geschichten und modernen Romanen streiten Chronisten darüber, ob diese schöne, exotische Frau sich durch Klugheit und Weitsicht oder einfach nur durch »griechische Schläue« auszeichnete. Die einen rühmten ihre Eleganz, die anderen sahen sie für diese angebliche Prunksucht im Fegefeuer schmoren. Man unterstellte ihr Ehebruch und Geltungsdrang. Wer war diese Frau, die ein knappes Jahrzehnt das mächtigste Reich Europas regierte?

»Obgleich dem zerbrechlichen Geschlecht angehörend, war sie von besonnener Festigkeit im Sinn und – was in Griechenland selten ist – von vorbildlichem Lebenswandel. Mit männlicher Wachsamkeit bewahrte sie das Reich ihres Sohnes, freundlich dem Rechtschaffenen, furchteinflößend und überlegen den Aufrührern.«
Bischof Thietmar von Merseburg

Der Aufbruch

Geboren wird Theophanu um 960 in Konstantinopel, dem Zentrum byzantinischer Macht. Das Mädchen wächst im »Heiligen Palast« auf, innerhalb einer streng bewachten, festummauerten Stadt. Die Herrscher hier fühlen sich als Erben der römischen Cäsaren und ihres untergegangenen Weltreichs, sehen sich als Mittelpunkt der Welt – obwohl Byzanz nur noch einen Teil des einstigen oströmischen Imperiums umfasst, etwa das Gebiet des heutigen Griechenlands, Rumäniens, der Türkei und Süditalien. Theophanu ist noch ein Kind, als ihre Taufpatin Theophanu die Ältere – ein Schankmädchen, das es bis zur Gattin des Kaisers Nikephoros Phokas gebracht hat – ihren Mann ermorden lässt, um ihren Geliebten auf den Thron zu bringen. Für Theophanu ist das nachhaltiger Anschauungsunterricht in Politik, Machtkampf und Frauenherrschaft. Der Mann, der nun den Thron besteigt, ist Theophanus Onkel. Ehe er sich zum Kaiser krönen lässt, entledigt er sich seiner gefährlichen und kompromittierenden Geliebten. Wenig später erlebt Theophanu eine weitere Machtdemonstration ihres Onkels: Johannes' I. Tsimiskes Triumphzug durch Konstantinopel nach dessen siegreichem Feldzug gegen die bulgarischen Fürsten. – Auf dem so genannten »Gunthertuch«, das sich heute in Bamberg befindet, ist nach Meinung vieler Forscher dieses Ereignis von 971 dargestellt.

Das 2,2 x 2,1 Meter große Tuch (Seidenwirkerei um 971) stellt eine Szene aus dem Triumphzug des byzantinischen Kaisers Johannes I. Tsimiskes, Theophanus Onkel, dar

Kaiserin Theodora (497–587) und ihr Gefolge; Mosaik um 547 in der Kirche San Vitale zu Ravenna

Bis zu diesem Zeitpunkt hat noch kein byzantinischer Herrscher die Neigung verspürt, Rang und Macht zu teilen. Aus der antiken Tradition heraus sehen sie sich als die einzig legitimen Kaiser der Welt, auch als Herrscher von Rom; selbst wenn die Heilige Stadt längst zum Weströmischen Reich gehört.

Das Königtum dort ist erstarkt. Otto I., später der Große genannt, erhält 962 aus den Händen des Papstes die römische Kaiserkrone. Der Kirchenfürst verbündet sich mit der Macht, will sie sich verpflichten. So übernimmt Otto I. die Schutzherrschaft über das Papsttum. Doch für die Byzantiner bleibt Otto nur ein germanischer Barbar, ein Hinterwäldler, einer von denen, die das römische Weltreich zerstört haben. Otto aber will nun auch vom historisch älteren Kaiserthum im Osten akzeptiert werden, will seine Vormacht in Europa bestätigt wissen. Die Byzantiner sollen endlich seine Schutzherrschaft über Rom und die Kirche anerkennen. Als Unterpfand des Paktes möchte Otto seinen Sohn mit einer byzantinischen Kaisertochter vermählen. Zweimal schon hat er seine Werber nach Byzanz gesandt. Beide Male sind die Verhandlungen

ergebnislos verlaufen. Unterdessen tobt zwischen den Kaisern Krieg um Süditalien.

Nach fünf Jahren Kampf setzt sich Ottos Streitmacht durch. Zudem gerät
Kaiser Johannes I. Tsimiskes auch an anderen Fronten unter Druck: Religiöse Unruhen erschüttern Byzanz, und seine Armee ist durch Kämpfe gegen
Bulgaren und Russen auf dem Balkan gebunden. Er braucht Ruhe an seiner
italienischen Grenze. Also schickt er Otto I. 972 zwar keine Tochter, aber immerhin seine Nichte Theophanu als Zeichen des Friedens. Sie soll den Sohn
des fernen Kaisers heiraten. Große Aufgaben für die junge Griechin. Zumal
sie fürchten muss, abgelehnt zu werden, da sie keine Kaisertochter ist. Aber
Tsimiskes hat gut für sie gesorgt. Ausgestattet mit unermesslichen Schätzen
als Mitgift, betritt Theophanu den Boden Unteritaliens.

Theophanu – die byzantinische Braut

Ende März 972 trifft Theophanu mit ihrem Gefolge in der Kaiser- und Papst-
Stadt Rom ein. Ob sie auf den ersten Blick das Herz ihres Schwiegervaters gewinnt, oder ob Otto einen Erfolg vorweisen will – wir wissen es nicht. Überliefert aber ist, dass Theophanus Beziehung zu ihrer regierungserfahrenen,
30 Jahre älteren Schwiegermutter Kaiserin Adelheid von Anfang an schwierig
ist. Kaiser Otto jedoch hält schützend die Hand über die junge Frau und gibt
sie, »mit Zustimmung aller Fürsten Italiens und Deutschlands, seinem Sohn
zur Gemahlin«. Eine Woche nach Ostern, am Sonntag, dem 14. April 972,
traut Papst Johannes XIII. in der Peterskirche zu Rom die Zwölfjährige aus
dem fernen Konstantinopel mit dem 16-jährigen Otto II. Anschließend krönt
er sie zur Kaiserin. Während der Krönungsfeierlichkeiten erhält Theophanu
den Titel *coimperatrix* – Mitkaiserin – und ist damit aufgenommen ins *Consor-
tium imperii*, in die Reichsspitze.

Unter den Hochzeitsgästen sind viele, die in den nächsten Jahren Theophanus
Leben mitbestimmen: Willigis von Mainz, Kanzler und späterer Erzbischof,
wird bald zum wichtigsten Berater Theophanus und zeit ihres Lebens ihre
wichtigste Stütze. Heinrich Herzog von Bayern dagegen greift bei der nächst-
besten Gelegenheit nach der Krone. Von Otto II. erhält die junge Griechin
eine Heiratsurkunde, die noch heute als schönste des europäischen Mittelalters gilt. Die Schriftrolle ist fast anderthalb Meter lang, vierzig Zentimeter
breit und in Goldschrift auf unvorstellbar wertvolles purpurfarbenes Pergament geschrieben.

Die Urkunde verzeichnet üppige Morgengaben: Gebiete in Italien, am Rhein,
in Thüringen und Sachsen. Im Falle eines frühen Todes ihres Mannes wäre
Theophanu damit gut abgesichert.

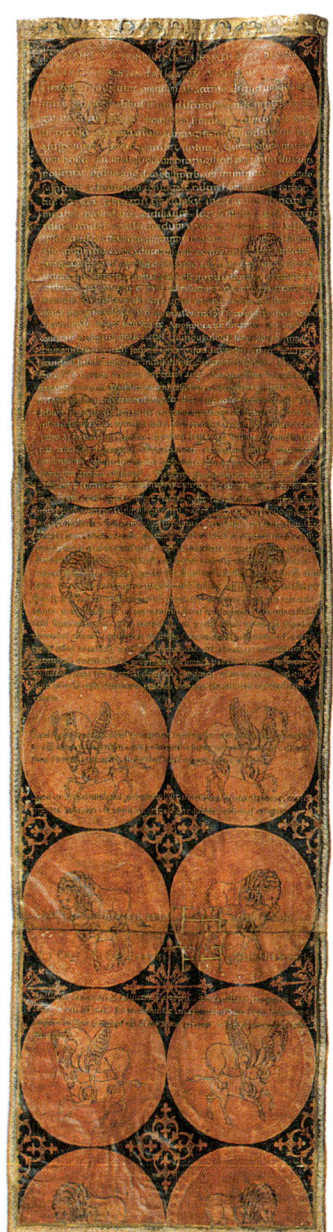

»Heiratsurkunde« der Kaiserin Theophanu
vom 14. April 972; sie ist fast 1,50 Meter lang,
40 Zentimeter breit und in Goldschrift auf
purpurfarbenes Pergament geschrieben

Brustschmuck des Kaiserornats der
Theophanu; byzantische Arbeit

Theophanu und der Alte Kaiser

Im August beginnt die Reise über die Alpen. In den folgenden neun Monaten sucht Otto der Große mit seinem Sohn, der jungen Kaiserin und seinem Gefolge die wichtigsten Stationen seiner Herrschaft auf. Das westliche Kaiserreich ist ein Imperium ohne Hauptstadt, nördlich der Alpen dünn besiedelt, und was man hier Städte nennt, wären in Italien bessere Dörfer. Otto muss Anwesenheit demonstrieren. Nur sein »göttlicher Auftrag«, seine Gerichtstage, seine persönliche Präsenz und seine Beziehungen halten das Reich zusammen. Ständig muss er sich der Treue der Großen des Reichs, der Herzöge, Bischöfe, Grafen und Äbte vergewissern – mit Theophanu kann er ihnen einen seiner größten diplomatischen Erfolge demonstrieren.

In St. Gallen residieren sie im vornehmen Kaiserpalast. Hier wird Theophanu auch zum ersten Mal urkundlich in ihrer neuen kaiserlichen Position erwähnt. Weiter geht es nach Reichenau, Konstanz, schließlich an den Rhein. Von dort nach Thüringen und Sachsen. Theophanu ist das reiche Byzanz gewöhnt, jetzt kommt sie in das Land der einsamen Wälder, Burgen und Dörfer mit einer archaisch-bäuerlichen Gesellschaft. Hier gibt es kein Herrschaftszentrum mit luxuriösen Palästen, hier wird »vom Pferd aus regiert«.

Ein Jahr nach ihrer Hochzeit trifft Theophanu in Quedlinburg ein. Traditionell feiert die Kaiserfamilie hier im Damenstift das Osterfest. Theophanu lernte schnell die fremden Sprachen, versteht nun wohl auch das niederdeutsche Sächsisch ihres Mannes – das heutige Sachsen-Anhalt ist die Heimat der Ottonen. (Das heutige Sachsen gehörte damals nicht zum Herzogtum Sachsen.)

Mit Theophanu kommen byzantinische Mode und Kultur, Architektur und Baukunst ins Land der Ottonen. Ihr verdanken wir auch eines der wenigen Bildwerke, das auf die byzantinische Prinzessin und sächsisch-deutsche Kaiserin verweist: Aus der Werkstatt des Erzbischofs Egbert von Trier stammt der goldene Buchdeckel von Echternach mit einem Bild der Stifterin Theophanu. Durch die junge Kaiserin verbreiten sich auch neue höfische und religiöse Sitten. Sie verehrt den im östlichen Christentum hoch angesehenen heiligen Pantaleon, einen Arzt und Märtyrer des 4. Jahrhundert. Auch der Nikolaus-Kult wird Theophanu zugeschrieben.

Der jungen Herrscherin gelingt, nicht zuletzt aufgrund der in ihrer Kindheit gemachten Erfahrungen, die Anpassung an die Lebensgewohnheiten der Ottonen, und sie versteht deren Politik. In einem aber arrangiert sich Theophanu keineswegs. Sie kleidet sich weiter im eleganten byzantinischen Stil und erregt so Neid in ihrer Umgebung. Noch hundert Jahre später berichtet eine Nonne, ihr sei Theophanu im Traum erschienen und habe geklagt, sie müsse im Fegefeuer büßen, weil sie sündigen Weiberschmuck aus Griechenland nach Deutschland und Frankreich mitgebracht hätte. Solche Äußerungen waren typisch für frömmelnd verbrämte Minderwertigkeitsgefühle gegenüber der gebildeten und schönen Fremden. Sie werden Jahrhunderte überdauern.

Zum Hoftag in Quedlinburg erscheinen die Herrscher von Böhmen und Polen, Gesandte aus Dänemark, Ungarn, Bulgarien und Konstantinopel, sogar aus Russland. Die junge Kaiserin wird all den ausländischen Fürsten vorgestellt und erhält so auch eine Vorstellung von der Machtfülle ihrer neuen Familie. Auch auf dem Hoftag erregt ihre exotische Schönheit Aufsehen, ebenso ihr Brautschatz aus Gewändern, Kunstgegenständen und Geschmeide. Noch Jahrzehnte später wird man in Sachsen von diesem »Wunder« schwärmen. Es gilt als wahrscheinlich, dass einige der im Halberstädter Dom ausgestellten Exponate zu Theophanus Brautschatz gehörten, die Zuordnung aber ist umstritten.

Der kaiserliche Tross zieht weiter zur Pfalz Memleben. Dort stirbt Otto I. kurz nach Ostern, am 7. Mai 973, nach 37 Jahren Herrschaft, auf dem Höhepunkt seiner Macht. Mit ihm verliert Theophanu einen Freund und Gönner. Ottos Gebeine werden im Dom neben denen seiner ersten Frau Edgitha beigesetzt. Durch den Tod des Kaisers ist das Reich wieder in Gefahr. Zwar wird Otto II. als seinem Nachfolger gehuldigt, doch jeder Regierungswechsel ist zugleich eine kritische Situation. Ein Machtkampf steht bevor, denn auch Heinrich, Herzog von Bayern und ein Neffe Ottos I., begehrt die Krone.

Christus krönt Otto II. und Theophanu; italienische Elfenbeinschnitzerei, zwischen 972 und 983

Theophanu und die Kaisermutter Adelheid

Das junge Kaiserpaar handelt unverzüglich. Auf dem Reichstag in Worms im Frühsommer sprechen ihm die Herzöge, Erzbischöfe und Bischöfe das Vertrauen aus. In einem geschickten Schachzug sorgt Theophanu dafür, dass nicht Heinrich von Bayern, sondern ein Vertrauter Ottos II. zum Herzog von Schwaben erhoben wird. Damit haben die Kaisermutter und Heinrich keine Chance, den Süden des Reiches zu kontrollieren.

Adelheid ist über diese Personalentscheidung empört, sie verbündet sich mit Heinrich von Bayern zu einem Komplott. Der gewinnt die Herzöge von Polen und Böhmen als Kampfgenossen und zieht mit ihnen gegen Theophanu und Otto II. in den Krieg. Der Aufstand weitet sich aus und bedroht die Herrschaft des jungen Kaiserpaares. Über sieben Jahre ziehen sich diese Auseinandersetzungen hin, anschließend wird man Heinrich II. von Bayern Heinrich »den Zänker« nennen. Erst 976 erobern Theophanu und der Kaiser die bayerische Hauptstadt Regensburg und ernennen den Herzog von Schwaben zum Herzog von Bayern. Heinrich der Zänker muss nach Böhmen fliehen

Theophanus Nikolaus-Ikone

Nikolaus war ein für seine Nächstenliebe bekannter Bischof im 4. Jahrhundert, der Zeit der Christenverfolgung. Man vermutet, dass Theophanu eine Nikolaus-Ikone in ihrem Reisegepäck hatte. Ikonen waren für die Gläubigen im Mittelalter die Verkörperung der Heiligen. Die Statue aus der Klosterkirche in Aachen-Burtscheid, der Kirche, die vom Ottonenkloster heute noch übrig geblieben ist, ist der Zeit Theophanus und ihrem Besitz nicht zweifelsfrei zuzuordnen. Sicher aber ist: Theophanus Heiligenverehrung hat die Verbreitung des Nikolaus-Kultes im Abendland befördert.

Evangeliar aus St. Gereon, rechts Otto III., links seine Großmutter Adelheid, unten seine Mutter Theophanu

und wird später nach Utrecht verbannt, wo er unter der Obhut des dortigen Bischofs steht.

Theophanu lernt in den Turbulenzen dieser Zeit das Regierungsgeschäft. Offiziell führt sie nur den »Haushalt«, also die Hofhaltung des reisenden Hofs. Hinzu kommen die Repräsentationspflichten bei festlichen weltlichen und geistlichen Anlässen. Der Einfluss der schönen Griechin auf Ottos II. Herrschaft nimmt spürbar zu. Das belegen die Urkunden. Immer häufiger werden Bitten und Anfragen an Theophanu herangetragen, und nicht an Adelheid. Alles spricht dafür, dass man die kluge Frau an Ottos Seite schätzte. In offiziellen Schriftstücken nennt Otto II. seine Gemahlin sehr bald »unsere heißgeliebte Gemahlin Theophanu, erhabene Mitkaiserin und Teilhaberin am Kaiserreich«. Kaiserinmutter Adelheid zieht sich – verletzt durch die zunehmende Entfremdung des Sohnes – nach Pavia zurück. Hier, in dem Ort, den sie in das ottonische Vermögen einbrachte, heiratete sie einst Otto I.

Kaum ist es ihnen gelungen, den Süden des Reiches durch die Ausschaltung Heinrich des Zänkers zu befrieden, da müssen sie sich Angriffen aus Frankreich erwehren: 978 greift überraschend der französische König Lothar an. Er ist mit Emma, der Tochter Adelheids aus erster Ehe, verheiratet und will die Unruhen nutzen, um Lothringen an sich zu reißen. Otto II. residiert gerade in der Kaiserpfalz Aachen, und Theophanu ist mit der zweiten Tochter hochschwanger – da müssen sie fliehen. Wenig später besetzt Lothar die Pfalz.

In keiner der erhaltenen Chroniken und Urkunden ist es beschrieben – doch die Angriffe von außen scheinen Theophanu und Otto fest zusammenzuschmieden. Privat pflegen beide einen zärtlichen Umgang miteinander; *dilectissima, carissima, amantissima* – Freudeschenkende, Geliebteste, Teuerste – nennt Otto II. seine Gattin.

In nur vier Jahren bekommt Theophanu fünf Kinder. Nach drei Mädchen – Adelheid, Sophia und Mathilde – warten alle sehnlichst auf einen Thronfolger. Im Sommer 980 dann kommen schließlich Zwillinge zur Welt. Sie werden vorzeitig geboren, in einem Reichsforst in der Nähe von Nimwegen. Wieder ein Mädchen und – ein Sohn, Otto III. Das Mädchen stirbt bald; die Mutter und der kleine Otto aber überstehen die Gefahr unbeschadet.

Theophanu als Mitkaiserin an Ottos Seite

980 hat Otto die Herrschaft im Kernland so weit gefestigt, dass er endlich auch den schlechten Nachrichten aus dem Süden des Reichs nachgehen kann: Die nordafrikanischen Kalifate – heute Ägypten und Tunesien – haben Italien angegriffen. Außerdem ist Papst Benedikt, der unter dem Bündnisschutz Ottos II. steht, durch einen geschickten Schachzug von einem heimlichen

Verbündeten der Byzantiner abgelöst worden. Theophanus Onkel Kaiser Johannes I. Tsimiskes ist nicht mehr Herrscher in Byzanz. Durch einen Putsch wurde er entmachtet.

Das Kaiserpaar bricht auf, um die Verhältnisse im Süden des Reiches zu ordnen. Mit großem Gefolge und einem Ritterheer – mehr als 1000 Mann – zieht es mit dem etwa vier Monate alten Säugling noch im Spätherbst über die Alpen.

Unterwegs gibt es in der Kaiserpfalz Pavia eine vorläufige Versöhnung mit Kaiserinwitwe und Schwiegermutter Adelheid. Mit großem Pomp wird die Begegnung als offizieller Staatsakt zelebriert. Als Theophanu der Kaisermutter den Thronfolger in den Arm legt und von der nach ihr benannten Tochter berichtet, scheint der Konflikt beigelegt. Theophanu und Otto kämpfen um die Vormacht in Süditalien gegen Byzanz und die Araber. Wie Thietmar von Merseburg schreibt, sieht Theophanu dem schlecht vorbereiteten Feldzug mit großer Skepsis entgegen. Sie kennt die Schlagkraft der arabischen Widersacher ebenso wie die Gefährlichkeit der byzantinischen Kriegsflotte.

Theophanu warnt Otto und zieht doch mit in das gefährlichste, unglücklichste Abenteuer ihres gemeinsamen Lebens. In Rossano, am Golf von Tarent, bleibt sie mit dem Sohn zurück. Ihre Befürchtungen bestätigen sich: Der kampferprobte Otto lässt sich am 15. Juli 982, bei der Entscheidungsschlacht von Cotrone, in eine Falle locken. Die schweren sächsisch-fränkischen Panzerreiter sind den flinken Arabern unter der Führung des Emirs von Sizilien nicht gewachsen, nun befinden sich auch Theophanu und ihr Sohn Otto in höchster Gefahr. Zwar erfährt sie, dass der arabische Feldherr in der Schlacht gefallen ist; doch was ist mit Otto II.?

Bischof Thietmar von Merseburg hat dessen Errettung überliefert: Ein feindliches, byzantinisches Schiff hat den Kaiser nach seiner Niederlage aus dem Meer gefischt. Der Mannschaft ist schnell klar, welch kostbaren Fang sie gemacht hat. Otto handelt blitzschnell und schlägt vor: »Hört wohl zu, was wir jetzt gemeinsam tun sollten. Lasst uns Rossano anlaufen, wo meine Gemahlin auf meine Rückkehr wartet. Wir wollen Euch alles Geld geben, das sie mit sich führt.« Die Mannschaft lässt sich überreden. Als Theophanus Abgesandter an Bord kommt, ist die Crew abgelenkt. »Der Kaiser hatte auf dem Vorschiff gestanden, im Vertrauen auf seine Kraft und Geschicklichkeit im Schwimmen springt er ins Meer.« Theophanu und Otto sind nach der Schlacht wieder vereint. Doch Ottos Macht hat Risse bekommen. Die Kunde von seinem Scheitern verbreitet sich schnell in Europa. Nun beweist Theophanu ihre strategische Kompetenz. Gemeinsam mit ihrem Gemahl gelingt es ihr, zur Stabilisierung der ottonischen Herrschaft die Wahl des inzwischen dreijährigen Otto zum Mitkönig auf einem großen Hoftag in Verona im

Kaiserkrone Ottos I. von 962. Sie wurde auch von den nachfolgenden Kaisern getragen

Heinrich der Zänker, Widersacher Ottos II. und Theophanus

Frühjahr 983 durchzusetzen. Zum ersten Mal wird ein König für den Nordteil des ottonischen Reichs und zugleich für Italien gewählt.

Theophanu muss sich von ihrem Sohn trennen, denn der kleine Otto soll in Aachen gekrönt und gesalbt werden. In Italien aber ist weiter die politische Präsenz des Kaiserpaares erforderlich. Unter der Obhut des Kölner Erzbischofs Willigis reist der Junge ab – zu einer Zeit, in der sich schlechte Nachrichten häufen. Die Dänen im Norden und die Slawen im Osten haben die ottonische Grenze überrannt. Theophanu drängt zur Rückkehr. Doch Otto II. wirft ein Malariafieber nieder. Am 7. Dezember 983 stirbt er im Alter von gerade 28 Jahren in Rom, bei ihm sind die 23-jährige Theophanu und der Papst.

Theophanu sichert ihrem Sohn Thron und Reich

Otto II. und Theophanu, die den Thronfolger Otto III. hält, knien vor Christus. Neben ihm Mutter Maria und der heilige Mauritius; italienisches Elfenbeinrelief, um 980

Unterdessen ist Erzbischof Willigis mit Otto III. auf dem Weg in die traditionelle Krönungsstadt Aachen. Am Weihnachtstag 983 wird die Zeremonie vollzogen. Nun ist Otto III. der gesalbte König. Doch unmittelbar nach der Krönung trifft die Nachricht vom Tod des Kaisers ein. Nach germanischem Recht wäre der nächste männliche Verwandte aus der Familie des Vaters der Vormund, also Heinrich der Zänker. Sofort wird der aus seiner Utrechter Haft entlassen. Er zieht nach Köln, und Williges übergibt ihm den kleinen Otto und die Reichsinsignien. Nach byzantinischem Recht aber wäre die Kaiserin – also Theophanu – der Vormund. Noch aber ist sie in Italien, und der Zänker nutzt seine Chance: Verschlagen und taktisch geschickt zieht er ein Gewaltstück durch: In Eilmärschen reist er nach Magdeburg und Quedlinburg – in die Heimat der Ottonen – und entführt auch noch die Schwester Ottos, Mathilde, gewaltsam aus dem Quedlinburger Stift. Dann verabredet er mit dem Nächsten in der Erbfolge, seinem Vetter, dem westfränkischen König Lothar von Frankreich, einen Handel: Lothar verzichtet auf eine mögliche Vormundschaft, dafür überlässt ihm Heinrich in seiner Vormund-Position Lothringen. Anschließend sucht sich der Zänker weitere Verbündete unter Feinden Theophanus. Die ist weit, und im Winter sind die Alpenpässe so gut wie unbegehbar.

Doch die Kaiserin agiert mit diplomatischem Geschick und organisiert den Widerstand gegen den Thronräuber im Reich. Ganz Pragmatikerin und Taktikerin, schließt sie mit ihrer Schwiegermutter Adelheid Frieden. Das Schicksal eint die beiden. Sie sind entschlossen, Thron und Herrschaft zu sichern und reisen nach Deutschland ab.

Unterdessen überspannt Heinrich den Bogen. Er lädt die Großen des Reiches nach Quedlinburg ein, dem traditionsreichen Ort des alten Kaisers Otto. Offen beansprucht er die Königskrone und lässt sich wie ein Herrscher feiern.

Doch die Stimmung kippt. Nicht alle weltlichen Fürsten und Bischöfe akzeptieren, dass Heinrich seine Vormundschaft nutzt, um selbst die Krone zu beanspruchen. Sie besinnen sich auf ihren Treueeid zu Theophanu und dem jungen König. Der Zänker verliert einen Großteil seiner Anhänger. Heinrich wird bei Merseburg umzingelt, und die Anhänger Theophanus können die ebenfalls entführte kleine Adelheid befreien. Ende Juni 984 muss der Zänker auch den Thronfolger an Theophanu herausgeben. Am 29. Juni 984 erscheinen die junge Kaiserwitwe und Adelheid mit großem Gefolge auf einem Reichstag in Rohr (in der Nähe von Meiningen). Heinrich der Zänker wird gezwungen, für immer auf das Königtum zu verzichten.

Theophanu gelingt ein Glanzstück mittelalterlicher Diplomatie, denn es ist ein Gebot der Vernunft, zur Stabilisierung des Reiches eine Übereinkunft mit dem Zänker zu erreichen. Er gehört von nun an zu ihrem engsten Gefolge und erhält dafür das Herzogtum Bayern zurück. Nie wieder danach wird die Regentschaft der Kaiserin Theophanu – stellvertretend für Otto III. – in Frage gestellt. Da ist sie gerade 24 Jahre alt. Die Versöhnung beeindruckt das Volk so sehr, dass es meint, über Rara einen Stern aufgehen zu sehen.

Die mächtige Regentin: Imperator Theophanu

Theophanu unternimmt jetzt alles, um die Stabilität des Großreiches zu erhalten, das Erbe für ihren Sohn zu bewahren und damit zugleich ihre Position als regierende Kaiserin zu sichern. Der Quedlinburger Hoftag zu Ostern 986 sieht Theophanu auf dem Gipfel ihrer Regentschaft im Reich. Dort, wo Otto der Große seine Kaiserwürde zum letzten Mal demonstrierte – und sich auch der Zänker zwei Jahre zuvor unrechtmäßig zum König wählen ließ –, zeigt nun Theophanu ihre Macht vor den Großen des Reiches und den ausländischen Gesandten. Noch einmal lässt sie ihren sechsjährigen Sohn in der Kirche krönen. Beim anschließenden Festmahl sind dem Knaben vier Herzöge zu Diensten – unter ihnen auch Heinrich der Zänker. Sie huldigen ihrem König: Heinrich dient ihm als Truchsess (als Aufseher über die Tafel), Konrad von Schwaben als Kämmerer, Heinrich der Jüngere von Kärnten als Mundschenk und Bernhard von Sachsen als Marschall.

Nachdem der innere Frieden des Landes vorerst gesichert scheint, will Theophanu die Vormachtstellung des Großreiches auch nach außen stärken. Gegen die Slawen im Osten schickt sie ein Heer. Im Westen setzt sie auf Diplomatie, geschickt nutzt sie im Streit um Lothringen die Arbeit von Spionen und Informanten. Im Westfrankenreich gibt es Streit um die Erbfolge. Theophanu unterstützt den aufstrebenden Hugo Capet gegen die letzten westfränkischen Karolinger. 987 erringt Capet die Krone. – Das Ereignis wird seit-

Aus den Quedlinburger Jahrbüchern von 985

»Demütig in Kleidung und Haltung, beide Hände gefaltet, schämte er sich nicht, sich in Gegenwart der kaiserlichen Frauen … dem Königlichen Knaben als Lehnsmann zu ergeben. Und er versprach ihm, den er als Waise gefangengenommen und dessen Reich er gewaltsam an sich gerissen hatte, künftig mit unverbrüchlicher Treue zu dienen. Für sich forderte er nichts als das Leben und bat um nichts als um Gnade.«

Theophanus' Sohn Otto III. regierte 983–1002

41

Weissagung Bischof Thietmars
Thietmar von Merseburg berichtet in
seiner Chronik von einem Zeichen, das
Ende des Jahres 990 angeblich nahendes
Unheil ankündigt: »Doch jetzt muss ich
vom Tod der Kaiserin sprechen und die
vorausgehenden Zeichen nennen. Im Jahre
der Fleischwerdung des Herrn trat am
21. Oktober 990 um die 5. Tagesstunde eine
Sonnenfinsternis ein …«

dem als Gründungsdatum Frankreichs angesehen. – Im Gegenzug erhält Theophanu das verlorene Gebiet zwischen Maas und Rhein zurück.

Am 18. Oktober 989, es ist schon sehr kalt, bricht sie nach Rom auf. Sie reist mit nur wenigen Getreuen, ohne Heer und gepanzerte Ritter; ein für das 10. Jahrhundert äußerst mutiges Unternehmen. Auch hier setzt sie auf Diplomatie, nicht auf Krieg. An Ottos Todestag, dem 7. Dezember, tritt sie an sein Grab in der Peterskirche – trauernde Witwe und zielstrebige Herrscherin zugleich – und inszeniert nochmals große Trauerfeierlichkeiten.

Theophanu erreicht, dass Papst Johannes XV. ihr zusagt, sich für die Kaiserkrönung Ottos III. einzusetzen. Noch in Rom betreibt sie die Errichtung einer italienischen Kanzlei und nimmt Verbindung nach Osteuropa auf, nach Prag, Kiew, Ungarn und Polen. Sie sucht Einvernehmen und Frieden mit ihren Nachbarn und schafft so die Grundlagen für eine Konzeption in der Art eines »Europäischen Staatensystems«, auf das ihr Sohn später aufbauen wird. Diesem Vorhaben liegt die byzantinische Idee zugrunde, der Kaiser sei »Vater des Staatenbundes und Könige und Fürsten seine Söhne«.

Gleichzeitig setzt Theophanu Adelheid einen Verwalter vor die Nase und hat so auch die italienischen Ländereien und deren Finanzen unter Kontrolle. Sie besetzt wichtige Bischofssitze und agiert in der königlichen Funktion eines Richters. Sie regiert souverän. Sie weiß um ihre Macht. In Ravenna unterschreibt sie – geschickt und fast selbstherrlich – erstmalig Urkunden mit *Theophanius Imperator Augustus* – als »Kaiser« Theophanu. Fast unangefochten scheint sie das Abendland zu beherrschen.

Theophanus Tod und Vermächtnis

Doch dann geschieht das Unerwartete. Theophanu – obwohl erst 31 Jahre alt – fühlt ihren Tod kommen. Sie bereitet sich vor, lässt sich das Haar scheren und kleidet sich in das leinene, graue Büßergewand einer Nonne. Am 15. Juni 991 stirbt sie in ihrer Pfalz Nimwegen, auf dem Höhepunkt ihrer Macht. So wie sie es gewünscht hatte, wird sie in der Kirche St. Pantaleon in Köln bestattet, neben den Knochen des Heiligen, den sie so verehrt hatte und dessen Überreste sie einst in ihrem Brautschatz mitführte.

Adelheid aber lebt – und übernimmt die Vormundschaft über ihren Enkel Otto III. Doch kaum ist der volljährig, entmachtet er sie. In seiner Regierungszeit wird Otto III. wegen seiner universellen Bildung und seiner Entscheidungen bewundert und bestaunt werden – ein Ergebnis der Erziehung durch Theophanu.

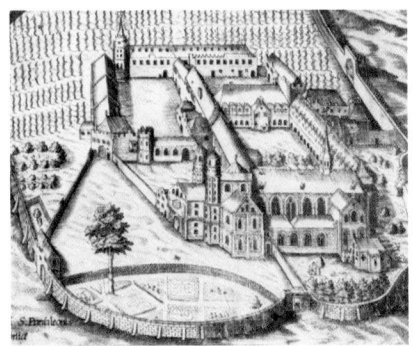

Kloster und Kirche St. Pantaleon, Begräbnisstätte der Kaiserin Theophanu

Zeittafel Theophanu

um 960	Geburt von Theophanu Skleraina
966–972	Militärische Konflikte zwischen Rom und Byzanz, Heirat wird angestrebt
969–970	Kaiser Nikephoros wird Opfer seines Vetters Tsimiskes (angeheirateter Onkel Theophanus) Tsimiskes, vom Balkan bedroht, lenkt im Konflikt mit Otto ein
972	**14. 4.** Vermählung Ottos II. (16) mit Theophanu (12) in der Peterskirche in Rom Theophanu wird zur Mitkaiserin (coimperatrix) gekrönt.
973	**Anfang Mai** Otto I. stirbt. Fürsten huldigen Otto II.
973–974	Streit zwischen Otto II. und seinem Vetter Heinrich, Herzog von Bayern; die Erhebungen von Heinrich dem Zänker gegen Otto II. prägen die nächsten Jahre der Herrschaft
974	**Juni** Nicht mehr Adelheid, sondern Theophanu taucht vermehrt als Intervenientin in den Urkunden auf
977	**Ende Juli** Das erste Kind Theophanus (sie ist 17/18 Jahre) namens Adelheid wird in Magdeburg geboren
980	**15. 7.** Geburt Ottos III., einziger Sohn von Otto II. und Theophanu
980	**November** Otto II. zieht nach Italien, Theophanu begleitet ihn mit dem etwa vier Monate alten Otto III.
982	**13. 7.** Otto II. unterliegt byzantinischen Truppen bei Cotrone / Kap Colonna
983	**27. 5.** Reichsversammlung. Otto III. wird als Dreijähriger von deutschen und italienischen Fürsten zum Mitkönig gewählt
983	**7. 12.** Otto II. stirbt in Rom
983/84	Otto III. empfängt aus den Händen des Mainzer Erzbischofs Willigis sowie des Erzbischofs Johannes von Ravenna die Krone. Williges übergibt Otto III. samt Insignien an Heinrich den Zänker, den nächsten männlichen Verwandten (Adelheid und Theophanu noch in Italien). Heinrich will die Vormundschaft über Otto, um für sich die Reichsregentschaft zu sichern
984	**Ostern** Heinrich fordert die Königswürde, viele Fürsten huldigen Heinrich; es gibt jedoch keinen liturgischen Krönungsakt
984	**Ende Juni** Nach zähen Verhandlungen Übergabe Ottos III. an Theophanu
985	**Juni** Ausgleich mit Heinrich dem Zänker; er bekommt Bayern zurück und huldigt dem König
989	**Herbst** Romfahrt Theophanus. Sie bezeichnet sich als Theophanu Imperatrix Augusta und sogar als Theophanius Imperator Augustus. Papst-Besuch soll die kaiserlichen Rechte bekräftigen
991	**15. 6.** Kaiserin Theophanu stirbt in Nimwegen. Grablege in Köln im Kloster St. Pantaleon Die vormundschaftliche Regierung über Otto III. übernimmt bald darauf Adelheid

Hermann von Salza, Hochmeister des Deutschen Ordens von 1209/10 bis 1239

André Meier

Hermann von Salza
Mittler zwischen Kreuz und Krone 1170–1239

An den Ufern der Nogat, im heutigen Polen, steht mit der Marienburg eines der größten Profanbauwerke des Mittelalters. Errichtet im Auftrag des Deutschen Ordens, der von hier bis in die Mitte des 15. Jahrhunderts über sein eigenes, autarkes Reich herrschte. Die Entstehung dieses mächtigen deutschen Ordensstaates, Keimzelle des späteren Preußen, ist ohne das Wirken des Hochmeisters Hermann von Salza undenkbar. Der Spross eines thüringischen Ministerialengeschlechts, einst ein landloser Gefolgsmann, wurde zum Führer eines der mächtigsten Militärverbände der Kreuzzugszeit, zum bedeutendsten Diplomaten des Hochmittelalters, zum Mittler zwischen Kaiser und Papst.

»Wir, die wir die Ehre der Kirche und des Reiches zu schätzen wissen und beider Erhöhung eifrig betreiben …« *Hermann von Salza*

Die Thüringer Wurzeln

Wo genau die Wurzeln Hermann von Salzas liegen, ist nicht überliefert. Vermutet wird, dass er im thüringischen Langensalza um das Jahr 1170 herum das Licht der Welt erblickte, auf der Dryburg, dem Stammsitz der Familie. Die von Salza gehören zu den so genannten Ministerialen, ursprünglich unfreie Dienstmannen, denen jetzt im Hochmittelalter, in einer Zeit des wirtschaftlichen und kulturellen Aufschwungs und einer dramatischen Bevölkerungsexplosion, der soziale Aufstieg gelingt. Als Vögte, Richter oder Militärs sind die Ministerialen in dem immer größer und komplizierter werdenden Verwaltungsapparat unentbehrlich. Da nicht durch ihre Herkunft privilegiert, gewinnen sie wie die von Salza durch Leistung oder auch durch Intrigen die Gunst ihrer Lehnsherren. Hermanns Familie dient den Landgrafen von Thüringen. Für ihn selbst wird Ludwig III. zur entscheidenden Autorität. Der Landgraf, auch Ludwig der Fromme oder der Milde genannt, regiert Thüringen von 1172 bis 1190. Er residiert auf der Wartburg und treibt deren Ausbau voran. In seinem Gefolge wächst Hermann heran. Welche Ausbildung er genau durchläuft, können wir nur erahnen. Knaben seines Standes lernen Lesen und Schreiben, vielleicht Latein, eventuell auch weitere Sprachen, auf jeden Fall aber Reiten und Fechten. Das Kriegshandwerks genießt Priorität, das männliche Ideal jener Zeit ist der Ritter. Hermann schlägt sich wacker.

Die hochmittelalterliche Lehnspyramide Lehnsrecht und Grundherrschaft kennzeichnen die gesellschaftliche Ordnung des hohen Mittelalters. Auf der obersten Stufe der Lehnspyramide steht der König, der über verschiedene Stufen abwärts Rechte verleihen kann (Lehen). Die unterste Stufe dieser Pyramide stellen die unfreien Schichten dar, die der Verfügung von Herren über den von ihnen bearbeiteten Grund und Boden, aber auch über persönliche Rechte wie Freizügigkeit, Familiengründung und Erbschaft unterliegen. Innerer und äußerer Landesausbau begründen Privilegien, die zum Aufstieg ganzer Schichten, u. a. über Beamtenfunktionen der »Ministerialität« in den niederen Adel führen. Ihr Aufstieg wird zu einem wesentlichen Element sozialer und kultureller Veränderung.

Kreuzfahrerschiffe stechen in See; französische Buchmalerei

Mit zwölf wird er als Knappe unter die Aufsicht eines erfahrenen Ritters gestellt. Kein leichter Dienst: Hermann hat bei Tisch aufzuwarten, muss seinem Herrn die Steigbügel halten, ihm beim Auskleiden helfen, als Bote dienen und schließlich an seiner Seite zu Fuß in alle kleinen Scharmützel und großen Kriege ziehen.

Und davon gibt es reichlich in jenen Jahren. Es ist die Zeit der Kreuzzüge. Fast zweihundert Jahre halten sie Europa in Atem. Erklärtes Ziel der vom Papst initiierten Kriege ist die Befreiung Jerusalems aus der Vorherrschaft der Moslems. Da nur er zum Marsch ins Heilige Land aufrufen kann und nur er darüber zu bestimmen hat, wer das christliche Heer anführen darf, wird durch die Kreuzzüge aber auch die Autorität des Mächtigen in Rom gestärkt.

Bis zum Beginn der Kreuzzugsära waren Europas Territorien von inneren Kämpfen um Besitz, Macht und Land geprägt. Nun aber hat man ein gemeinsames Ziel im Morgenland. Die europäische Ritterschaft ist in Aufbruchsstimmung. Die Aussicht auf Reichtum, Land und Sündenerlass zieht Tausende in den Orient. Im Auftrag der Kirche und im Namen Gottes wird dort geplündert und gemordet. Statt auf die eigenen Glaubensbrüder schlägt man nun auf die Moslems ein. So wird aus dem Krieg eine vermeintliche Tugend, werden aus wilden Raubritterhaufen gottgefällige Kreuzrittergemeinschaften. »Deus le volt!« – »Gott will es!« ist ihr Schlachtruf, der bald auch aus dem Mund des jungen Hermann erklingt.

Die Kreuzzüge

Intelligenz, Ehrgeiz und Machtwille, dazu eine tiefe Gottesfürchtigkeit – mit dieser mentalen Melange ausgestattet, darf man sich den jungen Mann vorstellen, der irgendwann nach seinem 18. Lebensjahr die Heimat verlässt, um im Heiligen Land sein Glück und Seelenheil zu finden. Möglich ist, dass er dem Thüringer Landgrafen Ludwig III. folgt, als dieser 1189 aufbricht, um sich am Kreuzzug Kaiser Barbarossas zu beteiligen. 2700 Kilometer von der Heimat entfernt landen die Thüringer Kreuzritter in der palästinensischen Hafenstadt Akkon, dem heute israelischen Akko. Die Stadt ist der wichtigste Ausgangspunkt für die Eroberungszüge der christlichen Kreuzritterheere. Im September 1189 trifft Ludwig III. mit seinen Rittern dort ein. Die Thüringer wollen sich dem Kreuzzug Kaiser Friedrichs I. Barbarossa anschließen. Doch Barbarossa, der auf dem Landweg nach Palästina unterwegs ist, stirbt, bevor er sein Ziel erreicht. Er ertrinkt bei einem Bad im Fluss Saleph (heute Göksu in der Türkei).

Ludwig III., der seine Truppen nun im Gefolge Friedrichs von Schwaben gegen die Armee des Sultans Saladin bei Akkon führt, erkrankt schwer – ver-

Heinrich VI., er stirbt 1197 auf dem Weg nach Akkon

mutlich an Malaria – und stirbt noch auf dem Rückweg in die Heimat. Ludwigs Tod ist kein Einzelfall. Seuchen und Hunger machen den christlichen Truppen ungleich mehr zu schaffen als Sultan Saladins Soldaten, mit denen sie monatelang um den Besitz von Akkon ringen. Zur Pflege der Verwundeten und Kranken gründen die Ritter Orden; zu den ersten gehören die von französischen Reiterkriegern gegründeten Templer, erkennbar an dem blutroten Kreuz auf ihren weißen Mänteln, oder die von italienischen Kaufleuten ins Leben gerufenen Johanniter, mit schwarzem Mantel und weißem Kreuz. Da sie ihre Fürsorge vor allem den eigenen Landsleuten angedeihen lassen, sehen sich die Kreuzfahrer aus Deutschland veranlasst, ebenfalls eine Spitalbruderschaft zu gründen. Das geschieht vor den Toren Akkons, an den Ufern des Flusses Belus. Bürger aus Bremen und Lübeck sollen es gewesen sein, die hier im Jahr 1190 aus den Segeln ihrer Koggen ein Feldlazarett errichten. Als Akkon schließlich von den Rittern erobert wird, zieht das Spital als feste Institution in die Mauern der Stadt und wird zur Keimzelle des Deutschen Ordens.

Sieben Jahre später ziehen erneut deutsche Ritter nach Akkon. Die Stadt, letzte Feste des christlichen Königreiches Jerusalem, soll abermals zur Ausgangsbasis eines Kreuzzuges werden. Der Staufer Heinrich VI. will das Werk seines Vaters Barbarossa vollenden und das Heilige Land nun endgültig für das Abendland gewinnen. Aber wieder durchkreuzt der Tod die Eroberungspläne. Völlig unerwartet stirbt im Herbst 1197 der erst 32-jährige Heinrich VI. im sizilianischen Messina auf dem Weg nach Akkon. Ihres Führers beraubt, sagen die Deutschen den Kreuzzug ab. Doch bevor sie den Heimweg antreten, wollen sie ihre Position im Heiligen Land festigen. Im März 1198 erheben die in Palästina versammelten deutschen Fürsten, darunter auch Hermann I. von Thüringen, der Bruder des verstorbenen frommen Ludwig III., und etliche andere mitteldeutsche Würdenträger die kleine deutsche Spitalbruderschaft von Akkon in den Rang eines Ritterordens. Der offizielle Name der Gemeinschaft: Orden der Brüder des Hospitals der Heiligen Maria in Jerusalem.

Hochmeister Hermann von Salza

Im Jahr 1209 oder 1210 wird der Thüringer Hermann von Salza in Akkon zum 4. Hochmeister des Deutschen Ordens gewählt. Wie Hermann in dieses Amt gelangt, ist nicht überliefert. Vermutlich verdankt er seinen Aufstieg den Thüringer Landgrafen, die den Deutschen Orden seit seiner Gründung tatkräftig fördern. Schnell zeigt sich, dass dieser Hermann durchaus mehr will, als lediglich den Interessen seiner einstigen Lehnsherren zu dienen. Unter

Kaiser Barbarossa bricht 1189 zum Kreuzzug auf

Friedrich I. Barbarossa ertrinkt am 10. Juni 1190 im Fluss Saleph; Darstellung aus der Sächsischen Weltchronik

Der Deutsche Orden

Der Orden besteht aus Ritter- und Priesterbrüdern, ihnen dienen so genannte Halbbrüder. Geführt wird der Orden von einem Hochmeister, der dieses Wahlamt in der Regel bis zu seinem Tod bekleidet. Ihm zur Seite stehen fünf Gebietiger, der Marschall, zuständig für alle kriegerischen Unternehmungen, der Großkomtur, für die Verwaltung, der Spittler, für die Kranken- und Armenfürsorge, der Trappier, für die Bekleidung, der Tressler, zuständig für die Finanzen. Die einzelnen Besitzungen des Ordens bilden Komturen, mehre Komturen einer Region werden zu Balleien zusammengefasst.

Das Banner des Hochmeisters, dessen schwarzer Adler später das Wappentier für Preußen wird

Die Hafenstadt Akkon, heute Akko, ist Zielhafen und Stützpunkt der Kreuzfahrer

seiner Führung wird der Ritterorden mit dem schwarzen Kreuz zu einer eigenständigen politischen Kraft.

Die Mitglieder des Ordens verpflichten sich zu mönchischer Lebensweise, also zu Keuschheit, Besitzlosigkeit und Gehorsam. Sie rekrutieren sich vornehmlich aus Adligen, die in der Rangfolge ihrer Familien nicht erbberechtigt sind. Im Orden hat jeder von ihnen die gleichen Aufstiegsmöglichkeiten, unabhängig von Herkunft und Vermögen. So ist der Deutsche Orden, dessen Zentrale sich zunächst in Akkon und ab 1228 in der einige Kilometer nordöstlich gelegenen Burg Montfort befindet, vor allem ein Sammelbecken von Männern, deren Ehrgeiz, Intelligenz oder religiöser Eifer nach freier Entfaltung drängt. Männer wie Hermann, denen die alte Heimat zu eng geworden ist und die nun im und mit dem Orden nach gesellschaftlicher Anerkennung streben.

Zunächst konzentriert sich Hermann darauf, die Stellung des Ordens in Palästina zu festigen. An Geld mangelt es dabei nicht. Durch päpstlichen Erlass ist der Deutsche Orden spätestens seit 1221 den Templern und Johannitern gleichgestellt. Er hat das Recht, Vermächtnisse entgegenzunehmen und – ungeachtet des Widerspruchs von Bischöfen – Kirchen zu errichten. So gelangt Hermanns Orden binnen weniger Jahre zu ausgedehnten Besitzungen nicht nur im Heiligen Land, sondern auch in Europa. Dort gereicht es dem Orden zum Vorteil, dass wohlhabende Gläubige, die nicht selbst an Kreuzzügen teilnehmen wollen oder können, sich durch Spenden an die Rittervereinigung von dieser ihrer Christenpflicht freikaufen können.

Hermann nutzt diese Mittel, um seine Ritter auszustatten und zu versorgen, um Burgen zu bauen und weitere Ländereien zu erwerben. Immer in der Hoffnung, dass der Orden im Heiligen Land eine Zukunft hat. Doch die politische Realität im Nahen Osten ist eine andere. Jerusalem wird ab 1187 wieder von den Arabern kontrolliert, ebenso Bethlehem und Nazareth. Den Christen und ihren Ritterorden bleiben dagegen nur ein schmaler Küstenstreifen zwischen Tyrus und Jaffa. Kein Wunder also, dass ein ehrgeiziger Realpolitiker wie Hermann von Salza über Alternativen nachzudenken beginnt. Und wieder einmal ist es Hermanns Thüringer Herkunft, die ihm dabei zum Vorteil gereicht. Im Jahr 1211 wird Elisabeth, die minderjährige Tochter des ungarischen Königs Andreas II. und seiner deutschen Frau Gertrud, mit einem Sohn des Thüringer Landgrafen verlobt. Welche Rolle Hermann von Salza bei diesem Ehegeschäft spielt, ist nicht bekannt. Fest steht aber, dass im selben Jahr, in dem Elisabeth ihre ungarische Heimat verlässt, ihr Vater den thüringischen Hochmeister des Deutschen Ordens kontaktiert.

König Andreas setzen die Kumanen zu, ein heidnisches Turkvolk, das an der Ostgrenze seines Reiches das so genannte Burzenland bedroht. Nun soll Her-

V ſu werte d'criec menge zů
ll mz uf die zīne dſ waute
H eſ. mit erefrelichir wer
Y v ſazte ſich d'heidine ler
V f. ſpon gein den geſtin
ll ſi begundin weſtin   ʒoh
D en be mir ſtarchī gewin ʒoh
D ar in diw heidinſchaft ſich
V ſu tribin vmbhaft lute vō m
llz der ſelbin veſte hin
C runke huſhaze blindin
S we ſuo d mohten vindin

D ie tribins vd veſt dan   ll mlegend ver gemē
D aur die vor ſtat gewan   v ſu kenel hoch d h ol vz trūe
V ſuſe darinne fur den be   D e wazzer vond veſte hin
N v hate d'werlich were   O ch haten ſiv mege vz vſi in

Kaiser Friedrich II. als Kreuzfahrer;
Buchmalerei

mann von Salzas junger Orden als militärische Eingreiftruppe in der Grenz-
region für Ordnung sorgen. König Andreas überträgt dem Orden das Burzenland als Lehen. Ein Expeditionskorps der Ritter macht sich auf den Weg nach
Ungarn. Erste Burgen werden errichtet, deutsche Siedler in das am Karpaten-
bogen gelegene Burzenland geholt. Im ungarischen Adel regt sich Widerstand gegen den wachsenden Einfluss der Deutschen, die unverhohlen damit
beginnen, in König Andreas' Reich einen eigenen Staat aufzubauen. 1213 töten ungarische Adlige, die mit Argwohn beobachtet haben, wie die deutsche
Gemahlin ihres Königs immer mehr ihrer Landsleute nach Ungarn und in
einflussreiche Positionen bei Hofe holt, Königin Gertrud bei einer Jagd.

Der Orden treibt daraufhin die Loslösung des Burzenlandes von Ungarn
weiter voran und provoziert so den Bruch mit König Andreas. 1225 geht der
schließlich gemeinsam mit seinen Adligen gegen die Ordensritter vor und
wirft sie aus dem Land. Hermanns erster Versuch, dem Orden ein eigenes
autonomes Territorium zu sichern, ist damit gescheitert. Doch der Hochmeister gibt nicht auf. Erst recht nicht, da er inzwischen unter den Mächtigen
dieser Welt Vertraute gefunden hat, die ihm bei der Verwirklichung dieses
Ziels dienlich sein können.

Friedrich II., der mächtige Freund

Ein Dokument aus dem Wiener Ordensarchiv belegt, wie der Einfluss Hermann von Salzas und seines Ordens in dieser Zeit gewachsen ist. Die so genannte Goldbulle aus dem Jahr 1221, eine mit einem goldenen Herrschersie-
gel versehene Urkunde, erteilt dem Deutschen Orden ein Schutz- und Bestä-
tigungsprivileg für das Königreich Sizilien und das gesamte deutsch-römische
Kaiserreich. Abgebildet auf dem güldenen Siegel der Verfasser selbst: Kaiser
Friedrich II. Der Staufer und Enkel Kaiser Barbarossas war wenige Monate
zuvor, im November 1220, in Rom vom Papst zum Kaiser gekrönt worden.

Um die Kaiserkrone zu bekommen, hatte Friedrich II. schon mehrfach das
Kreuzzugsgelübde abgelegt, das es nun zu erfüllen gilt. Um ins Heilige Land
zu ziehen und Jerusalem wieder in den Schoß der Christenheit zurückzuholen, braucht er den Orden und seine Ritter. Hermann weiß, dass es nicht allein religiöse Inbrunst ist, die diesen Kaiser an das Grab Jesu treibt, sondern
auch machtpolitisches Kalkül. Aber er weiß auch, dass er diesen jungen
Mann braucht, um das Projekt eines eigenen Ordensstaates voranzutreiben,
und so wird er Friedrichs treuester Helfer und Freund. Ein erster Schritt ist
die Verbindung mit dem zusammengeschrumpften Königreich von Jerusalem durch eine Ehe. Hermann von Salza bereitet sie vor. Im November 1225
heiratet Friedrich II. die 13-jährige Jolande von Jerusalem und ist damit formal

Hec est dispositio et figura templi dmi sepulchri abextra

Ante templu sepulchri dmi lotatq e lapis iste sup quo xpg cruce bamlas ceci dit

König von Jerusalem. Hermann kann zufrieden sein. Mit dieser Ehe ist Friedrichs Zug nach Jerusalem legitimiert. Jolande wird nach Palermo, in den privaten Harem Friedrichs abgeschoben. Dort stirbt sie gerade mal 17-jährig, nachdem sie einen Thronfolger, Konrad IV., geboren hat.

Der Kreuzzug Kaiser Friedrichs II.

Im August 1227 beginnt endlich der Kreuzzug. Doch im Ausgangshafen Brindisi bricht unter der sich drängenden Menge von Kreuzfahrern und Pilgern eine Seuche aus. Unter den ersten, die von der Krankheit hinweggerafft werden, ist der Thüringer Landgraf Ludwig IV., der Gemahl der ungarischen Königstochter Elisabeth. Dass er überhaupt mit seinen Rittern im Kreuzzugsaufgebot des Kaisers steht, ist Hermann von Salzas Werk. Politische Zugeständnisse des Kaisers an den Thüringer Landgrafen wie die Übertragung der Markgrafschaft Meißen und der Lausitz haben Ludwig IV. veranlasst, seine Teilnahme am Kreuzzug zuzusagen. Vermittelt hat das Treffen der Hochmeister des Deutschen Ordens. Doch Ludwig stirbt vor der Küste Apuliens,

1228 wird die Burg Montfort nordöstlich von Akkon der Stützpunkt des Deutschen Ordens

kaum dass sein Schiff in See gestochen ist. Als schließlich auch Friedrich erkrankt, wird der Bund zwischen Orden und Kaiser auf eine harte Probe gestellt. Der kranke Kaiser zieht sich zur Genesung nach Neapel zurück. Papst Gregor IX. hält ihn für einen Simulanten. Er straft Friedrich ab und verhängt am 29. September 1227 den Kirchenbann über den Kaiser des römisch-deutschen Reiches. Eine schwierige Situation für Hermann von Salza. Eigentlich müsste er sich jetzt von Friedrich lösen.

Doch der Hochmeister des Deutschen Ordens hält dem Kaiser die Treue. Allein setzt er nach Akkon über. In der Gewissheit, dass ihm Friedrich nach seiner Genesung folgen wird, macht sich der Hochmeister auf den Weg nach Palästina. Mehrere Jahre war Hermann nicht bei seinen Ordensbrüdern im Heiligen Land. Die Freundschaft zum Kaiser und sein Streben, an der Seite des Staufers die Position des Ordens zu stärken, ließen den Hochmeister seine Amtsgeschäfte mehr und mehr von Italien aus führen. Nun aber ist er zurückgekehrt und hofft, dass seine Arbeit Früchte trägt. Mit einjähriger Verspätung trifft im September 1228 endlich auch der Kaiser in Akkon ein, um sein Kreuzzugsgelübde einzulösen.

Hermann weiß, dass auf Friedrich noch immer der Bann des Papstes lastet. Gregor IX. hat den Kaiser exkommuniziert. Auch als er erfährt, dass Friedrich nun endlich doch nach Jerusalem zieht, ändert der Heilige Vater diesen Zustand nicht. Sein Ziel ist es, Friedrichs Macht brechen. Er denunziert ihn öffentlich als Antichristen, als Mann des Teufels. Diese Politik hat im Lager der Kreuzfahrer verheerende Folgen. Templer und Johanniter schlagen sich auf die Seite des Papstes und verweigern dem Kaiser den Gehorsam. Einzig die Ritter des Deutschen Ordens lassen sich von den Drohungen Gregors IX. nicht beeindrucken. Aber auch wenn Hermann von Salza und seine Männer dem Kaiser die Treue halten, die christliche Streitmacht ist geschwächt, an eine gewaltsame Einnahme Jerusalems ist nicht mehr zu denken.

In dieser Situation entschließt sich Friedrich, auf den Feind zuzugehen. Einer der Unterhändler ist Hermann von Salza. Er führt die Delegation an, die zu Sultan al-Kamil reist, um ihm den Schwur auf den mit Friedrich ausgehandelten Vertrag abzunehmen. Mit dem Ergebnis des am 18. Februar 1229 bestätigten Abkommens können die Christen zufrieden sein. Der Sultan überlässt ihnen kampflos Jerusalem, akzeptiert einen zehnjährigen Waffenstillstand und besteht lediglich darauf, dass den Moslems der ihnen heilige Bezirk um den Felsendom anvertraut bleibt.

Hermann von Salza weiß allerdings, dass auch Friedrichs Verhandlungserfolg den Papst und seine Anhänger nicht besänftigen wird. Vergeblich versucht er, vom Patriarchen von Jerusalem eine Zustimmung zu dem Abkommen zu erhalten. Doch Papst Gregors Statthalter, neu in Palästina, zeigt sich entsetzt über die Übereinkunft mit den Heiden. Er schwärzt nicht nur den Kaiser, sondern auch Hermann von Salza beim Papst an: »Um das Ansehen des Fürsten zu erhöhen, oder vielmehr seine Falschheit, Niederträchtigkeit und Betrügerei zu bemänteln«, bemühe sich Hermann um ihn, den Patriarchen, doch habe er »die Tücke des Kaisers und den Trug und die Hintergehung des Ordensmeisters« durchschaut.

Doch der Hochmeister ist ein religiöser Pragmatiker. Jerusalem ist wieder christlich, das ist die Hauptsache. Dass dabei kein Heidenblut geflossen ist, ja dass sogar der Felsendom in der Hand der Araber bleibt, kann Hermann von Salza verschmerzen. Doch der jetzt geschlossene Frieden, das weiß Hermann, ist fragil und der Kaiser nur noch für kurze Zeit im Heiligen Land. Hermann sorgt sich um die Zukunft seines Ordens. Noch liegt dessen Hauptsitz in Palästina, noch leben die Ritter in christlichen Enklaven wie der Burg Montfort und sind im Ernstfall auf die Solidarität ihrer Glaubensbrüder angewiesen. Darum setzt der Hochmeister alles daran, den Konflikt zwischen Kaiser und Papst nicht weiter eskalieren zu lassen.

Friedrich will seinen Erfolg in Jerusalem feiern. Die Rückgewinnung der Heiligen Stätten der Christenheit, dessen ist sich der Kaiser sicher, ist sein Verdienst. Das will er die Welt wissen lassen. Am 17. März zieht der Kaiser in Jerusalem ein. Und mit ihm Hermann von Salza, der lange mit dem Kaiser hat ringen müssen, damit dieser von seinem Plan ablässt, sich in Jerusalem die heilige Messe lesen zu lassen. Denn offiziell steht Friedrich noch immer unter Bann, ist ein Exkommunizierter. Seine Teilnahme an der Messe würde den Bruch mit dem Papst für alle Ewigkeit zementieren und Hermanns Orden endgültig zum Feind der Kurie werden lassen. Nun aber findet der sonntägliche Dankgottesdienst in der Grabeskirche ohne den Kaiser statt. Friedrich begnügt sich damit, in aller Frühe mit seinen Getreuen vor den Altar zu treten, und sich selbst die Krone des Königs von Jerusalem aufs Haupt zu setzen. Hermann begleitet ihn, erleichtert darüber, den Konflikt zwischen Kaiser und Papst entschärft zu haben. Nicht ohne Stolz berichtet der Hochmeister des Deutschen Ordens nun selbst Papst Gregor IX. von seinen Verdiensten: »Dem Kaiser wurde der Rat zuteil, sich die heilige Messe lesen zu lasen … Wir aber, die wir die Ehre der Kirche und des Reiches zu schätzen wissen und beider Erhöhung eifrig betreiben, widerstanden dem erwähnten Ratschlag, weil wir ihn weder für die Kirche noch für ihn (den Kaiser) als förderlich erachteten.«

Den Papst lassen Hermanns Bemühungen freilich kalt. Längst ist er dazu übergegangen, vollendete Tatsachen zu schaffen. Er nutzt die Abwesenheit des Kaisers und lässt seine päpstlichen Truppen in Friedrichs Stammland, in Sizilien, einmarschieren. Als den Kaiser die Nachrichten aus der Heimat er-

Kaiser Friedrich I. Barbarossa mit seinen Söhnen; Miniatur aus der Welfen-Chronik

Kaiser Friedrich II. verabschiedet die Ritter
des Deutschen Ordens ins Pruzzenland

reichen, kehrt er Palästina sofort den Rücken. Im Hafen von Akkon wird er zum Abschied mit Kot und Unrat beworfen. Hermann von Salza muss zusehen, wie der von papsttreuen Geistlichen aufgehetzte Mob dem Kreuzzug des Kaisers ein schmachvolles Ende bereitet.

Doch an den politischen Verhältnissen ändert dieser blamable Abgang nichts. Jerusalem gehört jetzt tatsächlich Friedrich. Und während der Kaiser zurück übers Meer fährt, um die päpstlichen Truppen aus Sizilien zu vertreiben, bleibt Hermann von Salza erst einmal als dessen Statthalter im Heiligen Land. Friedrich hat den Orden für dessen Treue reich entlohnt. Er erhält aus Kaiserhand wertvolle und symbolträchtige Besitzungen in Jerusalem, darunter das deutsche Marienhospital, den Königspalast und die Thomaskirche.

Hermann von Salza als Friedensstifter

Der Feldzug des Papstes gegen Kaiser Friedrich II. fällt schnell in sich zusammen. Die Truppen des Papstes werden allerdings nur bis an die Grenzen des Kirchenstaates zurückgedrängt. Friedrich will den Papst nicht zum Märtyrer werden lassen und sucht deshalb den Ausgleich. Sein Ziel ist die Aufhebung des Kirchenbanns durch Gregor IX., nicht eine vollständige militärische Unterwerfung seines Gegners. Und wieder kommt Hermann von Salza ins Spiel, er wird auch in dieser Sache Friedrichs Unterhändler.

Nach langen, zähen Verhandlungen ist es soweit. In der Hauptkirche von San Germano, dem heutigen Monte Casino, beeidet Friedrich feierlich am 23. Juli 1230 seine Vertragsverpflichtungen, darunter auch eine Amnestie für alle ehemaligen Verbündeten des Papstes. Einen Monat später löst dann Gregor IX. seinen Teil des Paktes ein. In Ceprano, dort wo das Reich des Staufers und der Kirchenstaat aneinander grenzen, hebt er den Bann über den Kaiser auf.

Nun endlich ist der Weg auch frei für eine Begegnung zwischen den ehemaligen Feinden. Ort dieses denkwürdigen Treffens ist Anagni, die Geburtsstadt des Papstes. Hier findet am ersten Sonntag im September 1230 ein feierliches Friedensmahl mit nur drei Teilnehmern statt: Papst Gregor IX., Kaiser Friedrich II. und Hermann von Salza. Über ein Jahr ist der Hochmeister des Deutschen Ordens als Vermittler zwischen den beiden mächtigsten Männern des Abendlands tätig gewesen. Der Frieden, den Papst und Kaiser nun besiegeln, ist vor allem Hermanns Werk – er wird am Tag seines Todes zerbrechen. Bis dahin aber sind es noch neun Jahre. In der folgenden Zeit nutzt Hermann von Salza die Gunst, die er jetzt bei Papst und Kaiser gleichermaßen genießt, für die Realisierung seiner ehrgeizigen Pläne. Weitab vom Heiligen Land beginnt der Orden, den alten Traum seines Hochmeisters zu verwirklichen: den Aufbau eines eigenen, unabhängigen Ordensstaates.

Der eigene Ordensstaat

Wieder einmal ersucht ein von Überfällen der Heiden geplagter Fürst die
Ritter des Deutschen Ordens um Hilfe. Diesmal ist es der polnische Herzog
Konrad von Masowien, der sich im Nordosten seines Landes den Angriffen
der Pruzzen, auch Preußen genannt, ausgesetzt sieht.

Vermutlich erreichte seine Bitte um militärischen Beistand für das umkämpfte Kulmer Land den Hochmeister des Deutschen Ordens bereits im Jahr 1226.
Doch erst jetzt, fünf Jahre später, überschreiten die ersten Ordensritter die
Weichsel und nehmen den Kampf mit den Pruzzen auf. Hermann von Salza
hat aus dem missglückten Ungarnengagement seines Ordens gelernt. Bevor
er den ersten Ritter in den rauen Norden zum Heidenkampf schickt, lässt er
sich die Landnahme von höchster Stelle autorisieren.

1231 beginnen die Ordensritter mit der
blutigen Christianisierung der Pruzzen.
Das Bild zeigt die Baumburg, der Legende
nach der erste Stützpunkt des Deutschen
Ordens

**Die Goldene Bulle von Rimini
von Kaiser Friedrich II.** (Textauszug)
»Gott hat darum unser Kaisertum über alle
Könige der Erde erhöht und den Machtbereich unserer Herrschaft über verschiedene Zonen hin ausgedehnt, damit Sein
Name in dieser Welt verherrlicht und der
Glaube unter den Heidenvölkern verbreitet
werde. Aus diesem Grunde tun wir …
kund und zu wissen: Bruder Herrmann,
der ehrwürdige Meister des heiligen Deutschen Hospitales der heiligen Maria zu
Jerusalem und unser Getreuer, hat uns in
aller Ergebenheit vorgetragen, dass unser
getreuer Konrad, Herzog von Masowien
und Kujawien, für das Kulmer Land und
das Land zwischen seiner Mark und dem
Gebiete der Preußen für ihn und die Brüder
Vorsorge treffen will. Demnach sollen die
Brüder die Mühe auf sich nehmen und bei
günstiger Gelegenheit zur Ehre und zum
Ruhme des wahren Gottes in das Preußen-
land einziehen und es besetzen.«

1309 verlegt der Deutsche Orden seinen Sitz auf die gewaltige Marienburg, Einzug des Hochmeisters Siegfried von Feuchtwangen; Gemälde von Karl Wilhelm Kolbe d. J., 1825

Als Erstes erteilt Friedrich II. der angestrebten Gründung eines eigenen Ordensstaates seinen Segen. In der so genannten Goldbulle von Rimini bestätigt er im März 1226 – offenkundig auf Ersuchen Hermanns – den Anspruch des Ordens auf das Kulmer Land sowie auf das noch zu erobernde Preußen. Und er garantiert dem Hochmeister und all seinen Nachfolgern das Recht, den neuen Besitz als Ordenseigentum frei und unabhängig zu verwalten. Damit rückt der Chef des Deutschen Ordens in den Rang eines Reichsfürsten auf und wird zum Oberhaupt eines eigenen Territorialstaates. Freilich, noch existiert dieser Ordensstaat nur auf dem Papier. Noch sitzen die meisten von Hermanns Rittern in Palästina oder im sonnigen Apulien. Erst im Jahr 1230, als auch Papst Gregor IX. den Hochmeister aus Thüringen und den Orden auffordert, »die Pruzzen mannhaft zu bekämpfen und ihnen ihr Land zu entreißen«, beginnt das Preußenprojekt blutige Wirklichkeit zu werden.

Im Frühjahr 1231 beginnt von Thorn aus der Raub- und Bekehrungszug der Ordensritter. Fünfzig Jahre dauert es, dann sind die Pruzzen unterworfen. In der Folge werden sie ihre traditionelle Sprache, Religion und Identität verlieren und mit deutschen Siedlern verschmelzen, die ins Land geholt werden. Gemeinsam gehen Sieger und Besiegte in dem Volk des nun hier an den Ufern der Ostsee entstehenden Ordensstaates auf. – Hermann von Salza selbst wird das Land im Norden allerdings nie betreten. Sein Anteil war die Idee des eigenen Ordensstaates. Dessen blutiges und langwieriges Wachsen bleibt letztendlich das Werk seiner Erben.

Der Hochmeister aus Thüringen verbringt seine letzten Jahre in Italien, in der Nähe von Kaiser und Papst, als stets bereiter Vermittler. Am Ende sogar gegen den Widerstand der eigenen Ritter, die von dem Hochmeister mehr Anteilnahme an ihrem Kampf gegen die Pruzzen wünschen. Am 20. März 1239 stirbt Hermann von Salza, angeblich in Gegenwart Kaiser Friedrichs II. Der Staufer hat sich mit dem Castel del Monte sein eigenes Denkmal gesetzt. Von Hermanns Grab dagegen fehlt heute jede Spur. Vermutlich befand es sich in Barletta, damals der italienische Hauptsitz des Deutschen Ordens. Spätere Generationen haben Hermann von Salza als einen der Stammväter des deutschen Nationalstaats gefeiert. Dabei verbrachte er als Hochmeister des Deutschen Ordens von seinen 30 Amtsjahren lediglich vier diesseits der Alpen.

Für Hermann war wie für Kaiser und Papst nationales Denken fremd. Und auch wenn die Marienburg und der Deutsche Ordensstaat, ja selbst Preußen ohne den Thüringer Hermann von Salza so nie entstanden wären – hätte er tatsächlich die Wahl gehabt, Hermann hätte sein Reich vermutlich lieber an die sonnige Küste Apuliens oder in den Sand Palästinas gesetzt.

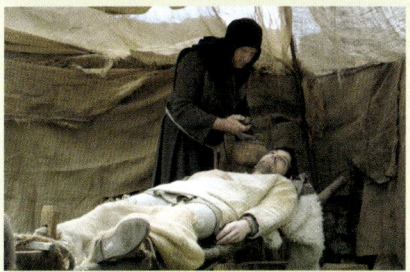

Zeittafel Hermann von Salza

um 1170	Hermann von Salza wird wahrscheinlich im thüringischen Langensalza auf der Dryburg geboren. Er entstammt einer Familie emporgekommener Ministerialen
um 1182	Hermann wird Knappe am Hof Ludwigs III. von Thüringen
1189	Hermann beteiligt sich möglicherweise an einem Kreuzzug, an dem sein Dienstherr Ludwig III. teilnimmt und auf dem Weg nach Jerusalem stirbt
1190	Bei Akkon wird der Deutsche Orden, eine Spitalbruderschaft gegründet
1197	Kaiser Heinrich VI. stirbt auf dem Weg nach Akkon
1198	In Akkon wird der Deutsche Orden in den Rang eines Ritterordens erhoben
1209 oder 1210	Hermann wird zum 4. Hochmeister des Deutschen Ordens gewählt
nach 1212	König Andreas von Ungarn ruft den Deutschen Orden zu Hilfe im Kampf gegen die Kumanen
1221	Kaiser Friedrich II. erteilt dem Deutschen Orden in der Goldbulle eine Schutzfunktion für das gesamte Kaiserreich
1225	Der Deutsche Orden wird aus Ungarn vertrieben Kaiser Friedrich II. heiratet Jolande von Jerusalem. Die Ehe wurde durch Hermann vermittelt
1226	Der polnische Herzog von Masowien ersucht den Deutschen Orden um Hilfe im Kampf gegen die heidnischen Pruzzen. Friedrich II. bestätigt dem Orden in der Goldenen Bulle von Rimini die Besitzansprüche auf das zu erobernde Kulmer Land.
1227	Ludwig IV. von Thüringen nimmt am Kreuzzug teil und stirbt Friedrich II. erkrankt ebenfalls und bleibt in Neapel. Papst Gregor IX. verhängt über ihn den Bann
1228	Der Deutsche Orden verlegt seine Zentrale von Akkon nach Montfort
1228	Friedrich II. trifft in Akkon ein. Verhandlungen Hermanns mit dem Sultan verlaufen erfolgreich
1229	Kreuzritter übernehmen kampflos Jerusalem. Der Papst reißt in Sizilien, dem Stammsitz Friedrichs II., die Macht an sich. Friedrich II. erobert Sizilien zurück
1230	**23. 7.** In Monte Casino finden von Hermann vorbereitete Friedensverhandlungen zwischen Papst und Kaiser statt. Die Versöhnung wird in Anagni gefeiert
1231	Beginn der Eroberungs- und Christianisierungsfeldzüge gegen die Pruzzen
1239	**20. 3.** Hermann von Salza stirbt in Italien

Das Rosenwunder; Fresko von Moritz von Schwind auf der Wartburg

Leonore Brandt

Elisabeth von Thüringen
Rebellin und Heilige 1207–1231

Um die Burgen Thüringens ranken sich zahlreiche Sagen und Legenden von Grafen, Rittern und Prinzessinnen. Doch die spannendste Geschichte ist die der Landgräfin Elisabeth; eine mittelalterliche Rebellin und Aussteigerin, die ihrer Zeit weit voraus war. Fast jedes Schulkind in Thüringen und Hessen kennt sie als eine Frau, die armen Kindern Brot reicht, mit Geschwüren übersäte Kranke badet, Schwangeren die Hand hält. Sie ist die Heilige mit dem Rosenwunder, deren Gaben an die Armen sich zu unverfänglichen Rosen wandeln, als ihr Mann, Landgraf Ludwig, sie mit nichtgenehmigten Spenden ertappt.

Aber alles, was es über Elisabeth zu berichten gibt, wurde erst nach ihrem Tod aufgeschrieben. Selbst das Rosenwunder entspringt einer portugiesischen Legende, die schon hundert Jahre vor Elisabeths Geburt entstand und Jahrhunderte später in ihre Biografie eingefügt wurde.

Zeugnisse über eine Heilige

Der Name Elisabeth ist hebräisch und bedeutet so viel wie: Gott ist Fülle. Elisabeth von Thüringen war die Tochter von König Andreas II. von Ungarn und Gertrud von Kärnten-Andechs-Meran. In ihrem Geburtsjahr 1207 findet der berühmte Sängerkrieg auf der Wartburg bei Eisenach statt; Dichtung und Legende erzählen von der Anwesenheit des zauberkundigen Klingsor aus Ungarn und seiner Prophezeiung, dass der Nachfolger des thüringischen Landgrafen Hermann I. eine ungarische Königstochter Elisabeth zur Frau nehmen wird.

Im Jahr 1221 erfüllt sich die Prophezeiung. Die 14-jährige Prinzessin Elisabeth heiratet den 21-jährigen Landgrafen Ludwig IV. Die politisch motivierte Ehe erweist sich als Liebesheirat. Die ungarische Königstochter und der mächtige Landgraf von Thüringen genießen ihr junges Glück – aber es wird nur von kurzer Dauer sein.

Um Elisabeth von Thüringen ranken sich viele Geheimnisse, ihr wahres Leben ist hinter Legenden verborgen. Einige aufschlussreiche Berichte, aus denen in diesem Text zitiert wird, sind uns dennoch überliefert. Sie lagern in den Archiven des Vatikans. Vier Jahre nach Elisabeths Tod hat eine päpstliche Kommission ihre Heiligsprechung vorbereitet und dafür mehrere Tage lang

König Andreas und seine Gemahlin Gertrud im Gebet; Miniatur aus einem Gebetbuch im Kloster Cividale

Elisabeth trifft mit vier Jahren auf der Wartburg ein; Fresko Moritz von Schwind

Elisabeths Dienerinnen als Zeugen angehört, darunter auch Guda, ihre Gefährtin seit frühesten Kindheitstagen. Sie stammte aus einem thüringischen Adelshaus, wurde mit fünf Jahren ihre Hofdame und blieb ihre engste Vertraute. Und einen weiteren Informanten gab es in diesem Verfahren: Konrad von Marburg; eine dunkle Gestalt, die sich in Elisabeths Leben drängte. Letztlich war er mitverantwortlich dafür, dass ihr Schicksal dramatische Wendungen nahm. Auch er hätte Auskunft geben können über viele unbekannte und geheimnisvolle Momente der Elisabeth-Geschichte. Aber Konrad – Kreuzzugsprediger und Beichtvater – erfand und erschuf durch seine tendenziöse Berichterstattung die »heilige Elisabeth«. Er wollte sie beherrschen und sie wenigstens nach ihrem Tod zu seiner Figur machen.

Eine ungarische Prinzessin kommt nach Thüringen

Elisabeth ist erst vier Jahre alt, da führt sie das Schicksal von Ungarn nach Thüringen. Gemeinsam mit Guda, ihrer kindlichen Hofdame, trifft sie im Sommer 1211 auf der Wartburg ein, wo sie mit dem Nachfolger des Landgrafen, seinem ältesten Sohn Hermann, verlobt wird.

Elisabeth ist eine Schlüsselfigur in den politischen Machtkämpfen des 13. Jahrhunderts. In Europa tobt ein jahrelanger Krieg. Papst Innozenz III. spielt zwei Adelsparteien gegeneinander aus. Der junge Staufer Friedrich II. macht in seinem Auftrag dem Welfen Otto IV. die Kaiserkrone streitig. Beide Parteien werben um Verbündete. So auch um Landgraf Hermann I. von Thüringen, denn das Reich des Ludowingers liegt in der Mitte Europas.

Hermann laviert ständig zwischen den Fronten. Nun soll ein Pakt mit Ungarn seine Macht vergrößern, denn der Ungarnkönig hat durch seine Frau auch Einfluss auf Bayern. Die Heirat einer seiner Söhne mit einer ungarischen Prinzessin ist für Landgraf Hermann also von großem Vorteil. Er hat sich gerade auf die Seite von Friedrich II. geschlagen. Aus Rache fällt Otto IV. in Thüringen ein. 1212 belagert er die ludowingische Runneburg mit der Steinschleuder, der gefährlichsten mauerbrechenden Waffe der Zeit. Am Ende aber unterliegt der Welfe Otto und muss als Kaiser abdanken.

Doch die Burgen von Elisabeths Schwiegervater sind nicht nur Festungen und waffenstarrende Kriegsnester, sondern auch Musenhöfe. Die berühmtesten Künstler der Zeit sind dort zu Gast. Auch Walther von der Vogelweide. Er hält in einem Spruchgedicht fest:

»Die noble Art des Landgrafen kenne ich wohl.
Und kostete ein Fuder Wein tausend Pfund,
so stünde doch an seinem Hofe
keines Ritters Becher leer.«

Hermann I. sonnt sich gern im Ruf eines Kunstmäzens. Die Legende vom Sängerkrieg auf der Wartburg geht auf Hermanns verschwenderisch-kunstsinnige Hofhaltung zurück.

Sicherlich sehnt sich Elisabeth in ihre Heimat zurück – doch in Ungarn geht es nicht anders zu als in Thüringen. Auch ihr Vater muss in ständigen Fehden und Machtkämpfen die Krone behaupten. Elisabeth ist gerade zwei Jahre in ihrer neuen Heimat Thüringen, da bringen Boten dramatische Nachrichten aus Ungarn: Ihre Mutter, Königin Gertrud, ist tot. Die herrschsüchtige Fürstin hatte ihren Machtwillen übertrieben und ihre deutschen Günstlinge und Verwandten bei der Besetzung von Posten zu sehr bevorzugt. Als der König außer Landes weilte, wurde sie von ungarischen Adligen während einer eigens veranstalteten Jagd in den Bergen zwischen Visegrád und Esztergom regelrecht hingerichtet.

1217 fällt Elisabeths künftiger Schwiegervater in geistige Umnachtung und geht elend zugrunde. Elisabeth muss nun um ihre Zukunft und ihre Sicherheit auf der Wartburg fürchten, denn die Machtkonstellationen werden neu geordnet.

Die Thüringer brauchen die ungarische Königstochter nicht mehr für ihre europäische Machtpolitik. Der Streit um die Kaiserkrone ist entschieden. Schon seit 1220 regiert der Staufer Friedrich II. Elisabeth – so wird berichtet – muss sich schlimme Gehässigkeiten vom Hof gefallen lassen. Man drängt Ludwig, Hermanns zweiten Sohn und Nachfolger, Elisabeth zu verstoßen, denn Hermann, der Sohn des Landgrafen, dem Elisabeth nach ihrer Ankunft in Thüringen anverlobt worden war, starb schon 1216. Ludwig sollte nun an eine reichere Heirat denken. Aber wider Erwarten findet Elisabeth in ihm einen geheimen Tröster.

Das fromme Kind

Wahrscheinlich empfand Elisabeth schon sehr früh den Widerspruch zwischen den religiösen Geboten und dem fürstlichen Lebensalltag: »Elisabeth war nicht wie die anderen Kinder bei Hofe. Beim Ringspiel und von jedem anderen Gewinn gab sie den zehnten Teil armen mitspielenden Mädchen. Wurde sie von Dienerinnen beobachtet, so gab sie sich den Anschein, im Spiel ein Mädchen erhaschen zu wollen, lief auf die Kapelle zu und küsste heimlich die Kirchentür. Von klein auf suchte Elisabeth Zuflucht bei Gott.«

1207 soll auf der Wartburg der legendäre Sängerwettstreit stattgefunden haben, bei dem der Seher Klingsor die Heirat mit Elisabeth prophezeite; Fresko Moritz von Schwind

Ludwig bändigt den Löwen, ein Geschenk des Kaisers; Fresko Moritz von Schwind

Traum vom einfachen Leben

Elisabeth träumte oft davon, ganz arm zu sein: »Einmal nachts hörte ich, wie sie zu Ludwig sprach: ›Wenn wir nur einen Morgen Land mit 200 Schafen hätten und du dieses Land mit deinen eigenen Händen bebautest und ich die Schafe melken würde, wie schön wäre das.‹ ... Lächelnd hat der Landgraf geantwortet: ›Ach, Schwester, auch dann wären wir nicht arm, sondern reich.‹ ... Ludwig liebte sein junges Weib und ließ sie gewähren. Doch sehr ernst nahm Ludwig solche Träumereien meiner Herrin wohl nicht.«

Elisabeth ist noch nicht heiratsfähig, und die junge Liebe durch Ludwigs neue Position immer wieder Gefahren ausgesetzt. Seit 1217 ist er Landgraf und damit einer der mächtigsten und reichsten Männer des deutschen Reiches. Zwar erst 17 Jahre alt, ist er doch schon ein hochbegabter Politiker. Schnell wird er ein Freund und enger Vertrauter des sechs Jahre älteren Stauferkaisers. Er nutzt seine Stellung, um den mächtigen Erzbischof von Mainz zurückzudrängen. Mit 19 führt er erste blutige Kämpfe um Gebiete in Thüringen und Hessen, auf die es der Erzbischof abgesehen hat.

Ludwigs Machtpolitik aber ändert nichts an seinen Heiratsplänen. Elisabeth macht er wertvolle Geschenke und zeigt auf diese Weise, dass er ihre Gefühls- und Gedankenwelt ernst nimmt: »Einmal schickte Ludwig durch mich einen wunderbaren Spiegel, als Zeichen dafür, dass er ihr von Herzen zugetan sei. Die eine Seite war aus edlem Glas, auf der Rückseite war das Martyrium des Heiland verewigt, das Elisabeth so liebte«, berichtete Guda.

Im Jahr 1221, Elisabeth ist 14 Jahre alt, heiraten die beiden. Wahrscheinlich auf der Wartburg. Diese Hochzeit, berichtet eine Chronik aus dem 14. Jahrhundert, soll eine der großartigsten ihrer Zeit gewesen sein. Den hohen Rang Ludwigs macht auch die Legende von einem besonders kostbaren Hochzeitsgeschenk deutlich: ein Löwe, das Wappentier der Ludowinger und ein Machtsymbol des Mittelalters, geschickt vom Kaiser. Der Löwe reißt sich los und bedroht die Hochzeitsgäste. Mit festem Blick und starker Hand aber zwingt Ludwig ihn zurück in den Käfig. Legende oder Wahrheit?

Im Oktober 1224 kommen die ersten Franziskaner nach Thüringen. Elisabeth weist den Bettelmönchen eine Kapelle in Eisenach zu und versorgt sie mit selbst gesponnener Wolle. Eine arbeitende Fürstin? Ein Skandal für ihre adligen Zeitgenossen.

Für Elisabeth ist die Begegnung mit den gottesfürchtigen Männern lebensverändernd. Plötzlich scheint ihr Dasein einen Sinn und eine Richtung zu bekommen, die ihren unbewussten Prägungen und Neigungen entspricht. Einer der Franziskaner, Pater Rodeger, wird ihr Beichtvater.

Auch Elisabeth möchte nach den urchristlichen Idealen der frommen Mönche leben. Doch eine Landgräfin bringen solche Ansichten in kaum zu überwindende Gegensätze zu ihrer Stellung und zu ihren höfischen Verpflichtungen. Ihre Gefährtin Guda berichtete: »Elisabeth ersuchte mich oft des Nachts, sie zum Gebet zu wecken. Da wir nun fürchteten, auch den Herrn zu stören, verabredeten wir, die Herrin an den Füßen zu ziehen. Einmal erwischte ich statt Elisabeths Fuß Ludwigs Bein im Halbdunkel des Schlafgemachs. Er wachte auf. Weil er aber ihre Absicht kannte, nahm er es geduldig hin. Sein Langmut war unerschütterlich. Sie dehnte auch das Beten so lange aus, dass sie oftmals auf dem Teppich vor dem Bett einschlief. Als ihr darob die Dienerinnen Vorhaltungen machten, warum sie nicht gern bei ihrem Gemahl schlafe, sagte sie: ›Wenn ich auch nicht immer beten kann, so möchte ich doch wenigstens meinem Fleisch Gewalt antun, indem ich mich von meinem heißgeliebten Gemahl losreiße‹.«

Solche Eigenwilligkeiten konnten auch im Mittelalter eine Ehe belasten, aber Ludwig ist ein frommer Mann und toleriert Elisabeths religiöse Schwärmereien und christlichen Ideale.

Dennoch: Ludwig ist Machtpolitiker. Wenn er Land erobern kann, sind ihm Familienbande gleichgültig. Ludwigs Schwester Jutta ist mit dem Markgrafen von Meißen verheiratet. Als dieser stirbt, übernimmt Landgraf Ludwig die Vormundschaft über Juttas kleinen Sohn und will damit zugleich die Macht in der Markgrafschaft Meißen. Als sich seine Schwester den Plänen widersetzt, führt er Krieg gegen sie.

Ludwigs östlichste Burg und bedeutendste der großen Wehranlagen der Thüringer Landgrafen, die Neuenburg an der Unstrut, ist dabei sein Hauptquartier. Hier wartet Elisabeth auf seine Rückkehr von den Kriegszügen – auch wenn ihre Verehrer sie in ihren Phantasien noch heute am liebsten auf der Wartburg sehen. Aber auch auf der Neuenburg, in der berühmten Doppelkapelle, verrichtet sie ihre Gebete.

In dieser Zeit widmet sie sich immer mehr karitativen Aufgaben. Die Chronisten berichten übereinstimmend, dass Elisabeth oft Arme und Kranke mit Lebensmitteln aus Burgvorräten versorgte. Der Hof versucht, Ludwig gegen Elisabeth, gegen die Fremde, die Andersartige aufzuhetzen. Ihre angebliche Verschwendungssucht dient als Vorwand.

Die Legende erzählt: Als Ludwig einmal heimkehrte, sei Elisabeth gerade wieder mit einem brotgefüllten Korb den Burgberg hinabgestiegen. »Was trägst du da?«, soll er gefragt haben. Sie deckte den Korb auf. Brot und Schinken verwandelten sich vor seinen Augen in Rosen. Da erkannte der Landgraf, dass Elisabeth nach Gottes Willen handelte, und ließ sie gewähren.

In dieser Zeit wird auch der gefürchtete Ketzerjäger, der Dominikaner Konrad von Marburg, von Papst Gregor IX. damit beauftragt, die deutschen Adligen zu einem Kreuzzug zu bewegen. Voller Tatendrang kommt der fanatische Gottesmann im Frühjahr 1226 auf die Creuzburg. Am thüringischen Hof soll er die Sympathie des Landgrafen Ludwig gewinnen, des engen Vertrauten Friedrichs II.; der Papst misstraut dem Kaiser zutiefst.

Ludwig ist längst entschlossen, an dem Eroberungsfeldzug teilzunehmen – als Belohnung dafür fordert er die Mark Meißen.

Mit dem Entschluss ihres Mannes, ins Heilige Land zu ziehen, beginnt Elisabeths Leidensgeschichte. Im »Büchlein über die Aussagen der vier Dienerinnen« heißt es: »Ludwig trug das Zeichen der Kreuzfahrer nicht wie andere

Die Franziskaner

Die Wurzeln der Franziskaner liegen im italienischen Assisi. Die Mönche lebten in Armut, Demut und Keuschheit. Armutsbewegungen wie die Franz von Assisi (†1226) hatten als Gegenentwurf zur offiziellen, von Eitelkeiten und Machtgier geprägten Kirche zu Elisabeths Zeit Konjunktur. Die Franziskaner betonten das Menschliche in der Lehre Christi, waren der Auffassung, Gott stehe Bedrückten, Leidenden und Armen am nächsten. Im Jahr 1221 gründeten die Nachfolger Franz' ihre erste Niederlassung in Deutschland. Bruder Rodeger, einer der ersten Deutschen, die unter dem Provinzial von Deutschland, Caesarius von Speier, in den Orden eintraten, war eine Zeit lang geistlicher Ratgeber von Elisabeth auf der Wartburg. 1225 gründeten die Franziskaner mit Hilfe von Elisabeth ein Kloster in Eichenau.

Die Verlobung Elisabeths mit Ludwig IV.; Mosaik auf der Wartburg

Elisabeth verabschiedet ihren Gemahl
Ludwig, er wird vom Kreuzzug nicht
zurückkehren

Als Thüringen von Unwettern heim-
gesucht wird, verteilt Elisabeth Brot an
die Armen

offensichtlich auf seinem Gewand, auf dass Elisabeth dessen nicht gewahr würde und sich nicht erschrecke wegen des künftigen Abschieds. Doch konnte er es nicht lange verbergen. Es geschah eines Abends, da fand sie das Kreuz und erschrak so sehr, dass sie zur Erde sank. Der liebe Fürst hob sie auf, tröstete sie, denn sie war schwanger.«

In dieser schweren Krise gewinnt der charismatische Konrad von Marburg ungewöhnlich starken Einfluss auf die junge Landgräfin. Sie akzeptiert ihn und seine geistliche Führung. Zumindest nach außen lebt er nach den Prinzipien, von denen sie träumt. Er entsagt äußerer Pracht, irdischem Besitz und finanziellen Einkünften. Elisabeth ahnt nicht, dass Konrad viel mehr will: Macht über die Seelen und Elisabeth ganz seinem Willen unterwerfen. Denn Konrad strebt nach unvergänglichem Ruhm, der ihm gewiss wäre, wenn er eine der bedeutendsten deutschen Fürstinnen zur Dienerin Gottes machte. Konrad wird der religiöse Berater des Landgrafen und neuer Seelenhirte der Landgräfin. 1226 – Elisabeth ist 19 Jahre alt – legt sie das Gelübde ab, Konrad unbedingten Gehorsam zu leisten, ausgenommen in ehelichen – also sexuellen – Dingen. Für den Fall von Ludwigs Tod gelobt sie ewige Keuschheit.

Es scheint, als habe Elisabeth sich schon hier bewusst jeden Rückzug in ein normales irdisches Leben abgeschnitten, wenn sie eines Tages ohne Ludwig sein würde. Doch der Mann Gottes ist ehrgeizig und setzt Elisabeth weiter unter Druck. Fasziniert von seiner asketischen Strenge und radikalen Selbstdisziplin, unterwirft sie sich. Seine Demütigungen erträgt sie als Strafe für ihr Leben in Wohlstand und Macht. – »Einmal konnte sie nicht zu Konrads Predigt erscheinen; sie war durch einen fürstlichen Besuch verhindert. Konrad drohte ihr, er werde sich nicht mehr um ihre geistliche Führung kümmern. Sie bat ihn demütig um Verzeihung. Und wieder züchtigte er sie schwer.«

Das alles geschieht im Sommer 1226. Gerade jetzt zwingt die Politik Ludwig zur Reise über die Alpen. In Italien, beim Kaiser, will er die Mark Meißen einfordern. Für die Zeit seiner Abwesenheit bestimmt Ludwig seine Frau zur Regentin. Ein großer Vertrauensbeweis. Sie wird von ihrer Macht sofort Gebrauch machen: 1226 suchen Unwetter und eine der schwersten Hungersnöte Thüringen heim. Energisch ergreift die Landgräfin die Initiative. In großem Stil organisiert sie »Hilfe zur Selbsthilfe«. »Nicht chaotisch und maßlos, wie ihr bald nachgesagt wird; sie gab das landgräfliche Vermögen planvoll aus: Sicheln zur Mahd, dazu Schuhe wegen der rauen Stoppeln und Kleidung. Sie verteilte die Vorräte und Saatgut und leert die Kornkammern bis zur Neige.« – Die reiche Verwandtschaft macht sie sich damit zum Feind.

Ludwig indessen hat Erfolg beim Kaiser, er bekommt die erhoffte Zusage für die Markgrafschaft Meißen. Er ist auf dem Höhepunkt seiner Macht. Neidern und Intriganten, die gegen Elisabeth hetzen, erwidert er: »Sie kann machen was sie will, solange sie uns bei ihrer Großzügigkeit nur die Neuenburg und die Wartburg lässt.«

Öffentlich steht Ludwig zu seiner Frau. Doch heimlich setzt er für den nächsten Fall einer Abwesenheit seinen Bruder Heinrich Raspe als Regenten ein. Er weiß um die Gefährlichkeit radikaler Religiosität. Ließe er seine Frau gewähren, riskierte er seine Grafschaft.

Noch im Sommer 1227 bricht Ludwig von der Creuzburg, der Lieblingsburg des Paares, zum Kreuzzug auf. Der Abschied fällt schwer, denn Elisabeth erwartet das dritte Kind. Von Schmalkalden ziehen die Kreuzfahrer in Eilmärschen über die Alpen nach Süditalien, nach 40 Tagen treffen sie dort auf Kaiser Friedrich und sein Heer. 60.000 Ritter und Knechte haben sich an der Adriaküste im Castello Svevo gesammelt. Da bricht eine verheerende Seuche aus. Auch Landgraf Ludwig erkrankt. Er stirbt am 11. September 1227 in Otranto. Als Elisabeth von Ludwigs Tod erfährt, bricht sie zusammen.

Die Missstimmung am Hofe schlägt nach Ludwigs Tod in offene Feindschaft um. Ludwigs Bruder Heinrich Raspe verweigert Elisabeth die Ländereien und Einkünfte, die Ludwig ihr als Witwengut überlassen hat: »Viel mehr als von der Hofgesellschaft wurde sie von ihren eigenen religiösen Regeln getrieben. Mit ihren drei Kindern mussten wir die Burg verlassen. Niemand wollte uns aufnehmen. So lebten wir den Winter über in bitterer Armut. Weil Elisabeth auch all ihren übrig gebliebenen Reichtum verschenkte, hatten wir bald nur noch die Sachen, die wir auf dem Leib trugen.«

Wie der Chronist Dietrich von Apolda berichtet, dringt die Kunde von Elisabeths Schicksal bis nach Rom. Ihre Verwandtschaft würde sie nur zu gern entmündigen lassen, damit Elisabeths Güter auch offiziell Ludwigs Bruder Heinrich Raspe zufallen. Doch Papst Gregor IX. stellt die fürstliche Witwe unter seinen Schutz. Er droht allen, die gegen die Rechte Elisabeths verstoßen, mit Exkommunikation.

Nun wiederum wittert die bayerische Verwandtschaft Elisabeths ihre Chance. Ihr Onkel, der Bamberger Bischof Ekbert, hält sie auf Burg Pottenstein bei Bayreuth fest. Die Familie will Elisabeth mit Kaiser Friedrich II. verheiraten. Wohl nicht ganz selbstlos. Doch dagegen steht ihr Gelübde, das sie Konrad – und in ihrem Verständnis damit Gott – gegeben hat. Elisabeth weigert sich.

Inzwischen hat der Papst Konrad von Marburg mit Elisabeths Fürsorge beauftragt. Das schützt Elisabeth, doch es verschärft auch den Konflikt. In ihrer radikalen Religiosität will Elisabeth arm sein und bettelnd von Tür zu Tür ziehen. Eine mittellose Elisabeth aber nützt auch Konrad nichts. Ruhm kann er nur ernten, wenn ihr Besitz der Kirche zufällt. Doch sie bleibt konsequent. Am Karfreitag 1228 leistet Elisabeth in Eisenach ein neues Gelübde:

Nach Ludwigs Tod im September 1227 wird Elisabeth von dessen Bruder Heinrich Raspe vom Thüringer Hof vertrieben; Fresko Moritz von Schwind

Ausschnitte aus dem Fresko von Moritz
von Schwind: »Gefangene trösten«,
»Heimatlose beherbergen«

Sie verzichtet auf jeglichen Besitz und ihren fürstlichen Machtanspruch. Gegen Konrads Willen. Kurz darauf trifft sich die Familie zu den Bestattungsfeierlichkeiten im Familienkloster Reinhardsbrunn bei Gotha. Hierher sind Ludwigs Gebeine überführt worden.

Sofort nach dem Begräbnis verhandelt Konrad mit der Familie. Elisabeth erhält zwar nicht ihre Witwengüter zurück, bekommt aber eine Abfindung von 2000 Mark, fast 500 Kilogramm Silber, damals gewaltige Summen. Elisabeth aber hat die Brücken zu ihrer alten Welt abgebrochen, will ihr Leben den Armen widmen und plant die Errichtung eines Hospitals nach ihren Vorstellungen.

Als Aufenthaltsort haben Konrad und die Familie Marburg bestimmt. Hier, in seiner Heimatstadt, hofft Konrad, Elisabeth endlich ganz unter seine Kontrolle bringen zu können. 1228 beginnt in Marburg der Bau ihres Hospitals. Für Elisabeth der Beginn eines neuen Lebens. Sie will nicht ein übliches Ordenskloster, nicht weltabgeschiedenes Beten und wohlversorgte Abgeschlossenheit. Sie will eine neue Gemeinschaft, die Gebet und Askese mit dem praktischen Dienst an den Bedürftigen verknüpft.

Konrad ist von dieser Entwicklung nicht begeistert, zumal es vorkommt, dass Elisabeth an einem einzigen Tag 500 Mark unter den Armen verteilt. Zum Vergleich: 20 Mark kostet ein Landgut, 6 Pfennig (120 Pfennig sind eine Mark) ein kleines Schwein. Als Leiter des Hospitals und als ihr Seelenführer hat Konrad beherrschenden Einfluss auf Elisabeth. Und er nutzt seine Macht, geißelt sie immer wieder mit Peitschenhieben. Auf diese Weise soll es den Gläubigen gelingen, eigene Ängste zu überwinden und das Leiden Christi nachzuerleben. Doch scheinen für Konrad noch andere Beweggründe eine Rolle gespielt zu haben: »Die Prügel, mit denen Konrad Elisabeth bedachte, waren oft von solch großer Grausamkeit, dass es unheimlich war. Es schien, als ließ er damit auch seinem Zorn darüber freien Lauf, dass er keine wirkliche Macht über ihren Willen erlangen konnte. Einmal, das war im Kloster Altenberg, bekam Elisabeth wegen einer angeblichen Gehorsamsverletzung solche Schläge, dass man die fürchterlichen Spuren noch drei Wochen später sehen konnte.«

Selbst die größten Demütigungen erträgt Elisabeth gelassen, denn sie lebt in der Gedankenwelt des heiligen Franziskus. Sie will nur eines: sich ihrer selbst gewählten Aufgabe widmen. Der Verzicht auf jegliches körperliche Wohlbefinden verheißt ihr himmlischen Lohn. Konrad indes treibt seine Einflussnahme bis zur Schikane und schickt auch noch Elisabeths letzte Vertraute Guda zu ihrer Familie zurück.

Im Winter 1228 ist das Hospital fertig gestellt. Elisabeth empfängt nun aus Konrads Händen das graue Gewand einer dienenden Spitalschwester.

Jetzt lebt Elisabeth ihre Idee aus: Sie will eine Gemeinschaft gleichgesinnter Brüder und Schwestern, die den Armen und Kranken dient, und bestimmt, dass einander alle mit »Du« ansprechen. Damit hebt Elisabeth die Standesunterschiede auf. Etwas Ungeheuerliches in dieser Zeit. Ihre neue Magd, Konrad hat sie ausgesucht, um Elisabeth zu bespitzeln, berichtet ihm davon völlig erschüttert. In dieser Gemeinschaft spiegelt sich im Kleinen ein Konflikt des Mittelalters wider: der Widerspruch zwischen machtorientierter Papstkirche und urchristlicher Botschaft.

Die kräftezehrende Hingabe an die Ausgestoßenen der Gesellschaft, an Kranke und Aussätzige erschöpft Elisabeth. Sie ist erst 24 Jahre alt, als sie am 17. November 1231 in ihrem eigenen Hospital stirbt. Elisabeth wird in der Kapelle ihres Hospitals begraben.

Sofort strebt Konrad ihre Heiligsprechung an. Einen Menschen in die Heiligkeit zu führen, war ein hohes Verdienst im Mittelalter, das Gelingen würde ihn als erfolgreichen Diener Gottes ausweisen. Doch Konrads erster überstürzter Antrag auf Elisabeths Heiligsprechung wird von Papst Gregor IX. abgelehnt: Zu oberflächlich habe er die Heilungswunder zusammengetragen, die an Elisabeths Grab geschehen sein sollen. Eine zweite Kommission wird eingesetzt, 700 Zeugen werden befragt, am Ende 106 Wunder aufgezeichnet. Von dieser Befragung stammen auch jene Zeugenaussagen, die in den Archiven des Vatikans die Zeit überdauerten.

Am 27. Mai 1235 wird in Perugia mit großem Pomp Elisabeths Heiligsprechung gefeiert. Sie wird zur geistigen Schwester des heiligen Franziskus stilisiert. Der Deutsche Ritterorden, von den Ludowingern in Marburg angesiedelt, erwählt sie zur Schutzpatronin. Konrad von Marburg kann diesen Triumph nicht mehr miterleben. 1233 lassen Adlige den Ketzerjäger ermorden: Konrad hatte in seinen fanatischen Exzessen auch vor Grafenfamilien nicht mehr Halt gemacht.

Elisabeth aber wird wieder von der Politik vereinnahmt: In einer prunkvollen Feier werden am 1. Mai 1236 ihre Gebeine in Marburg umgebettet. Sogar eine neue Kirche errichtet man über ihrer Grabstätte. Die Rebellin wird zum Aushängeschild des angeblich gottgewollten mittelalterlichen Machtgefüges. Der feierlichen Prozession geht – barfuß in einer grauen Kutte – Kaiser Friedrich II. voran. Außerdem spendet der Kaiser eine Krone und eine kostbare Reliquie. Eine solche Würdigung anlässlich einer Heiligsprechung hat es weder zuvor noch nach diesem Ritual gegeben.

Mit 950 Juwelen von ungeheurem Wert ist ihr Totenschrein besetzt. Elisabeths Tochter Sophie soll diese Kostbarkeit gestiftet haben. Ein Prunk, ganz und gar nicht in Elisabeths Sinn. Die Dynastie der Ludowinger, die sich gerne mit der Familienheiligen schmückt, zerfällt schon kurz nach Elisabeths Tod.

Am 17. November 1231 stirbt Elisabeth an Erschöpfung in ihrem Hospital; Fresko Moritz von Schwind

Heiligsprechung von Elisabeth
Konrad von Marburg wollte den Kanonisierungsprozess (Verfahren der Heiligsprechung) kurz nach Elisabeths Tod einleiten. Der erstellte Wunderbericht und die von ihm verfasste »Summa Vitae« schienen nicht auszureichen. Im Frühjahr 1233 wurde von einer besonderen Kommission des Papstes ein Wunderbericht mit Zeugenaussagen über 106 Wunder erstellt. Wegen des plötzlichen Todes von Konrad von Marburg (1233) geriet der Prozess ins Stocken. Die Wiederaufnahme der Kanonisation im Oktober 1234 ist wahrscheinlich Konrad, dem Schwager von Elisabeth, zu verdanken, der damals kurz vor dem Eintritt in

den Deutschen Orden stand und dadurch Kontakte zum Papst hatte. Am 27. Mai 1235 wurde Landgräfin Elisabeth von Papst Gregor IX. feierlich heilig gesprochen. Es gibt elf Ausfertigungen der Heiligsprechungsurkunde, deren Datierung zwischen dem 1. und 4. Juni 1235 liegt. Als Feiertag der heiligen Elisabeth wurde der 19. November bestimmt.

Elisabeth wird umgebettet
Philipp von Hessen ließ Elisabeths Reliquien 1539 im Zuge der Reformation aus dem Sarg entfernen, um die Verehrung zu beenden; ihr Kopf war aber schon vorher ins Elisabethinen-Kloster nach Wien gekommen. Auch die Stadt Košice – etwas nördlich ihres Geburtsortes, heute in der Slowakei gelegen – ist ein Zentrum ihres Kultes.

1247 stirbt Ludwigs Bruder Heinrich Raspe kinderlos, 17 Jahre lang toben Erbfolgekriege.

Elisabeths Grab im hessischen Marburg aber wird zum Wallfahrtsort der abendländischen Christenheit. Hierher kommen in den folgenden Jahrhunderten fast genauso viele christliche Pilger wie Mohammedaner nach Mekka und Medina. Auch Kaiser Karl IV. ist unter den Pilgern. Die katholische Heilige hat die Reformation überstanden, obwohl ein protestantischer Nachfahre ihre Gebeine aus dem Reliquienschrein entfernen ließ.

Elisabeth bleibt bis heute ein Vorbild für den Traum vom Ausstieg aus einer Welt voller Statussymbole und Besitzdenken. Sie war eine Rebellin, in der sich Güte und Starrsinn paarten. Diese Frau überschritt die Grenzen der mittelalterlichen Vorstellungen und sprengte die Fesseln, die ihr ihre Zeit anlegte. So eine Frau konnte im Verständnis ihrer Zeitgenossen nur eine Verrückte sein – oder eine Heilige.

Der Elisabethschrein in Marburg

Zeittafel Elisabeth von Thüringen

1207 **7. 7.** Geburt Elisabeths auf der Burg Sárospatak als Arpádhazi Erszébet; zweites Kind von König Andreas von Ungarn und seiner Frau Gertrud

1211 Elisabeth kommt auf die Wartburg. Verlobung mit dem ältesten Sohn Hermanns von Thüringen – Maßnahme einer Koalition staufisch gesinnter Fürsten

1213 Ermordung ihrer Mutter Gertrud durch oppositionelle Adelige
Inniges Verhältnis Elisabeths zu Hermanns jüngerem Bruder Ludwig

1216 **13. 12.** Tod des Verlobten Hermann, neuer Bräutigam wird Ludwig IV.

1217 Tod des Landgrafen Hermann I., Ludwig IV. wird Landgraf

1221 **Pfingsten** Hochzeit Ludwigs IV. (23) und Elisabeths von Ungarn (14)

1222 **28. 3.** Geburt Hermanns (II.) auf der Creuzburg

1224 **20. 3.** Geburt Sophies, Ludwig IV. verpflichtet sich zur Teilnahme am Kreuzzug

1224 **Oktober** Franziskanermönche kommen nach Thüringen

1226 Italienfahrt Ludwigs IV. nach Ravenna, Elisabeth wird mit der Regentschaft betraut
Elisabeth errichtet ein Hospital, Teilnahme an der Krankenpflege. Eine drei Jahre währende Hungersnot erreicht ihren Höhepunkt, Elisabeth öffnet Vorratskammern und Speicher der Burg
Kreuzzugsprediger Konrad von Marburg beeinflusst Elisabeth. Sie gelobt ihm gegenüber geistigen Gehorsam, verpflichtet sich zu ewiger Keuschheit im Falle von Ludwigs Tod

1227 **24. 6.** Ludwig IV. bricht zum Kreuzzug auf, die Regentschaft überträgt er Bruder Heinrich Raspe
September Ludwig IV. stirbt an einer Seuche auf einem Schiff vor Otranto; Geburt der Tochter Gertrud
Oktober Heinrich Raspe übernimmt die Vormundschaft über Ludwigs Erben Hermann II.
Elisabeth zieht nach Eisenach. Schutzversprechen von Papst Honorius III., der ihr Konrad von Marburg zur Seite stellt

1228 Elisabeth wird zu ihrem Onkel Bischof Ekbert von Bamberg gebracht. Der will sie zu einer Eheschließung überreden und setzt schließlich Elisabeth auf Burg Pottenstein fest

Mai Nach Verhandlungen zwischen Konrad von Marburg und Heinrich Raspe erhält Elisabeth 2000 Mark Witwenausstattung. Sie kauft einen Gutshof vor Marburg, errichtet das Franziskus-Hospital und widmet sich der Krankenpflege

1231 **17. 11.** Tod Elisabeths nach kurzer schwerer Krankheit

1232 Konrad von Marburg leitet Prozess der Heiligsprechung ein

1233 **30. 7.** Ermordung Konrads

1234 **11. 10.** Der Papst fordert einen neuen Bericht. Befragungen ihrer Dienerinnen Guda, Isentrud, Irmingard und der Schwester Hildegund

1235 **27. 5.** Heiligsprechung Elisabeths in Perugia

1236 **1. 5.** In Marburg werden Elisabeths Gebeine feierlich in die neue Kirche umgebettet

Friedrich III. wurde nach seinem Mal der »Gebissene«, nach seinem Mut aber auch der »Freidige« (der Tapfere) genannt

Leonore Brandt

Friedrich III.

Der letzte Staufer 1257–1324

Er war der letzte der Staufer und ist im berühmten Fürstenzug von Dresden verewigt: Friedrich III., auch Friedrich der »Freidige« – der »Tapfere« also – oder auch der »Gebissene« genannt. Den letzten Beinamen verdankt er einer Legende. In ihr wird erzählt, seine Mutter Margarethe sei nach einem Streit mit ihrem Mann von der Wartburg geflohen; zuvor aber habe sie ihren Sohn in die Wange gebissen, um ihn später wiedererkennen zu können …
Nach schweren Machtkämpfen führte Friedrich III. das Fürstenhaus der Wettiner zu neuer Größe und residierte dann später selbst auf der Wartburg. Ohne Friedrichs Mut und Beharrlichkeit hätte es später wohl weder August den Starken noch den letzten sächsischen König Friedrich August III. gegeben.

»Vor Gott habe ich als Sünder den Tod verdient, hier aber werde ich ungerecht verdammt. – O Mutter, welches Leid bereite ich Dir!«
Überlieferte Worte Konradins von Staufen vor seiner Hinrichtung in Neapel

Der elfjährige Friedrich soll Kaiser werden

Unsere Geschichte beginnt mit einer Hinrichtung. Am 29. Oktober 1268 wird der 16-jährige Konradin von Hohenstaufen – Enkel und Erbe des Kaisers des Römischen Reiches Friedrich II. (1194–1250) – auf dem Neuen Markt von Neapel nach einem Scheinprozess auf Veranlassung Karls I. von Anjou geköpft. Karl I. von Anjou, Bruder des französischen Königs Ludwig IX., hatte schon zwei Jahre zuvor das Königreich Sizilien an sich gebracht und mit Billigung des Papstes in der Schlacht bei Benevent Konradins Onkel, Manfred von Sizilien, getötet. Als verlängerter Arm des Heiligen Vaters ist es Anjous Ziel, den Erbanspruch der Stauferdynastie auf Süditalien und die Kaiserkrone des Römischen Reiches auszulöschen. Darum musste Konradin sterben, jener Jüngling, der legal Anspruch auf Sizilien und den seit 18 Jahren verwaisten Kaiserthron erhob. Nun glauben sich Anjou und der Papst am Ziel ihrer Wünsche, denn der letzte männliche Nachfahre dieser Kaiserdynastie ist tot. Ein Irrtum. Denn noch lebt ein Kaierspross jenseits der Alpen. Es ist Friedrich, der wirklich letzte Staufer. Auch in den Adern des Elfjährigen fließt kaiserliches Blut: Seine Mutter Margarethe ist die Tochter Friedrichs II. Sie hat in das Fürstenhaus der Wettiner eingeheiratet. Friedrich ist also väterlicherseits Wettiner und mütterlicherseits Staufer. Zwei große Dynastien, mit denen Friedrich auch zweimal die Chance bekommt, sich in die Weltgeschichte einzuschreiben.

Am 29. Oktober 1268 wird der 16-jährige Konradin von Hohenstaufen in Neapel enthauptet

Das Bild aus dem Codex Manesse zeigt König Konradin (1252–1268) bei der Falkenjagd. Sein Begleiter ist vermutlich Friedrich von Baden; er wurde mit ihm hingerichtet

Wenige Wochen nach Konradins Tod trifft auf der Meißner Burg – hier herrscht Friedrichs Großvater Heinrich der Erlauchte – eine Botschaft von den Stauferanhängern aus Italien ein, von der antipäpstlichen Partei der Ghibellinen: Noch unter dem Richtschwert habe Konradin Friedrich zum Erben seines Thronanspruchs gemacht. Die Nachricht ist eine Sensation. Als nun wirklich letzter männlicher Nachfahre der großen Staufer soll der kleine Friedrich König von Sizilien und Kaiser des Heiligen Römischen Reiches werden.

Zwar konnte Konradin die Titel nicht wirklich vererben, da er noch nicht Kaiser war, aber die Begeisterung der Familie schmälert das vorerst nicht. Die ehrgeizige Margarethe sieht sich schon als Kaisermutter und den noch unmündigen Friedrich unter ihrem Einfluss an der Spitze der Weltpolitik. Visionen hat auch Friedrichs Großvater. Ein Kaiser in der Familie würde die Wettiner zu europäischer Größe aufsteigen lassen.

Der Brief aus Italien verlangt Entscheidungen. Heinrich der Erlauchte diktiert am 2. Oktober 1269 die Antwort und lässt Friedrich recht voreilig mit »Friedrich III. von Gottes Gnaden, König von Jerusalem und Sizilien, Herzog von Schwaben, Landgraf zu Thüringen und Pfalzgraf zu Sachsen« unterzeichnen. Damit erklärt er seinen Enkel faktisch zum Herrscher über das Heilige Römische Reich. Weiter lässt er Friedrich seinen neuen Verbündeten ankündigen, er werde »unterstützt von großem Gefolge nach Italien kommen, um seine Freunde dort zu verteidigen und seine Feinde niederzuwerfen«. Was so martialisch klingt, ist vor allem wettinisches Wunschdenken und wird es auch bleiben. Die wichtigste diplomatische Botschaft des Briefes lautet: Die Familie sagt den italienischen Stauferanhängern Beistand zu, die die Macht des skrupellosen Franzosen Karl von Anjou zurückdrängen wollen.

Noch ein anderer Umstand macht den Knaben Friedrich zum Hoffnungsträger: In dieser Zeit ohne Herrscher an der Spitze des Reiches, in der jeder der Könige und Herzöge versucht, seine persönliche Macht zu vergrößern, leidet das Volk unter grausamen Kriegen und ungerechten Gesetzen. Die Angst vor einem drohenden Weltenende ist groß. Die Menschen wünschen sich eine Welt ohne Chaos und hoffen auf das Erscheinen eines starken Kaisers, der sie erretten wird. Männer der Kirche unterstützen diese Sehnsucht mit einer Vielzahl von Prophezeiungen. Die Weissagung des Kardinalbischofs Johann von Toledo aus dem Jahr 1269 – wahrscheinlich in Wirklichkeit ein gezieltes politisches Statement – verbindet die Hoffnungen des Volkes mit Friedrich: »Aus dem staufischen Geschlecht wird ein Fridericus kommen und die Macht des Löwen Karl von Anjou und sogar die Erinnerung an ihn vernichten. Der Fridericus wird seine Macht bis an die Grenzen der Welt ausdehnen.«

Und der Chronist Peter von Zittau sagt voraus, dass »ein Goldenes Kreuz auf Friedrichs Rücken ihn als künftigen Kaiser ausweisen werde«.

Die Markgrafen von Meißen und Landgrafen von Thüringen fühlen sich bereits als Herrscher Europas. In den letzten 150 Jahren hatte sich das Fürstengeschlecht durch Heirat, Kriege und geschickte Verträge mit seinen Nachbarn erfolgreich in Mitteldeutschland etabliert. Zuletzt sehr erfolgreich unter Heinrich dem Erlauchten. Die Sterne stehen also günstig für den Kaisertraum der Wettiner. – Wären da nicht die hausgemachten Probleme.

Kaiser Friedrich II., Friedrichs Großvater mütterlicherseits

Markgraf Heinrich von Meißen, Friedrichs
Großvater väterlicherseits. Wegen seiner
aufwendigen Hofhaltung erhielt er den
Beinamen »illustris« (der Erlauchte); Tafel 7
aus dem Codex Manesse

Albrechts Mordplan

Durch einen Vertrauten lässt Albrecht
einen Mann dingen, einen Eseltreiber, der
täglich das Holz auf die Wartburg bringt.
Der soll des Nachts, als Teufel verkleidet, in
das Schlafgemach Margarethes eindringen
und sie erwürgen. »Der Diener aber zöger-
te, den schändlichen Plan auszuführen. Da
sein Herr ihn aber immer weiter drängte,
ging er nachts heimlich zu Margarethe, um
ihr die Gefahr zu eröffnen, in der sie schwe-
be und der sie sich nur durch die Flucht
entziehen könne. Er fiel vor der Herrin auf
die Knie und erbittet Gnade von ihr. Sie
vergab ihm und ließ ihn durch ihre Dienerin für seine Treue reich beschenken.«

Ein Drama nimmt seinen Lauf

Auf der Wartburg, dem Stammsitz der Landgrafen von Thüringen, gesche-
hen Dinge, die den Zusammenhalt der Familie und damit ihre ehrgeizigen
Pläne gefährden. Friedrichs Vater, Landgraf Albrecht, verspricht seinem
Sohn zwar, ihn bei einem künftigen Italienzug mit Truppen zu unterstützen,
doch sein Lebensstil steht im krassen Gegensatz zu den Hoffnungen der
Wettiner. Zu sehr liebt Albrecht die irdischen Genüsse. Er betrügt seine Frau
Margarethe ganz offen mit ihrer Kammerfrau Kunigunde von Eisenberg.
Später wird man ihn deshalb den »Entarteten« nennen. Wenn sich Friedrichs
Kaisertraum erfüllen soll, kann der Junge also nur mit der Unterstützung von
Großvater und Mutter rechnen. Margarethe von Staufen ist es, die ihren Vertrauten, den Generalvikar Friedrich von Treffurt, in wichtiger Mission zu
den Stauferanhängern nach Italien schickt. Am 1. September 1270 wird der
thüringische Gesandte mit großem Pomp in Verona empfangen. Er bringt
die Botschaft von der baldigen Ankunft des künftigen Kaisers.
In Thüringen jedoch spitzt sich unterdessen der Dreieckskonflikt zu. Margarethe will nur noch eines: weg von Albrecht und der Wartburg. Um Margarethes letzte Tage auf der Burg ranken sich zahlreiche Legenden, auch jene,
dass Albrecht daran dachte, Margarethe ermorden zu lassen.
Dieser Plan misslingt. Der Sage nach nimmt Margarethe vor ihrer Flucht
noch Abschied von ihrem Sohn und ist dabei so bewegt, dass sie ihrem Kind
Friedrich küssend in die Wange beißt. So ist er für immer gezeichnet. Dieses
Mal auf der Wange hat Friedrich den Beinamen »der Gebissene« eingebracht.
Verbürgt aber ist: Am 24. Juni 1270 flieht Margarethe. Nur sechs Wochen
später stirbt sie ganz plötzlich in Frankfurt am Main, gerade 33 Jahre alt. Mit
seiner Mutter verliert Friedrich die treueste Verbündete für seinen Kaiser-
plan. Auch sein Großvater glaubt nun offenbar nicht mehr an dessen Verwirklichung. Nach den Wirren auf der Wartburg, Margarethes Tod und
heftigen Erbstreitereien wendet er sich wieder dem politisch Machbaren zu.
Die Kaiserträume rücken für Friedrich und die Stauferanhänger in weite
Ferne. 15 Jahre vergehen, ehe Friedrich wieder in das Licht der Geschichte
tritt.

Friedrich will eine zweite Chance

1285 läuten in Wien die Hochzeitsglocken. Friedrich ist 28 Jahre alt und in den
besten Mannesjahren, als er heiratet. Die Trauung rückt ihn erneut in den
Dunstkreis der Macht, denn Agnes von Tirol ist die Halbschwester des Staufers Konradin, jenes jungen Mannes, der in Neapel hingerichtet wurde.

Friedrich besitzt ein ausgeprägtes Machtbewusstsein. Darin fühlt er sich vor allem seinem Großvater Heinrich dem Erlauchten verbunden, denn wie dieser will er eines Tages an der Spitze eines starken Hauses Wettin stehen. Dies scheint auch realistisch zu sein.

Doch erst einmal muss er sich eine Machtbasis schaffen. Zwar führt Friedrich den Titel »Junger Landgraf«, ist also Erbschaftsanwärter auf den Landgrafentitel, aber nur ein Fleckchen Erde zwischen Unstrut und Saale – die Pfalzgrafschaft Sachsen mit Allstedt und Lauchstädt – und das Städtchen Eisenberg gehören ihm. Sein Vater Albrecht verschleudert das Land, das einmal Friedrichs Erbe und Machtbasis sein sollte. Denn Albrecht braucht Geld für sein ausschweifendes Leben, vor allem für Kunigunde von Eisenberg, die er nach Margarethes Tod geheiratet hat.

Auch Heinrich der Erlauchte, der das Geschlecht zu einer bedeutenden Fürstenfamilie in Deutschland gemacht hat, muss erkennen, dass Albrecht die persönlichen Interessen über die der Familie stellt. Durch den Chronisten Johannes Rothe ist überliefert, »dass der alte Markgraf in der kräftigen Persönlichkeit Friedrichs den starken Mann und die künftige Säule des Hauses sieht«. Das Bewusstsein, einst als rechtmäßiger Erbe dem Hause Wettin vorzustehen, bestimmt von nun an Friedrichs Handeln. Auch um ihn in seine neue Stellvertreterposition einzuführen, schenkt Heinrich ihm die Burg Rochlitz an der Mulde, die nun Friedrichs neue Residenz wird.

Nur wenig später, im Februar 1288, stirbt Heinrich der Erlauchte. Friedrichs Vater Albrecht reißt das Erbe der Familie an sich, denn Heinrich hat kein Testament hinterlassen. Sofort plant der verschwenderische Albrecht, die Mark Landsberg an die Brandenburger zu verkaufen. Friedrich gibt den mühsam gehaltenen Frieden mit dem Vater auf. Er nimmt ihn kurzerhand gefangen, sperrt ihn für sechs Wochen auf Burg Rochlitz ein, besetzt das Land seines Vaters und presst ihm – im Vertrag von Rochlitz – die Mark Meißen ab.

Friedrich hat damit den wichtigsten Teil der Wettiner Besitzungen in seinen Händen und ist damit eine ernst zu nehmende Größe im Kräftespiel jener Zeit.

König Adolf von Nassau, er erobert die Neuenburg und lässt sie niederbrennen

Dass er dem Vater Thüringen gelassen hat, wird er allerdings noch bereuen, denn kaum ist Albrecht wieder auf freiem Fuß, verkauft er 1294 das Land an den deutschen König Adolf von Nassau. Für die gesamte Landgrafschaft Thüringen zahlt dieser nur 12.000 Silbermark, auch damals eine eher läppische Summe. (Von daher kommt übrigens der Ausdruck »nassauern«.) Der Gebietsverkauf schwächt das Fürstenhaus Wettin, und der König, der selbst kaum Land besitzt, nutzt sofort diese Schwäche, um sich auch die übrigen wettinischen Ländereien anzueignen. 1293 gerät Friedrich auf der Neuenburg bei Freiburg in arge Bedrängnis. Der König erobert die Festung und lässt sie niederbrennen. Nach zahlreichen Kämpfen sind Friedrich nur noch einige Gebiete in der Mark Meißen geblieben. Doch auch die will der König mit Hilfe eines Komplotts in seinen Besitz bekommen. Adolf von Nassau lockt Friedrich unter dem Vorwand, mit ihm verhandeln zu wollen, in seine Residenz nach Altenburg. Hier plant er dessen Ermordung; Friedrich entkommt in letzter Minute.

Freiberg – die Stadt mit ihren reichen Silberminen – ist nun seine letzte Bastion. Doch der König belagert auch Freiberg. Friedrich muss schließlich die Stadt und seinen gesamten Besitz aufgeben. Dafür handelt er freies Geleit für seine Leute aus. Adolf von Nassau aber hält sein Versprechen nicht. 60 von Friedrichs Getreuen lässt er als »Feinde des Reiches« hinrichten. Drei Holzkreuze vor den Toren Freibergs erinnern noch heute an die Bluttat.

In dieser für Friedrich ohnehin schon schicksalsschweren Zeit stirbt seine Frau Agnes. Das Land seiner Väter ist für Friedrich verloren. Das Geschlecht der Wettiner ist bedeutungslos geworden. 1296 ist Friedrich gezwungen, ins Exil zu gehen, nach Italien, zu den stauferfreundlichen Ghibellinen.

Friedrichs Rückkehr

Friedrich ist jetzt ein Mann ohne Land und ein Gegner des Königs. Er, der einst selbst von der Krone träumte, wechselt die Seiten. Als andere ebenfalls vom König bedrohte Reichsfürsten ein Komplott gegen Adolf von Nassau schmieden, schließt er sich den Verschwörern an. Sie versprechen ihm dafür die Rückgabe seines Landes. Doch ehe es zur offenen Revolte kommt, fällt der König 1298 in einer Schlacht bei Göllheim.

Friedrichs größter Widersacher ist tot. Doch Adolfs Nachfolger, Albrecht von Habsburg, löst das Versprechen nicht ein. Friedrich bleibt ein Landgraf ohne Land. Ein Jahr später kehrt er nach Thüringen zurück. Vom einstigen Familienbesitz ist nur die Wartburg geblieben. Dort sitzt sein egozentrischer Vater. Friedrich, mittlerweile 43 Jahre alt, fordert von ihm die Familienresidenz. Er braucht eine Ausgangsbasis, wenn er die Macht wieder erringen will. Doch Albrecht denkt nicht daran, dem Sohn die Burg zu überlassen.

So versucht Friedrich sein Problem vorerst durch eine vorteilhafte Heirat zu lösen. Seine Wahl fällt auf die 14-jährige Elisabeth von Arnshaugk. Sie ist die Stieftochter seines Vaters aus dessen nunmehr dritter Ehe. Später wird eine thüringische Sage von einer dramatisch-romantischen Entführung und Trauung erzählen. Ob die Geschichte wahr ist, weiß heute niemand.

Friedrichs Leben bekommt durch Elisabeth von Arnshaugk wieder Glanz. Sie wird zu einer der charismatischsten Fürstinnen ihrer Zeit, entwickelt Weitblick und diplomatisches Geschick, also genau das, was Friedrich braucht, um sein Vorhaben vom wiedererstarkten Haus Wettin wahr zu machen. Außerdem bringt Elisabeth Land in die Ehe mit ein: ein Teil von Jena, dazu Neustadt/Orla, Triptis, Auma und Oppurg.

Die Aura wiedergewonnener Macht zieht nun auch wieder viele von jenen Verbündeten an, die Friedrichs Fahne schon verlassen hatten. Er ist wieder ein geachteter Mann.

Im Jahr 1307 kann Friedrich endlich die Wartburg übernehmen, das Zentrum der Landgrafschaft Thüringen

Friedrich bekommt eine neue Chance

Im Jahr 1305, Friedrich und Elisabeth sind seit fünf Jahren verheiratet, will Friedrich endlich die Wartburg in seinen Besitz bringen. Sie ist der Schlüssel zur Landgrafschaft Thüringen und ein günstiger Ausgangspunkt für die Rückeroberung des alten Landes der Wettiner. Die Schwiegermutter ist auf Friedrichs Seite und überredet ihren Mann Albrecht, dem jungen Paar den Besitz der Wartburg und auch alles weitere Erbe zu garantieren. So wird es am 18. Januar 1307 im Wartburgvertrag festgelegt. Anderen Berichten zufolge hat Friedrich sich die Wartburg mit Gewalt genommen – doch sind beide Geschichten nicht belegt.

Wohl aber das Resultat: Albrecht gibt 1307 endlich Land und Macht in die Hand seines Sohnes und zieht sich – finanziell unterstützt von Friedrich – auf einen kleinen Hof bei Erfurt zurück. Dort wird er acht Jahre später sterben. Sein Ableben ist im Totenbuch des Erfurter Doms dokumentiert. Im Dom ist er auch bestattet.

Friedrichs Vater war ein willfähriger Anhänger des Königs, während Friedrich dessen Gegner ist. Die Wartburg muss für den König wie ein Pfahl im eigenen Fleisch sein. Er weiß, dass Friedrich alles tun wird, um sich Thüringen zurückzuholen. Deshalb mobilisiert der Habsburger ein Heer und belagert die Burg. Friedrich aber verteidigt sich erfolgreich. Mitten in den Kriegswirren wird ihm eine Tochter geboren. Auch dazu ist eine Geschichte überliefert, die der verbürgten Tollkühnheit Friedrichs des »Freidigen« entspringt. Diese Legende hat Moritz von Schwind 1854 im Fresko »Taufritt nach Tenneberg« auf dem Pallas der Wartburg nachempfunden,

Friedrich zurück auf der Wartburg

»Friedrich aber zürnte seinem Vater, der da treu zu seinem gerechten König stand. So versammelte der Sohn Bewaffnete um sich und zog des Nachts heimlich gegen die Wartburg. Er versteckte sich in einer Schlucht und wartete auf ein Zeichen. Denn seine Schwiegermutter, die ihm unkeusch zugetan war, hatte einen Schlaftrunk in die Becher der Wachen geschüttet. So stieg Friedrich mit seinen Mannen über die Südmauer der Wartburg, kaum, dass die ahnungslosen Wächter schliefen. Der Sohn drang im Morgengrauen in das Schlafgemach seines Vaters ein, riss ihn aus dem Bette und zwang ihn mit vorgehaltenem Schwerte, den schändlichen Vertrag zu unterzeichnen.«

Taufritt nach Tenneberg; Fresko Moritz
von Schwind

Taufritt nach Tenneberg

»Das Heer des Königs belagerte die Wartburg. Doch es war kein Priester und auch
kein Mönch auf der Wartburg zugegen,
und die herzlosen Soldaten ließen auch keinen Gottesmann hindurch. Da aber Friedrich wollte, dass das Mädchen Gott anbe-
fohlen werde, wie es guter christlicher
Brauch ist, nahm er das Kind und stürmte
zu Pferde mitten durch die Belagerer. Die
waren ob so viel Mutes so verblüfft, dass
Friedrich ihre Reihen ungeschoren passie-
ren konnte. So gelang es ihm, mit dem
unschuldigen Kind nach Tenneberg zu
kommen, wo es alsbald die heilige Taufe
erhielt.«

Friedrich der Freidige (links); Ausschnitt
aus dem Fürstenzug Dresden

Für Friedrich wird 1307 zum Schicksalsjahr. Er reitet gegen König Albrecht. In
Lucka, unweit von Leipzig, kommt es zur Entscheidungsschlacht. Friedrich
triumphiert. So nachhaltig, dass Johannes Rothe später in seiner »Düringi-
schen Chronik« erzählt, auf dem Schlachtfeld hätten die Ritter des Königs
voller Angst die Bäuche ihrer gefallenen Pferde aufgeschlitzt, um sich in
ihnen vor Friedrichs Kriegern zu verstecken. Seit dieser Schlacht gilt Friedrich als unbarmherziger Gegner.

Die Fürsten empfinden – ganz im Geist der Zeit – seinen Sieg über den König
als Gottesurteil. Lucka wird zum Wendepunkt in Friedrichs Leben. Er, der
einst sogar Kaiser werden wollte, bereitet nun dem Königtum die entscheidende Niederlage. Aus der Sicht der Nachfahren ist Friedrichs Sieg bei Lucka
ein Symbol für eine neue Epoche. Dem Königtum wird es danach für lange
Zeit nicht mehr gelingen, eine Zentralmacht – vergleichbar der in Frankreich
– zu errichten, über Deutschlands Schicksal bestimmen in den folgenden
Jahrhunderten im Wesentlichen die großen Reichsfürsten wie Friedrich.

Friedrich befindet sich im Zenit seines Lebens. Und Elisabeth ist die richtige
Frau an seiner Seite. Sie ist schön, politisch klug und hat diplomatisches Geschick. Schon bald wird Friedrich ihre Unterstützung brauchen, denn er
stürzt sich in immer neue Abenteuer. Er will jetzt alles zurück, was einst der
Familie gehörte.

Zum ersten Mal erkennt ein König, der Luxemburger Heinrich VII., Friedrichs Erbanspruch auf Thüringen und Meißen an. Am 19. Dezember 1310
schickt der Luxemburger einen Gesandten zu Friedrich, der ihm die Lehens-
urkunde übergibt. Friedrich aber will Rache nehmen für früheres Unrecht.
Die Niederlagen seines Lebens haben ihn hart gegen andere gemacht. Rücksichtslos überfällt er die königstreuen Städte in seinem Einflussgebiet. Er
plündert und brandschatzt Eisenach, Erfurt, Pegau und Mühlhausen. Auch
Freiberg mit seinen reichen Silbergruben holt er sich zurück. Seinen letzten
großen Krieg führt er um die Mark Lausitz, die einst seinem Großvater
gehörte. Damit setzt er alles bisher Errungene wieder aufs Spiel.

Diesmal unterschätzt Friedrich seinen Gegner. Woldemar, der Markgraf von Brandenburg, dem die Lausitz inzwischen gehört, wird für seine Tatkraft und staatsmännische Klugheit gepriesen. Noch ehe der Krieg richtig beginnt, fällt Friedrich bei Großenhain in einen Hinterhalt und wird dem Brandenburger als willkommene Beute ausgeliefert. Der wirft ihn in den Turm von Tangermünde.

Wieder einmal scheint Friedrich am Ende zu sein. Doch diesmal steht hinter ihm eine starke Frau. Die schöne Elisabeth schafft es, das Herz des Markgrafen zu erweichen. Ihrem Geschick verdankt Friedrich, dass er freikommt. Doch um welchen Preis: Im Tangermünder Frieden vom 13. April 1312 muss Friedrich dem Brandenburger die Mark Lausitz überlassen, dazu große Teile der Mark Meißen mit Dresden, Torgau und Leipzig, außerdem 32.000 Mark Silber. Doch noch ist der Krieg zwischen den beiden Kontrahenten nicht zu Ende. Nach heftigen Kämpfen gelingt es Friedrich, den Brandenburger an den Verhandlungstisch zu zwingen. Im Magdeburger Frieden von 1317 kommen große Teile des wettinischen Gebietes wieder in Friedrichs Besitz, und in den folgenden Jahren holt er sich bis auf die Lausitz alles zurück, was einst seinem Großvater gehörte. Am Ende seines Lebens wird Friedrich über ein großes geschlossenes Gebiet zwischen Wartburg und Elbe herrschen, das Reich der Wettiner.

1318 zieht sich der Fürst auf die Wartburg zurück, die Lieblingsresidenz der thüringischen Landgrafen. Endlich will er die Früchte seines jahrzehntelangen Kampfes genießen. Doch er ist inzwischen 61 Jahre alt, für die damalige Zeit ein Greis. Die letzten 30 Jahre haben ihn gezeichnet, die Entbehrungen der Kriege, Tausende Meilen auf Pferderücken, Nächte in Wäldern, Nässe, Kälte und Gefangenschaft.

Immer häufiger muss Elisabeth die Regierungsgeschäfte übernehmen. Sie verhandelt erfolgreich mit den mächtigen Fürsten und Bischöfen. Sie wird es sein, die Friedrichs Traum vollendet: das Wiedererstarken des wettinischen Fürstentums.

In der Schlacht bei Lucka besiegt Friedrich III. seinen Erzrivalen König Albrecht

Die letzten Jahre

Man schreibt das Jahr 1321. Friedrich hatte vermutlich bereits einen Schlaganfall; er bereitet sich auf den Tod vor und zieht Bilanz. Er fragt sich, ob er ein gottesfürchtiges Leben gelebt hat. Er hat Kriege geführt, selbst gegen den eigenen Vater, hat Siege errungen, doch vielen auch Leid und Tod gebracht. Nun fürchtet er um sein Seelenheil.

Am 4. Mai 1321, es ist der Tag nach Misericordia Domini, dem zweiten Sonntag nach Ostern, kommt es zu einem denkwürdigen Ereignis, das in den

Aufführung des Mysterienspiels »Von den fünf klugen und fünf törichten Jungfrauen« in Eisenach

Aufführung des Mysterienspiels »Von den fünf klugen und fünf törichten Jungfrauen« in Eisenach

Reinhardsbrunner Annalen festgehalten ist: Klosterschüler des Erfurter Dominikanerklosters führen zu Friedrichs Erbauung das Spiel »Von den fünf klugen und fünf törichten Jungfrauen« auf. (Erst im 19. Jahrhundert wurde der Urtext in Mühlhausen wiederentdeckt. Heute gilt das Mysterienspiel als das bedeutendste Theaterstück des Mittelalters.)

In diesem Stück flehen die fünf törichten Jungfrauen um Gnade für ihre Sünden und um Einlass ins Himmelreich. Friedrich folgt mit steigender Erregung dem Spiel. Erinnert es ihn doch an die eigenen Missetaten, an seine Brutalität und Grausamkeit. Im Stück fordert der Teufel von Christus:

»Herr, nun lass diese verfluchte Schar
Ohne Urteil zur Hölle fahr'n
Wirf sie her zu uns, die Törichten, schnelle; schnelle …«

Die Botschaft ist für das Mittelalter revolutionär und für Friedrich erschreckend. Man gewährt den Mädchen keine Gnade. Es gibt keine Vergebung irdischer Sünden durch Reue, gute Taten und die Fürsprache der Mutter Gottes. Erhält etwa auch er keine Vergebung seiner zahllosen Sünden?

Glaubt man den Annalen, wird Landgraf Friedrich »erst zornig, dann schwermütig und bald darauf vom Schlage gerührt«. Friedrich fällt in geistige Umnachtung und wird sich nicht mehr erholen. Zweieinhalb Jahre später, am 16. November 1323, stirbt Friedrich. Auf seiner Grabplatte in der Eisenacher Georgenkirche steht: »… stirps imperialis« – »der Kaisererbe«.

Dort liegen noch immer seine Gebeine – zwar nicht die eines staufischen Kaiser, doch die des Wieder-Begründers der wettinischen Macht in der Mitte Deutschlands. Und die überdauerte immerhin bis 1918.

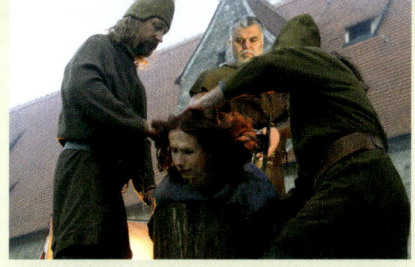

Zeittafel Friedrich III.

1268	**29. 10.** Hinrichtung Konradins von Hohenstaufen in Neapel
1269	**2. 10.** Heinrich der Erlauchte bestätigt im Namen seines Enkels Friedrich dessen Berufung zum König von Jerusalem und Sizilien und sichert seinen Anhängern in Italien militärischen Beistand zu
1270	**24. 6.** Friedrichs Mutter Margarethe von Staufen flieht vor ihrem Gemahl Albrecht dem Entarteten von der Wartburg und stirbt wenige Wochen später im Alter von 33 Jahren in Frankfurt am Main
1270	**1. 9.** Der Gesandte der Staufer, Generalvikar Friedrich von Treffurt, trifft in Verona bei den Stauferanhängern ein
1285	Friedrich heiratet Agnes von Tirol, die Halbschwester Konradins, in Wien
1288	**Februar** Friedrichs Großvater Heinrich der Erlauchte stirbt
1293	Agnes von Tirol stirbt
1294	Friedrichs Vater verkauft Thüringen an den deutschen König Adolf von Nassau, den Gegner Friedrichs, der nun in kriegerische Auseinandersetzungen mit Adolf gerät
1296	Friedrich geht ins Exil nach Italien
1298	Adolf von Nassau fällt in der Schlacht bei Göllheim
1301	Friedrich heiratet die 14-jährige Elisabeth von Arnshaugk, Stieftochter seines Vaters
1307	**18. 1.** Der Wartburgvertrag sichert Friedrich den Besitz der Burg zu
1307	Friedrich besiegt in der Schlacht von Lucka bei Leipzig König Albrecht
1310	**19. 12.** Albrechts Nachfolger, König Heinrich VII., erkennt Friedrichs Anspruch auf Thüringen und Meißen an
1311	Woldemar, Markgraf von Brandenburg, besiegt Friedrich und kerkert ihn ein
1312	**13. 4.** Friedrich muss Woldemar die Lausitz überlassen
1317	Der Magdeburger Frieden sichert Friedrich große Teile des alten wettinischen Besitzes (außer der Lausitz) zu
1318	Friedrich zieht sich auf die Wartburg zurück
1323	**16. 11.** Friedrich stirbt auf der Wartburg

König Günther von Schwarzburg; Darstellung nach dem
Grabmal im Dom zu Frankfurt am Main

Steffen Jindra

Die Schwarzburger
Spuren vergangener Macht 11.–20. Jahrhundert

Sagenumwoben ist die Frühzeit der Schwarzburger. Ein römischer Legionär soll einst durch die Weiten des Thüringer Waldes gestreift sein und auf einem Felsvorsprung über der Schwarza seinen Speer in den Boden gestoßen haben. Sogleich habe der hölzerne Schaft Zweige und Blätter getrieben. Das glückliche Omen aus antiker Zeit soll Anlass gewesen sein, genau dort eine Burg zu errichten – die Schwarzburg. Die Geschichte klingt schön, doch ist ihr Wahrheitsgehalt gering. Ausflüge römischer Soldaten in den »Thüringischen Urwald« dürften selten, und wenn, dann ohne Folgen gewesen sein.

Die Anfänge

Die Schwarzburger gehören zu den ältesten Adelshäusern Thüringens. Bereits im 8. Jahrhundert treten sie ins Licht der Geschichte. So wird 722 in einem Schreiben von Papst Gregor II. ein »vir magnificus Gundhareus« erwähnt. Er gehört zu den thüringischen Adligen, die der Papst für ihre Standhaftigkeit im kürzlich erworbenen Glauben beglückwünscht und ihnen Bischof Bonifatius – den wohl bedeutendsten Missionar jener Zeit – als Mentor empfiehlt. Es besteht kein Zweifel, dass es sich bei jenem Gunther um einen Vorfahren der Erbauer der Schwarzburg handelt.

Mehr als 200 Jahre nach der Bekehrung durch Bonifatius weckt wieder ein Edelmann mit dem Namen Gunther das Interesse der Chronisten. Er ist der erste Schwarzburger, dessen Lebensweg wirklich bekannt ist. Nach Jahren der Machtkämpfe, Gewalt und Intrigen erkennt er die Sinnlosigkeit seines bisherigen Lebens und findet zu Gott. Gunther vermacht einen großen Teil seines vornehmlich in Thüringen gelegenen Besitzes den Benediktinern des Hersfelder Stifts, wie es eine Schenkungsurkunde vom 25. Dezember 1005 belegt. Er selbst wird Abt des nicht weit entfernt vom Kyffhäuser gelegenen Klosters Göllingen. Doch ist der bekehrte Edelmann dem Amt nur schlecht gewachsen. Aus seiner Vita, die bereits im 11. Jahrhundert aufgeschrieben wurde, geht hervor, dass er weder lesen noch schreiben konnte.

Als Adliger hatte man das Schwert zu führen, nicht die Feder. Für den Vorsteher eines Klosters aber ist Bildung das A und O. Schon nach wenigen Monaten gibt er auf, legt das Amt nieder und wählt das Dasein eines Eremiten.

»Falsche Treue Schande ziemt.
Des stete Treue Schaden nimmt.
Untreue nahm Gewinnstes Hort.
Untreue falsch mit Gifte Mord.«
Inschrift auf der Grabplatte Günthers XXI. im Dom zu Frankfurt am Main

Bonifatius (672–754) missionierte auch die Schwarzburger und fällte bei Geismar die Donar-Eiche, einen germanischen Kultbaum

Der Name »Gunther«

Der Name »Gunther« oder später »Günther« ist untrennbar mit den Schwarzburgern verbunden. Fast jeder zweite Spross des Hauses trug diesen Namen. Für die Zeit des »vir magnificus« Gunther, vor mehr als 1200 Jahren, die keine Nachnamen kannte, galt: »Sage mir deinen Namen, und ich sage dir, wer du bist.« Verwandtschaftliche Beziehungen zwischen Trägern des Namens »Gunther« liegen somit nahe. Auch der Burgunderkönig in der Nibelungensage, Gatte Brunhilds und Bruder Kriemhilds, trägt den Namen Gunther. Er geht auf den historischen Gundahar (5. Jh.) zurück.

Graf Sizzo von Käfernburg-Schwarzburg (1080/90–1160); Zeichnung nach der Stifterfigur im Naumburger Dom

Siegfried aus dem Nibelungenkreis?
Der Neffe des heiligen Gunther, ein Graf namens Sizzo, gehört im 11. Jahrhundert zu den Stiftern des Naumburger Doms. Verewigt ist der Schwarzburger im berühmten Ensemble der Stifterfiguren. »Sizzo« – übrigens Kurzform des germanischen Namens »Siegfried« – ist bei den frühen Schwarzburgern sehr beliebt – eventuell ein weiteres Indiz für Beziehungen zum Nibelungenkreis.

Viele Jahre zieht Gunther durchs Bayerische und später tief in den Böhmerwald. Sein von Enthaltsamkeit und Entbehrungen geprägter Weg zu Gott verschafft ihm mit der Zeit den Status eines Heiligen. Trotzdem brechen seine Kontakte zur großen Politik nie ab. Für einen Rat des Eremiten machen sich sogar Gesandte König Heinrichs III. auf den weiten Weg in den Böhmerwald. Hoch betagt stirbt der Einsiedler am 9. Oktober 1045 und wird im Kloster Brzevnov bei Prag begraben. Noch heute verehrt man den heiligen Gunther vor allem in Bayern und Böhmen.

Die Burg

Die Geschichte Gunthers des Eremiten zeigt, wie eng Adel und Geistlichkeit im Mittelalter verbunden sind. Seine Erben, inzwischen als Grafen bezeugt, gründen 1143 das Kloster Georgenthal, südwestlich von Erfurt. Dort wird für ihr Seelenheil gebetet, dort werden sie begraben. Die Standortwahl allerdings schafft Probleme. Georgenthal grenzt unmittelbar an Reinhardsbrunn – das wichtigste Kloster der Konkurrenz, der Landgrafen von Thüringen aus dem Haus der Ludowinger. Wie die beiden Klöster, so streiten sich auch deren adlige Erbauer um Land und Einfluss in Thüringen. Der stete Machtzuwachs der ursprünglich nicht aus Thüringen stammenden Ludowinger ist den alteingesessenen Grafen ein Dorn im Auge. Der Bau von Georgenthal gilt als bewusste Herausforderung an die Landgrafen und eröffnet den Kampf beider Familien um die Vorherrschaft in Thüringen.

Um dafür gewappnet zu sein, errichten die Erben Gunthers des Eremiten eine Burg am Rand des östlichen Thüringer Waldes. Exponiert auf einem Bergsporn gelegen, auf drei Seiten umflossen von der Schwarza, genau der richtige Ort für eine wehrhafte Burg. Von hier können die Grafen das gesamte Schwarzatal kontrollieren. Erstmals ist der Bau als »Swartzinburg« in einer auf das Jahr 1071 datierten Schenkungsurkunde erwähnt. Seit jener Zeit beginnt man, die Grafen nach ihrem Stammsitz zu nennen, und so gehören die Nachfahren des heiligen Gunther zum Haus der Grafen von Schwarzburg. Neben strategischen Erwägungen wird beim Bau der Burg auch das Interesse am Gold der Schwarza eine Rolle gespielt haben. Schon seit frühester Zeit wird das Metall in den Flüssen Thüringens geschürft.

Nach dem Aussterben der Ludowinger übernehmen 1247 die Markgrafen von Meißen aus dem Hause Wettin Amt und Würden der Landgrafen von Thüringen. Mehr noch als ihre Vorgänger werden die Wettiner zum ernstzunehmenden Konkurrenten der Schwarzburger. Der Kampf um die Vorherrschaft in Thüringen wird im 14. Jahrhundert entschieden und endet an einem Grab fern der heimatlichen Schwarzburg.

84

Der Kampf

Im Hochchor des Doms zu Frankfurt am Main befindet sich ein altes Grabmal. Es ist das eines römischen Königs. Eine merkwürdige Inschrift gibt bis heute Rätsel auf: »Falsche Treue Schande ziemt. Des stete Treue Schaden nimmt. Untreue nahm Gewinnstes Hort. Untreue falsch mit Gifte Mord.« Graf Günther XXI. von Schwarzburg liegt dort als König begraben. Nur zehn Kilometer entfernt von der Schwarzburg wurde er 1304 auf der Blankenburg (heute Burg Greifenstein) geboren. Mit 20 Jahren beerbt er seinen Vater, und wie dieser pflegt er beste Beziehungen zu König Ludwig dem Bayern. Der beehrt den Schwarzburger mit einigen Besuchen in Thüringen, ernennt ihn zum königlichen Rat und Feldherrn des Reiches. Mit viel Geld vermehrt Günther XXI. den eigenen Besitz. So kauft er den Grafen von Orlamünde Rudolstadt und die reiche Salzstadt Frankenhausen ab. Arnstadt gelangte bereits unter seinem Vater in schwarzburgische Hand. Des Grafen Ziel ist es, mächtiger als Landgraf Friedrich zu werden. So überliefert der Chronist Johannes Rothe in seiner Thüringischen Weltchronik, dass Graf Günther anlässlich einer Zusammenkunft in Erfurt anderen Edelleuten versicherte, er würde sich nicht einmal umdrehen, wenn der Landgraf persönlich an ihm vorbeikäme. Für den Schwarzburger ist jener lediglich »Gleicher unter Gleichen«.

Im Jahr 1342 stehen alle Zeichen auf Krieg. Unter Günthers Führung schließt sich ein Großteil des Thüringer Adels gegen Friedrich zusammen. Das folgende Gemetzel geht als Thüringer Grafenfehde in die Geschichte ein. Nach anfänglichen Erfolgen gerät der Kampf für die Verbündeten zum Desaster. Die Blankenburg wird hart belagert, Rudolstadt geht in Flammen auf. Nur die gut befestigte Schwarzburg übersteht die Verheerungen und wird nicht in Mitleidenschaft gezogen. Auch wenn Günther als einer der wenigen bis zum Schluss wacker kämpft und sich als Feldherr von Format beweist, verliert er 1345 den Kampf gegen Friedrich. Ganz Thüringen ist verwüstet. Günther muss seinen Besitz künftig nicht mehr vom König, sondern vom Landgrafen zu Lehen nehmen – eine Demütigung höchsten Grades.

1347 stirbt König Ludwig der Bayer unerwartet auf der Bärenjagd. Sein plötzlicher Tod stürzt das Reich in ein politisches Chaos. Die für die Königswahl zuständigen Kurfürsten sind in zwei verfeindete Parteien gespalten. Die einen hatten bereits ein Jahr zuvor Karl IV. aus dem Hause der Luxemburger zum Herrscher erhoben, die anderen suchen verzweifelt nach einem Gegenkandidaten und finden ihn in Graf Günther XXI. von Schwarzburg. Dessen Treue zum alten König zahlt sich nun aus. Der Mann aus Thüringen soll sein Nachfolger werden und Karl IV. besiegen. Am 30. Januar 1349 erfolgt auf dem

Früheste Ansicht des Schlosses Schwarzburg, vor 1726

Swartzinburg

Die Urkunde von 1071 ist eine Fälschung. Es handelt sich um ein von Erzbischof Anno von Köln ausgestelltes Pergament, worin er dem Kloster zu Saalfeld die Güter der Königin Richeza von Polen im Orlagau übergibt. In einer Grenzbeschreibung des Orlagebietes, die den Zustand von 1057 wiedergeben soll, wird der Name »Swartzinburg« erwähnt. Sehr wahrscheinlich stammt die Beschreibung erst aus der Zeit um 1200 und ist identisch mit dem Reichsland Saalfeld und Orla, welches die Schwarzburger von Kaiser Otto IV. für treue Dienste verpfändet bekamen. Man geht heute davon aus, dass die Burg etwa in derselben Zeit wie das Kloster Georgenthal errichtet worden ist.

Der Tod König Ludwig des Bayern (1283–1347) macht den Königsthron vakant

Karl IV. (1316–1378) war der Gegenkandidat Graf Günthers XXI. von Schwarzburg (1304–1349) für den deutschen Königsthron

Wappen der Schwarzburger nach 1597, unten die Seifengabel

Galgenfeld vor Frankfurt die Wahl Günthers zum römischen König, wie sich die Herrscher der Deutschen damals nannten.

Doch ist sein Gegner Karl IV. nicht untätig und baut ein schlagkräftiges Bündnis auf. Es verwundert kaum, dass sich bald auch Landgraf Friedrich in Karls Reihen befindet. Selbst Verwandte Günthers wechseln auf die Seite des Luxemburgers. Im Frühjahr zieht Günther seine Truppen am Rhein bei Mainz zusammen. Jetzt stehen sich die Heere beider Kontrahenten gegenüber.

Bis dahin war es Karl bereits gelungen, König Günther fast alle Mitstreiter abzuwerben. Trotzdem will der erprobte Feldherr den Kampf. Aber es ist aussichtslos, sein Heer wird im Rheingau eingeschlossen. Als der Schwarzburger dazu noch schwer erkrankt, gibt er auf und streckt am 26. Mai bei Eltville die Waffen. Den Verzicht auf die Krone entlohnt ihm Karl mit 20.000 Mark lötigen Silbers, das sind fast fünf Tonnen reinsten Silbers. Doch nutzt es dem Ex-König nichts mehr. Günther von Schwarzburg stirbt nur vier Monate nach seiner Königswahl am 14. Juni 1349 in Frankfurt an der Pest. So jedenfalls die offizielle Verlautbarung. Einige Chronisten sprechen von Giftmord. Mathias von Neuenburg, ein Zeitgenosse des Schwarzburgers, schreibt, Günther hätte niemals abgedankt, wenn nicht durch Krankheit gezwungen. Vollständig geklärt sind die Umstände seines Todes noch immer nicht. In der Bartholomäuskirche, heute der Frankfurter Dom, erhält Günther ein Begräbnis mit königlichen Ehren. Selbst der Sieger Karl ist anwesend. Fünf Jahre später stiftet Günthers Familie das Grabmonument nebst der ominösen Inschrift. Sein Gegner wird Kaiser und geht als Karl IV. in die Annalen ein. Eine Randnotiz deutscher Geschichte bleibt hingegen König Günther von Schwarzburg. Seine Familie aber wird ihn in guter Erinnerung behalten.

Die tapfere Gräfin

Nach der Niederlage gegen die Wettiner in Thüringen und der verpassten Chance auf den deutschen Königsthron verschwinden die Schwarzburger aus der großen Politik. Familienzwist und Erbteilungen schmälern ihre Macht zusätzlich. Auch die Schwarzburg wechselt mehrfach den Besitzer. Doch reich sind die Schwarzburger noch immer. Eine kaiserliche Belehnungsurkunde von 1491 belegt, dass die Goldquellen der Schwarza nicht versiegt waren.

In der folgenden Zeit ist es nicht mehr das Schwert des Kriegers, sondern die Stärke der Frauen, die den Schwarzburgern Ruhm und Ehre bringt.

Im Jahre 1547 erlangen die blutigen Glaubenskämpfe zwischen Katholiken und Protestanten ihren Höhepunkt. Bei Mühlberg an der Elbe kommt es zur entscheidenden Schlacht, die mit der vernichtenden Niederlage der Lutheraner endet. Nach dem Sieg ziehen die Truppen Kaiser Karls V. gleich einer

Landplage durch Thüringen. Bald erreichen die plündernden Scharen auch die schwarzburgischen Lande. Ihr Oberbefehlshaber Herzog Alba lässt seine Soldaten in Richtung Rudolstadt ziehen. Dort residiert Katharina, Gräfin von Schwarzburg. Nach dem Tod ihres Mannes hatte die Witwe Rudolstadt und die Blankenburg als Leibgedinge erhalten. Im Wissen um die Plünderlust der Truppen Albas hat die Protestantin vorsorglich einen Schutzbrief des Kaisers erwirkt und die städtische Saalebrücke abreißen lassen. Da aber die Versorgung durchziehender Kontingente vom jeweiligen Landesherrn zu gewährleisten ist, muss auch Katharina ihren Teil beitragen. Als Alba mit seinem Heer die Stadt auf Umwegen schließlich doch erreicht, lädt er sich und seinen Offiziersstab kurzerhand zu einem Morgenmahl auf Katharinas Burg ein. Die Gräfin macht gute Miene zum bösen Spiel und beeindruckt den Herzog und sein Gefolge mit Gastlichkeit. Als aber ein Bote meldet, dass spanische Soldaten in einigen Dörfern Gewalt anwenden und Vieh wegtreiben, reagiert sie entschlossen. Eilig schickt Katharina Bewaffnete in den Saal, setzt Alba fest und droht mit den Worten: »Das wollen wir doch sehen. Meinen armen Untertanen muss das ihrige wieder gegeben werden, oder bei Gott Fürstenblut für Ochsenblut!« Der kaiserliche General muss sich wohl oder übel fügen und befiehlt die Rückgabe der gestohlenen Güter. Ihre Furchtlosigkeit macht die Gräfin unsterblich und trägt ihr später den Beinamen »die Heldenmütige« ein. Nachzulesen ist die Geschichte bei Friedrich Schiller, der 200 Jahre nach den Ereignissen die Taten Katharinas der Vergessenheit entreißt. Aus seiner Feder stammt auch das obige Zitat.

Gräfin Katharina stirbt 1567 nach fast 30 Jahren Regentschaft. Zu dieser Zeit ist die Schwarzburg kaum mehr als ein unbedeutender Verwaltungssitz. Dem Zeitgeschmack folgend, baut man jetzt geräumige Schlösser – so geschehen Ende des 16. Jahrhunderts mit dem Bau der Heidecksburg in Rudolstadt. Sie wird zur neuen Residenz. Nach den Teilungswirren des Mittelalters gelingt es den Schwarzburgern, zwei stabile Herrschaften zu etablieren – um Rudolstadt im Süden und Sondershausen im Norden.

Die Kulthalle

Es ist der 22. Oktober 1726, um vier Uhr morgens. Flammen lodern auf dem Hof der Schwarzburg. Verzweifelt versucht der Schlosshauptmann das Feuer zu löschen – vergeblich. Der Mannschaft bleibt nichts übrig, als zuzusehen, wie das Schloss niederbrennt. In der unerbittlichen Hitze der Flammen schmelzen sogar die Glocken des Kirchturms.

Dabei hatten die adligen Herren aus Rudolstadt erst vor einigen Jahren begonnen, das Schloss aufwendig rekonstruieren zu lassen, die Arbeiten waren

Das Gold der Schwarza
Nachweislich wird seit dem Mittelalter Gold an der Schwarza gewonnen. Schon in der »Ersterwähnungsurkunde« von 1071 spricht man von »der goldreichen Schwarza«. Wie bedeutend die Goldgewinnung für die Schwarzburger war, zeigt das Symbol der Seifengabel, eines wichtigen Werkzeugs der Goldschürfer im Wappen und auf den Grenzsteinen der Grafen. Erst im 18. Jahrhundert kommt der Goldabbau wegen zu geringer Ausbeute zum Erliegen, doch bis heute zieht das Schwarzatal Goldsucher an.

Ende des 16. Jahrhunderts wird die Heidecksburg zur neuen Residenz der Schwarzburger

Schloss Schwarzburg um 1795

zum Zeitpunkt des Brandes noch nicht abgeschlossen. Nur das Gartengebäude überstand den Angriff der Flammen. Der Barockbau ist noch heute erhalten und liefert aufschlussreiche Hinweise zum Selbstverständnis der Schwarzburger des 18. Jahrhunderts. Im ersten Stock befindet sich eine prunkvoll gestaltete Kuppelhalle – der Kaisersaal. Seine Wände sind bedeckt mit Darstellungen von Kaisern bis weit zurück in die Antike. In einer Reihe mit Julius Cäsar und Friedrich Barbarossa entdeckt der aufmerksame Betrachter einen alten Bekannten: Graf Günther XXI., den König für vier Monate. Damit er in der illustren Runde ebenbürtig erscheint, haben ihn seine Nachfahren kurzerhand zum Kaiser erhoben.

Veranlasst hat den Bau des Saales im Jahre 1697 Graf Albert Anton. Wie eng verbunden sich der Graf und seine Familie mit den größten Herrschern Europas fühlen, zeigt diese Kulthalle auf der Schwarzburg mit großer Deutlichkeit. König Günther ist ihr Bindeglied zum Kaisertum. Eventuell entstand die Idee zum Bau des Kaisersaals bereits 1658, als der junge Graf anlässlich der Kaiserkrönung Leopolds I. im Frankfurter Dom weilte. Ohne Zweifel wird er damals auch das Grabmal seines Vorfahren Günther aufgesucht haben. In der Kuppel des Kaisersaals, genau dort, wo in den Kirchen des Ostens Christus als der Pantokrator thront, ist auch die eingangs erwähnte Gründungslegende der Schwarzburg bildhaft umgesetzt. Gut zu erkennen sind der römische Legionär und sein Blätter treibender Speer. Offensichtlich wollen die Schwarzburger damit betonen, dass sie zum ältesten und damit vornehmsten deutschen Adel gehören. Das Tüpfelchen auf dem »i« ist die

Links: Albert Anton von Schwarzburg (1641–1710); Gemälde von Seivert Lammer, um 1690

Rechts: Aemilie Juliane von Schwarzburg (1641–1710); Gemälde von Seivert Lammer, um 1690

Anlage einer Orangerie vor dem Gartengebäude. Orangenbäume schätzte man damals als Wunderhölzer, da sie auch ohne Wurzeln in den Boden eingebracht werden können und trotzdem ausschlagen und Blüten treiben.

Albert Anton kümmert sich nicht nur um das Prestige seines Hauses, sondern kurbelt auch die Wirtschaft an. Noch immer ist das Gold der Schwarza eine gute Quelle für den Geldbedarf des gräflichen Fiskus. Wie es eine Urkunde von 1677 besagt, verleiht der Graf im Amt Schwarzburg die Rechte zum Goldwaschen gegen jährliche Zahlung einer stattlichen Geldsumme an private Unternehmer.

Festsaal des Schlosses kurz vor der Räumung 1941

Albert Antons Sohn Friedrich Ludwig proklamiert am 2. Juni 1710 mit Erlaubnis Kaiser Josephs I. das Fürstentum Schwarzburg-Rudolstadt – eine Rangerhöhung, auf welche sein Vater mit Rücksicht auf die wettinischen Lehnsherren noch verzichtet hatte. Unter Friedrich Ludwig erreicht die Rückbesinnung auf glorreiche Zeiten einen letzten Höhepunkt. Er will die Schwarzburg, den alten Stammsitz des Hauses, wieder zur Residenz machen. Der gesamte Hofstaat soll von Rudolstadt dorthin ziehen und der Ort am Fuß des Schlosses dafür beträchtlich erweitert werden. Straßen werden gebaut, eine Schule projektiert. Jedoch beendet der frühe Tod des Fürsten das ehrgeizige Vorhaben. Sein Nachfolger konzentriert sich allein auf den Schwarzburger Schlossneubau. Nach dem empfindlichen Rückschlag durch die Brandkatastrophe wird die barocke Anlage 1743 vollendet.

Das Treffen

Am 11. August 1919 begegnen sich zwei Männer auf der Schlossterrasse von Schwarzburg: Friedrich Ebert, erster Präsident der jüngst proklamierten Weimarer Republik, und Günther, Fürst von Schwarzburg. Man grüßt einander höflich und »verhält sich herrenmäßig«, wie es im Bericht eines Augenzeugen heißt.

Deutschland steht im Zeichen der Revolution, die den alten Monarchien ein Ende bereitet hatte. Günther von Schwarzburg nahm seinen Hut am 23. November 1918 als letzter aller deutschen Fürsten. Völlig ungewöhnlich geschah das auf parlamentarischem Weg. Der Regent selbst soll seine Untertanen darüber aufgeklärt haben, wie das Ganze vonstatten zu gehen habe. Schwer gefallen war ihm das nicht, da er nie viel Lust zum Regieren verspürt hatte. Vielmehr schätzte Günther seine Wälder und noch mehr das Wild darin vor seiner Flinte, denn er jagte leidenschaftlich gern. Und über alles liebte er seine Gemahlin Anna Luise. Als er nach einer Fehlgeburt erfuhr, dass Anna Luise keine Kinder mehr bekommen konnte, zerbrach der Fürst fast daran und ließ sich wochenlang nicht in der Öffentlichkeit blicken.

Links: Schloss Schwarzburg, Innenhof mit
Schlosskirche vor der Zerstörung

Mitte: Friedrich Ebert (1871–1925),
1919–1925 deutscher Reichspräsident,
weilte im Sommer 1919 in Schwarzburg

Rechts: Günther Viktor von Schwarzburg-
Rudolstadt und seine Frau Anna Luise vor
Schloss Schwarzburg, um 1915

So hatte es ihn wohl kaum beeindruckt, dass er 1909, nach Aussterben der Sondershausener Linie, zum Herrscher über alle Schwarzburger Lande avancierte. Erstmals seit mehr als 700 Jahren gab es wieder eine ungeteilte Herrschaft. Doch zehn Jahre später interessiert dies niemanden mehr. Die beiden Ländchen von Fürst Günther werden Freistaaten und gehen später im Land Thüringen auf. Auf der Schlossterrasse in Schwarzburg begegnen sich im Sommer 1919 Vergangenheit und Zukunft, Ex-Fürst und Souverän der jungen Demokratie. Sie zollen einander Respekt. Friedrich Ebert und seine Regierung arbeiten schon seit Monaten in Weimar an der Verfassung der ersten deutschen Republik. Ebert braucht dringend ein paar Tage Erholung. Er wohnt in Schwarzburg im Hotel »Weißer Hirsch«, das sich direkt gegenüber der Schwarzburg am anderen Ende der Schlossterrasse befindet. Der Präsident reist mit der gesamten Familie, seinem Privatsekretär und weiteren Beamten seines Stabes. In Eberts Gefolge befindet sich ein Mann, dem noch eine große Karriere bevorsteht: Otto Meißner. Wir werden später auf ihn zurückkommen.

Bei Spaziergängen ist Ebert ständig von einer 13-köpfigen Wachmannschaft umgeben. Der Begleitschutz kommt nicht von ungefähr, denn auch in der lauschigen Provinz hat der Präsident nicht nur Freunde. So bringen Unbekannte neben dem Eingang seines Quartiers ein Schild mit der Aufschrift »Eingang Sattlerei rechts« an. Eine Anspielung darauf, dass der Sozialdemokrat vor seinem Eintritt in die Politik das Sattlerhandwerk gelernt hatte.

Am 11. August 1919, dem Tag der Begegnung mit dem Schwarzburger, kommt es im Hotel »Weißer Hirsch« zu einem denkwürdigen Ereignis. Nur wenige Schritte vom Schloss entfernt setzt Friedrich Ebert seine Unterschrift unter die Verfassung von Weimar und besiegelt damit das Ende der Monarchie in Deutschland. So wird die Gründung der ersten deutschen Republik in Schwarzburg vollendet. Die symbolträchtige Begegnung und die Unterzeichnung der Verfassung markieren den Anbruch einer neuen Zeit – auch für die Schwarzburger.

Auf dem Schloss haben die Adligen weiterhin das Wohnrecht, und so nutzen der Fürst und seine Gattin den alten Stammsitz wie bisher für den Sommeraufenthalt. Stand die Burg 800 Jahre zuvor am Anfang der Geschichte der Schwarzburger, so ist sie nun die letzte Station vor dem Verschwinden derselben in die Bedeutungslosigkeit. Günther stirbt 1925, im selben Jahr wie Friedrich Ebert. Der Fürst findet seine letzte Ruhe in der Gruft unter der Stadtkirche zu Rudolstadt.

Ein übles Nachspiel

Zwei Dekaden nach der Unterzeichnung der Weimarer Verfassung ist Deutschland keine Republik mehr, sondern eine Diktatur, und alle Zeichen stehen auf Krieg. Im Juni 1940, als Europa schon in Flammen steht, verwandelt sich das Gelände der Schwarzburg in eine Großbaustelle. Adolf Hitler erklärt das Schloss zum offiziellen Gästehaus des Reiches. Jeglicher Protest von Fürstin Anna Luise, der Hausherrin und Witwe von Fürst Günther, stößt auf taube Ohren. Dabei hatte es fast harmlos angefangen. König Leopold von Belgien, seit Mai 1940 in deutscher Gefangenschaft, sollte hier untergebracht werden. Doch dann änderten die Deutschen ihre Pläne, und der König verließ Belgien nicht. Das alte Schloss am Rande des Thüringer Waldes aber bleibt für die Nationalsozialisten von Interesse. Es hat nur einen schmalen Zugang von der Dorfseite und ist so gut zu bewachen. Ein weiterer Vorteil: Über die Reichsautobahn, ganz in der Nähe, sind Bayreuth und Nürnberg schnell zu erreichen. So ist die Schwarzburg prädestiniert für die Unterbringung prominenter Gäste des Führers. Höchste NS-Prominenz kümmert sich um das Vorhaben. Hitlers Oberarchitekt Albert Speer besichtigt das Objekt und hält es für geeignet. Das Organisatorische übernimmt ein alter Bekannter: Otto Meißner, inzwischen Nationalsozialist sowie Chef der Präsidialkanzlei und damit zum engeren Stab des Führers gehörend, kennt die

Otto Meißner (1880–1953), 1920–1945 Chef der Präsidialkanzlei des Deutschen Reiches, organisiert den Umbau des Schlosses Schwarzburg zum Gästehaus der Hitler-Regierung

Fürstin Anna Luise von Schwarzburg;
Gemälde von 1941

Zwangsarbeit in Schwarzburg
Wegen akuten Arbeitskräftemangels bemühte sich die Bauleitung seit 1941 darum,
etwa 200–300 ausländische Arbeiter und
Gefangene für die Arbeiten einzusetzen.
Für sie wurde am Ufer der Schwarza das
Barackenlager »Schwarzapark« errichtet.
Als die »bestellten« Arbeiter nicht eintrafen,
wurden kurzerhand belgische Gefangene
für die Arbeiten am Reichsgästehaus nach
Thüringen beordert. Bis zur Stilllegung des
Vorhabens arbeiteten allerdings nicht mehr
als 52 Ausländer in Schwarzburg.

Schwarzburg noch gut aus Eberts Urlaubstagen. Sollte das bei der Standortwahl eine Rolle gespielt haben? Hermann Giesler, des Führers Baumeister
Nummer zwei, wird beauftragt, den Umbau zu projektieren. Noch im Juni
1940 wird die Fürstin Anna Luise mit knapp bemessener Entschädigung nach
Sondershausen abgeschoben.

Damit haben die Schwarzburger das Schloss für immer verloren. In nur sieben
Tagen ist es vollständig geräumt. Das Interieur verfrachtet man auf die Heidecksburg nach Rudolstadt. Bis heute weiß niemand genau, wie viele Kunstschätze und wichtige Zeugnisse der Vergangenheit dabei verloren gegangen
sind – so auch Teile der fürstlichen Waffensammlung im Zeughaus des
Schlosses. Mitten in Thüringen entsteht eine Großbaustelle. Ganze Gebäude

wie die Schlosskirche, den Leutenberger Flügel und das Torhaus lassen die braunen Bauherren abreißen. Sie gelten entweder als baufällig oder sind den Baufahrzeugen einfach im Weg. Die Bauleitung des Büros Giesler bezieht dasselbe Hotel wie bereits 20 Jahre zuvor Friedrich Eberts Beamtenstab. Ein Foto des Modells vom Gästehaus zeigt, dass die barocke Gestalt der Anlage grundsätzlich erhalten werden soll. Mit Zentralheizung, Kino und Schwimmbad will man zukünftigen Gästen aus aller Welt den nötigen Luxus bieten. Siemens übernimmt den Einbau einer modernen Telefonanlage, und Telefunken offeriert edelste Rundfunktechnik. Auch einen Anschluss an den Reichssender Leipzig möchte man gewährleisten. Das Gesamtprojekt hat etwas Gigantomanisches. Gerüchte sprechen davon, dass das Tal der Schwarza einem riesigen Stausee weichen soll. Neben dem Schloss ist ein neues Hotel geplant – als Ort für eventuelle Friedensverhandlungen. Ein Flughafen in der Nähe ist bereits entworfen.

Trotzdem bleibt das Gästehaus ein Luftschloss. Die Arbeiten gehen nur schleppend voran. Die Beschaffung von Baumaterial und qualifizierten Arbeitskräften wird zum Problem.

Der Umbau verteuert sich von Monat zu Monat. Meinte Speer noch mit 1,5 Millionen Reichsmark auszukommen, so veranschlagt das Baubüro Giesler 1942 das Zehnfache. Doch die Bauherren haben inzwischen ganz andere Probleme. Während die Rückschläge an der Ostfront sämtliche Mittel binden, mutiert das Projekt im Thüringer Wald zum Geld verschlingenden Fass ohne Boden. Die Verantwortlichen müssen reagieren. Meißner und Speer befürworten im April 1942 die Stilllegung des Bauvorhabens. Der wahnwitzige Spuk hat ein Ende. Die alte Stammburg der Schwarzburger bleibt geschändet

Modell des Reichsgästehauses Schloss Schwarzburg, 1941

Der restaurierte Kaisersaal wurde 1971 zur 900-Jahrfeier der Öffentlichkeit übergeben

Ansicht der Schwarzburg heute

und vernarbt als düsteres Gespensterschloss zurück. Abgesehen vom Kaisersaal, hat sich an diesem Zustand bis heute nichts geändert.

Die »großen Umgestalter« sind längst wieder in der Versenkung verschwunden und Anna Luise, die 1951 das Zeitliche segnet, findet ihre letzte Ruhestätte direkt neben Fürst Günther in der Rudolstädter Fürstengruft. Ganz als ob es so bestimmt gewesen sei, erhält sie dort auch den letzten freien Platz.

Im Arbeiter- und Bauernstaat steht die Burg am Rande des sozialistischen Geschehens. Pläne zur Rekonstruktion und zum Umbau in ein FDGB-Erholungsheim lässt man schnell wieder fallen. Lediglich das Gartengebäude mit dem Kaisersaal wird restauriert und 1971 – pünktlich zur 900-Jahrfeier – der Öffentlichkeit übergeben. Heute bemüht sich ein Verein um den Erhalt der Gemäuer. Die Schwarzburg, der steinerne Zeuge der Vergangenheit, soll bewahrt und mit neuem Leben gefüllt werden. Vergangen dagegen ist die Macht der Schwarzburger. Sie hatten ihre Chancen und ihre großen Momente. Aber dauerhafte Bedeutung zu erlangen, ist ihnen verwehrt geblieben. Schließlich sind ihre Spuren verblichen und sie selbst in Vergessenheit geraten. Geblieben aber sind die Burg sowie die Legenden und Geschichten von den Taten der einstigen Besitzer.

Zeugen ehemaliger Pracht: Zeughaus und
Brunnen auf Schloss Schwarzburg heute

Zeittafel Schwarzburger

722	Erwähnung des »vir magnificus Gundhareus«, des ältesten bekannten Vorfahren der Schwarzburger
1007	Der Edle Gunther (* 955) wird Abt des Klosters Göllingen
1045	Tod Gunthers als Eremit in Böhmen
1071	»Ersterwähnung« der Schwarzburg
1143	Gründung von Georgenthal als Hauskloster der Schwarzburger
1247	Die Wettiner als Landgrafen von Thüringen werden Nachfolger der Ludowinger
1324–1349	Günther XXI. (* 1304) regiert als Graf von Schwarzburg-Blankenburg
1342–1345	Thüringer Grafenfehde
1349	Wahl Günthers XXI. zum Gegenkönig in Frankfurt am Main. Er stirbt noch im selben Jahr in Frankfurt
1538	Gräfin Katharina (1509–1567) erhält Rudolstadt
1547	Nach der Schlacht bei Mühlberg kommt es zum denkwürdigen »Frühstück auf der Heidecksburg zu Rudolstadt« mit Herzog Alba
1662–1710	Albert Anton (* 1641) regiert als Graf von Schwarzburg-Rudolstadt
1697–1719	Errichtung des Kaisersaals auf der Schwarzburg
1710–1718	Friedrich Ludwig regiert als erster Fürst von Schwarzburg-Rudolstadt
1726	Ein Großbrand zerstört die Schwarzburg
1743	Vollendung des Umbaus der Schwarzburg zum Barockschloss
1890–1918	Günther Viktor (1852–1925) regiert als letzter Fürst von Schwarzburg-Rudolstadt
1919	Friedrich Ebert unterzeichnet in Schwarzburg die Weimarer Verfassung
1940–1942	Umbau der Schwarzburg zum Reichsgästehaus
1951	Fürstin Anna Luise, die letzte Schwarzburgerin, stirbt
1971	Übergabe des restaurierten Kaisersaals an die Öffentlichkeit anlässlich der 900-Jahrfeier von Schwarzburg

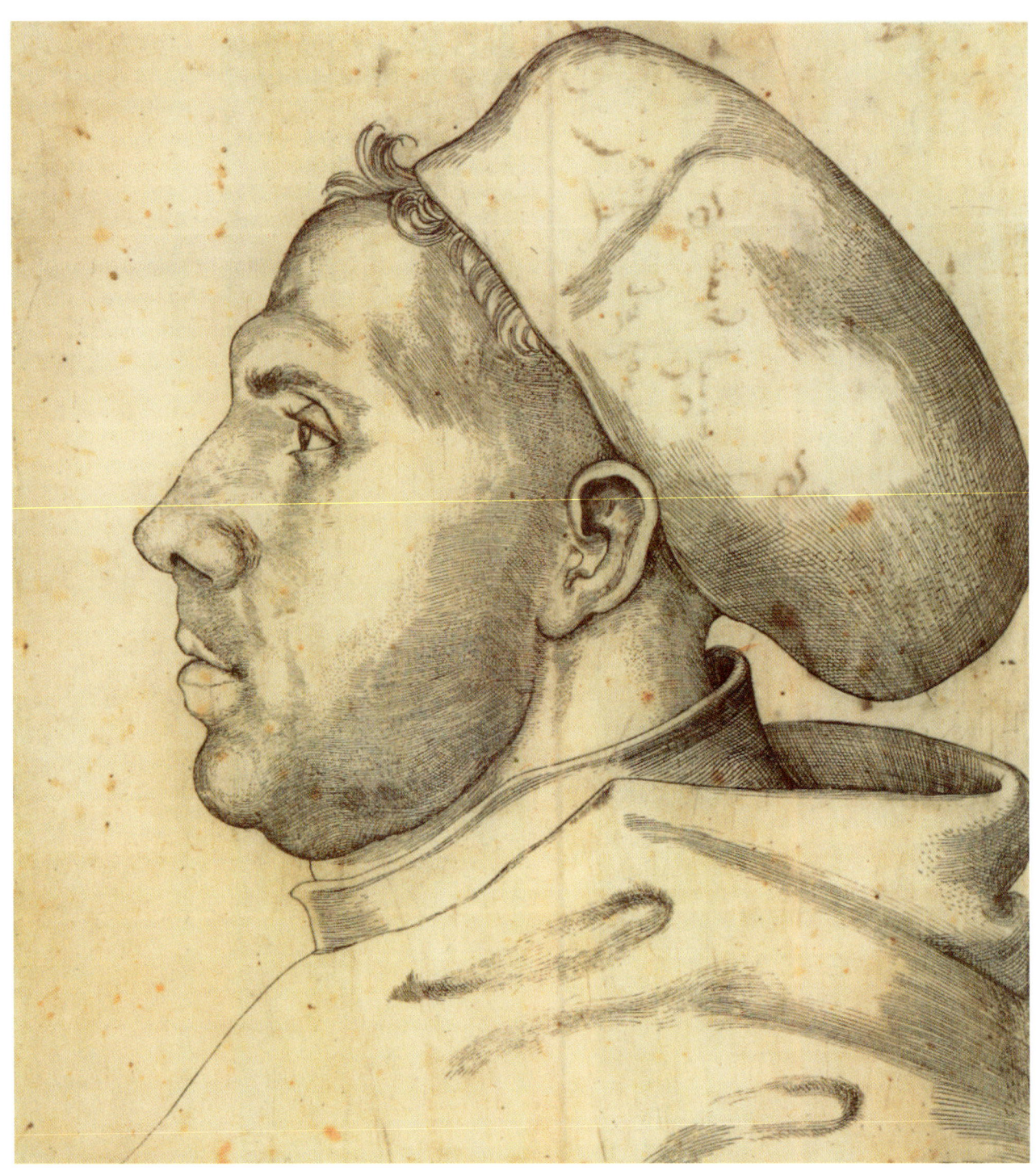

Luther mit 38 Jahren; das älteste erhaltene Porträt aus dem Jahr 1521 von Lucas Cranach

Lew Hohmann
Martin Luther
Ein Mönch zwischen Gott und Teufel 1483–1546

Martin Luther zählt heute zu den wohl berühmtesten Männern seiner Zeit. Als er lebte und wirkte, ging das Jahrhundert des Kolumbus und Gutenbergs zu Ende, und das Jahrhundert Albrecht Dürers und Nikolaus Kopernikus' begann. Es war eine von Not und Elend geprägte Zeit, gezeichnet von der ständigen Präsenz des Todes, von Pest und Kriegen, vom Glauben an Gott und von der Furcht vor dem Teufel. Es war eine Zeit der Hexen- und Judenverfolgungen und eines morbiden Klerus, der allen Lastern frönte und sein ausschweifendes Leben mit Ablassverkauf und Reliquienhandel finanzierte. In dieser Umgebung musste ein Mönch wie Martin Luther, der für den rechten Glauben stritt, wie ein verwirrter weltfremder Fanatiker wirken, dem das Fegefeuer schon auf Erden gewiss ist: der Scheiterhaufen. Der Kaiser verfolgte ihn mit der Reichsacht, und der Papst belegte ihn mit dem Bannfluch – der ist bis heute nicht aufgehoben.

»Luther hat der Macht des Wortes gegen alle Worte der Macht vertraut.« *Friedrich Schorlemmer*

Bruder Luther – gottgeweiht

Fünf Hüttenfeuer betreibt Vater Luther im mansfeldischen Kupferbergbau, Quelle eines soliden Einkommens, das die Familie ernährt. Vater und Mutter erziehen Martin, den Zweitgeborenen, zu bedingungslosem Gehorsam, in Furcht vor Gott und dem strafenden Prügelstock des Vaters. Die Einnahmen aus zwei Hütten des Vaters sind nötig, um das Jurastudium des jungen Martin zu finanzieren. Im April 1501 wird er ins Matrikelbuch der Erfurter Universität als »Martinus Ludher ex Mansfeldt« eingetragen. Im Sommer 1505 ist er bereits Magister artium, und der Vater erhofft sich eine glänzende Karriere seines Sohnes als Jurist.

Da überrascht den Studenten bei Stotternheim ein gewaltiges Gewitter. Gefangener seiner Todesangst, legt er ein schicksalhaftes Gelübde ab: »Hilf, du liebe heilige Anna, ich will ein Mönch werden.« Für die Menschen des ausgehenden Mittelalters sind Blitz und Donner Zeichen von Gottes Zorn, das Toben von Dämonen und Teufeln Vorboten des Fegefeuers. Christus als Weltenrichter – der Gott der straft –, dieses Bild beherrscht den frommen Christen jener Zeit. Auch Martin Luther glaubt fest an die Existenz des Teufels – sein Leben lang. Die Kirche droht den Sündern mit dem Fegefeuer und ewi-

Vater Hans Luther (1459–1530) und Mutter Margarethe Luther (1463–1531)

Luther gelobt während eines starken Gewitters bei Stotternheim in Thüringen, in ein Kloster einzutreten

gen Qualen, und die Sünde hat tausend Gesichter, und der Teufel, der gehörnte Verführer, ist allgegenwärtig. Doch wo ist Gott? Ist dem sündigen Menschen die Höllenqual des Fegefeuers nicht gewiss? Gibt es kein Entrinnen? Gedanken, die den jungen Martin Luther martern, ängstigen, ihn zuweilen bis in den Fieberwahn treiben. Er will Gott nahe sein und ihm dienen, nur so sieht er für sich eine Möglichkeit, dem Bösen zu entgehen. Er bricht sein Studium ab und tritt am 17. Juli 1505 ins Kloster der Augustiner Eremiten in Erfurt ein. Im September 1506 legt der Mönch Luther die drei Gelübde ab: Gehorsam, Besitzlosigkeit und Keuschheit. – Später wird er sie alle brechen.

Rom – Sodom und Gomorra

Rom ist das Mekka der Christenheit. Rom, die Heilige Stadt, ist der Vorort zum Himmelreich, und der Heilige Vater, der Papst, ist der Stellvertreter Gottes auf Erden. 1510 reist Luther als Abgesandter der Augustiner mit Doktor Nathin nach Rom, um vom Papst die Entscheidung in einer Ordensangelegenheit zu erbitten. Er bestaunt den begonnenen Bau des Petersdomes, und er kann gar nicht genug bekommen von all den »Gnadenorten«, die Rom dem eifrigen Pilger anzubieten hat. Er rutscht die Pilatusstiege auf Knien hinauf, auf jeder der 28 Stufen ein Vaterunser mit der Bitte um Ablass betend. Über solche Pilger sagt er später: »Er läuft durch alle Kirchen und Kluften, glaubt alles, was daselbst erlogen und erstunken ist«, und er wird Rom als die »unheiligste Stadt der Christenheit« bezeichnen. Als er nach Wittenberg zurückkehrt, ist er ernüchtert, aber unerschüttert im Glauben an Gott und an seinen Stellvertreter auf Erden, den Papst.

Das Turmerlebnis

Pilgerströme zu den wichtigsten Kirchen Roms; Kupferstich aus dem »Speculum Romanae Magnificentiae«

Das kursächsische Wittenberg, seit 1485 kurfürstliche Residenz, zählt zu Luthers Zeit etwa 2500 Einwohner, 364 Lehmhäuser, 2 Kirchen, 2 Klöster, 1 Schloss und seit 1502 eine Universität. Luther, inzwischen Doktor der Theologie, übernimmt hier 1511 eine Bibelprofessur.

Aber »das Bad des Satans«, die Angst vor der Strafe Gottes, dem Fegefeuer und der Hölle, quälen ihn unverändert. Die Frage nach dem Sinn des Lebens wird in jener Zeit mit dem Jenseits beantwortet. Was aber erwartet dich nach dem Tod? Die Hölle oder das Paradies? Die tiefere Angst ist nicht die Angst vor dem Tod, sondern vor dem, was folgt. Aus der Angst vor dem Fegefeuer hat die Kirche ein Geschäft gemacht. Gegen Bezahlung ist sie bereit, aus dem unendlich großen »Gnadenschatz« der Kirche Strafen zu erlassen, und schürt damit den Glauben, dass Sündenerlass käuflich ist. Der Handel heißt Ablass. Wege zu Gott auf Umwegen. Luther betrachtet den Ablass mit Misstrauen. In seiner Studierstube im Turm des Augustinerklosters in Wittenberg liest er wieder und wieder Gottes Wort. »Tag und Nacht dachte ich unablässig nach, bis Gott sich meiner erbarmte und ich auf den Zusammenhang der Worte achtete.« Luther meint zu erkennen, dass das Wort »Gerechtigkeit« in der Bibel nicht Strafe meint, sondern Vergebung, die Gnade Gottes. In diesem »Turmerlebnis« entdeckt sich ihm ein neuer Christus: der Barmherzige, der Retter des Menschen und nicht sein Richter. Wege zu Gott ohne Umwege. Luther ist schwer erschüttert und zugleich befreit: »Die Gerechtigkeit Gottes wird darin offenbar, wie geschrieben steht: Der Gerechte lebt seines Glaubens … Da fühlte ich, dass ich ganz und gar neu geboren und durch die geöffneten Pforten ins Paradies selbst eingetreten war.«

Das Geschäft mit dem Ablass

Ein schamloser Handel mit Ablasszetteln im benachbarten Jüterbog und Zerbst ruft Luther auf den Plan. Der wortgewaltige Dominikanermönch Johannes Tetzel verkauft sie 1517 dort im Namen des Papstes, der damit den Bau des Petersdomes finanziert, und auch im Namen Albrechts, des Markgrafen von Brandenburg und Erzbischofs von Magdeburg und Mainz, der Schulden bei den Fuggern zu tilgen hat. Als die verirrten Schafe seiner Gemeinde Luther, der 1514 das Predigeramt in der Stadtkirche übernommen hat, ihre Ablasszettel unter die Nase halten und von ihm, ihrem Priester, Absolution fordern, ist der strengfromme Mönch empört. Gerade hat sich ihm der gnadenreiche Gott offenbart, der allen Sündern vergibt, nun gehen die Wittenberger diesem Tetzel auf den Leim. »Indes höre ich, dass der Tetzel gräuliche Dinge gepredigt hat, nämlich: wenn einer gleich die Heilige Jungfrau Maria, Gottes Mutter, hätte geschwächt oder geschwängert, so kündt er's vergeben, wo derselb in den Kasten legt, was sich gebührt.« Wer glaubt, er könne sich so von seinen Sünden freikaufen, wird in der Hölle landen. Diesem Schicksal will Luther als Seelsorger seine Schäfchen nicht überlassen.

Er beschließt zu handeln. Am 31. Oktober schickt er Protestbriefe »aus Liebe zur Wahrheit und dem Wunsche, sie an den Tag zu bringen« an seine kirchlichen Vorgesetzten, denen er 95 Thesen gegen den Ablasshandel beilegt. Weitere Exemplare schickt er an Freunde. Ob er die Thesen in Latein mit der Aufforderung zu einer gelehrten Diskussion je an die Kirchentür der Schlosskirche, die als Schwarzes Brett der Universität diente, angeschlagen hat, ist umstritten. Eine Provokation können sie in Wittenberg nicht gewesen sein, denn eine Disputation fand nicht statt. Aber die gedruckten, aus dem Lateini-

Der Dominikanermönch und Ablasshändler Johannes Tetzel, links oben Papst Leo X., der 50 Prozent von den Nettoeinkünften erhält

Ablasspreise
Eine Preisliste regelt den Freikauf von den Qualen der Hölle. Inzest kostet 5 Dukaten, Entjungferung 7, von der Sünde des Mordes wird man gegen Zahlung von 8 Dukaten erlöst, Ehebruch kostet 6 und Meineid 9 Dukaten. Auch Kleriker können Ablass erwerben. Für 9 Dukaten dürfen sie sich ein ganzes Jahr eine Konkubine halten, das heißt dann der »Milchzehnt«; Beischlaf in der Kirche kostet 7 Dukaten. Vergewaltigung einer Jungfrau auf dem Weg zur Kirche ist preiswerter als auf dem Weg von der Kirche, wo die Jungfer ja sündenrein ist.

Albrecht von Brandenburg, Erzbischof von Magdeburg und Mainz, tilgt mit den Einnahmen aus dem Ablasshandel seine Schulden bei den Fuggern

Friedrich III., der Weise, Kurfürst von Sachsen. Er hält schützend seine Hand über Luther

schen ins Deutsche übersetzten Thesen verbreiten sich in Windeseile in ganz Deutschland.

Erzbischof Albrecht, der um seine Einnahmen aus dem Ablasshandel fürchtet, reicht Beschwerde bei Papst Leo X. ein. Aber der reagiert nur mit einer Rüge. Noch ahnt niemand, dass die Thesen eine Lawine ins Rollen gebracht haben, die nicht mehr aufzuhalten ist, und auch Luther ahnt kaum, dass er einen Weg eingeschlagen hat, auf dem es keine Umkehr gibt.

Rebell wider Willen

Die Ereignisse entwickeln ihre Eigendynamik. Papst und Kaiser wollen kurzen Prozess machen. Im Herbst 1518 wird Luther zu einem Verhör nach Augsburg vorgeladen. Mit seinem Begleiter legt er die 550 Kilometer in nur zwölf Tagen zu Fuß zurück. »Ich wusste selbst nicht, was Ablass wäre, und das Lied wollte meiner Stimme zu hoch werden. Ständig hatte ich den Scheiterhaufen vor Augen. Mein Gedanke unterwegs war: Nun musst du sterben, und oft sagte ich: Ach, welch eine Schande werde ich meinen Eltern sein.«

Doch die Sterne stehen günstig für den Mönch. Sein Landesherr Friedrich der Weise sorgt für seine Sicherheit. Eine Kaiserwahl steht ins Haus, und der Papst ist auf gute Beziehungen zum mächtigsten Kurfürsten des Reiches deutscher Nation angewiesen. Der Kurfürst wiederum hat mit Luther einen wichtigen Trumpf im Ränkespiel um die Macht in der Hand.

So muss sich der Mönch zunächst lediglich einem strengen Verhör durch Kardinal Cajetan unterziehen. Luther, der sich nur der Wahrheit Gottes verpflichtet fühlt, weigert sich, das Wort »revoco« – ich widerrufe – zu sagen. Es droht die Verhaftung, die Luther und seiner Sache wohl ein vorzeitiges Ende gemacht hätte. Bevor aber die Häscher des Vatikans zugreifen, verlässt der prinzipienfeste Mönch bei Nacht und Nebel Augsburg und kehrt zurück nach Sachsen. Als der Papst schließlich doch verlangt, Luther römischer Gewalt auszuliefern, lehnt der Kurfürst – der im Übrigen sein Leben lang strenger Katholik bleibt – nach langem Zögern mit der listig-treuherzigen Begründung ab: »Ich weiß nichts Böses von ihm, ich habe mit ihm nichts zu tun. Tut er etwas Unrechtes, so disputiert und unterrichtet Euch mit ihm zu Wittenberg, da habe ich eine Universität. Er soll Euch Antwort stehen. Ich habe soviel gelehrte Leute zu Wittenberg, tät er etwas Unrechtes, sie würden ihn nicht dulden.«

So bleibt Luther Wittenberg und Wittenberg Luther erhalten – nirgendwo anders als im mächtigen Kursachsen hätten Luther und die Reformation eine Überlebenschance gehabt.

Ins Feuer mit den Schriften des römischen Antichristen

Entscheidend für den Erfolg der Reformation ist die Erfindung des Buchdrucks und der sich entwickelnde Buchmarkt. Jede Schrift Luthers – für die er ebenso wenig Honorar erhält wie später für die Bibelübersetzung – verkauft sich glänzend. Der Reformator verfasst davon im Jahr mindestens ein Dutzend, und alle diese Schriften, gedruckt in Auflagen von mehreren tausend Stück, werden den Buchhändlern aus den Händen gerissen. So sind Luthers reformatorische Ideen in kurzer Zeit überall in Deutschland bekannt. Jene, die nicht lesen können, deuten mühelos die deftigen Karikaturen. Der Bauer, der Bürger, der Geistliche und der Fürst – alle wollen lesen, sehen und hören, wie Luther die Kirche angreift, die Allmacht des Papstes infrage stellt, den Ablass und die hohen Abgaben geißelt und dem Klerus aufgrund seines Irrens selbst das Fegefeuer prophezeit. Und Luther bestreitet den Sinn von Beichten und Messen in der alten Form, die seiner Ansicht nach den Weg zu Gott verstellen. Der Fromme muss sich sein Seelenheil nicht mit Geld erkaufen, braucht keinen Priester und keinen Mönch und keinen Papst, braucht keinen Makler für seinen Glauben.

Luther fordert die Abschaffung der Klöster, des Zölibats, der Wallfahrten und der Bettelmönche. Er fordert auch das Schließen der Bordelle, deren es auch zwei vor Wittenbergs Toren gibt, mahnt zu weniger verschwenderischer Kleidung, zur Mäßigung im Essen und Trinken. Reichtum ohne Arbeit sei nicht annehmbar. »Er greift dem Papst an die Krone und den Mönchen an die Bäuche«, heißt es. Luther fordert eine Landeskirche ohne Papst und die Enteignung des Kirchenbesitzes und attackiert nun auch direkt die Kurie: »So erkläre ich hiermit frei und öffentlich, dass der wahre Antichrist in Gottes Tempel sitzt und in dem roten Babel Rom regiert und dass die römische Kurie die Synagoge des Satans ist.«

Der Papst antwortet auf solche und andere Lästerungen mit der Androhung des Banns. Luther verbrennt die Bannandrohungsbulle demonstrativ neben anderen römischen Schriften am 10. Dezember 1520 vor den Toren Wittenbergs. Die Kunde von dieser radikalen Aktion Luthers geht wie ein Lauffeuer durchs Land. Die Verbrennung des Corpus Juris Canonici, des Kirchenrechts, muss unweigerlich die ewige Verdammnis nach sich ziehen. Am 3. Januar 1521 verhängt der Papst über Luther den Bann. Bald darauf trifft in Wittenberg eine Vorladung Kaiser Karls V. mit der Bitte ein, Luther möge in Worms seinen Standpunkt erläutern.

Auszüge aus Luthers 95 Thesen

»36. Ein jeder Christ, der wahre Reue und Leid hat über seine Sünden, der hat völlige Vergebung von Strafe und Schuld, die ihm auch ohne Ablassbrief gehört.

37. Ein jeder wahrhaftige Christ, er sei lebendig oder schon gestorben, ist teilhaftig aller Güter Christi und der Kirche, aus Gottes Geschenk, auch ohne Ablassbriefe.«

Aus These 50: »Man soll die Christen lehren, dass der Papst, wenn er wüsste der Ablassprediger Schinderei, wollte er lieber, dass St. Peters Münster zu Pulver verbrannt würde, denn dass es mit Haut, Fleisch und Bein seiner Schafe erbaut werde.«

These 86: »Warum baut jetzt der Papst nicht lieber St. Peters Münster von seinem eigenen Gelde als vor der armen Christen Gelde, weil doch sein Vermögen sich höher erstreckt, als des reichsten Crassus Güter?«

Spottbilder helfen in einer Welt, in der nur wenige lesen können, die reformatorischen Ideen publik zu machen

Luther vor dem Reichstag in Worms, wo er seine Auffassungen vor Kaiser und Fürsten verteidigt

Ein Wittenberger Doktor trotzt Papst und Kaiser

Im Frühjahr 1521 zieht Luther, vertrauend auf die kaiserliche Zusage des freien Geleits und geschützt von seinem Kurfürsten, zum Reichstag nach Worms. Ein kleiner Mönch aus Wittenberg soll sich vor den Mächtigsten des Römischen Reiches deutscher Nation verantworten. Was wird siegen? Gottvertrauen oder Obrigkeitsfurcht? Der Glaube an die Macht des Wortes oder die Furcht vor den Worten der Macht? Luther wird bei seiner Ankunft in Worms gefeiert wie ein Held. Nach wie vor ist er ein Trumpf im Machtspiel des Kaisers gegenüber dem Papst und den Reichsfürsten, und nach wie vor droht Luther das gleiche Schicksal wie Jan Hus. Hatte man nicht auch ihm vor hundert Jahren freies Geleit zugesichert und ihn dann auf dem Scheiterhaufen verbrannt? Dennoch muss sich der Kaiser gefallen lassen, dass der Mönch aus Wittenberg den Widerruf verweigert.

Angesichts der mächtigen Freunde Luthers und drohenden Aufruhrs muss der Kaiser sein Wort vom freien Geleit halten, auch wenn er später sagen wird: »Ich habe ihn nicht umgebracht, und so wuchs der Irrtum ins Ungeheure. Das hätte ich verhindern können.« Worms und die Nation sind in heller Aufregung. Zahllose Flugschriften künden allerorten vom mutigen Auftreten des Wittenberger Theologen. Jetzt hat Luther einen zweiten großen Feind: den Kaiser. Seine Mitstreiter, um Luthers Sicherheit besorgt, raten ihm, Worms am 25. April 1521 zu verlassen. Der Kurfürst fingiert unterwegs eine Entführung und bringt ihn auf die Wartburg in Sicherheit. Die Nation ist in Sorge über das Schicksal des Reformators und verliert sich in Spekulationen, aber sein Aufenthaltsort bleibt geheim.

Junker Jörg

Die Wartburg ist Luthers Überlebenschance, aber auch eine Tortur. Unten im Tal und überall im Land bricht sich die Reformation ihre Bahn, und er, ihr Wortführer, muss oben auf der Burg tatenlos zusehen, isoliert und inkognito. Er rettet sich in die Arbeit. Mit zahlreichen Briefen versucht er das Geschehen in Wittenberg und anderswo zu beeinflussen. Den Kampf gegen den Teufel kann er nur noch mit der Tinte ausfechten. Der sprichwörtliche Wurf mit dem Tintenfass auf den Antichrist gehört allerdings ins Reich der Legende.

Luther beginnt mit der Übersetzung des Neuen Testaments. In nur zehn Wochen überträgt er die rund 200 Seiten aus der griechischen Originalfassung ins Deutsche, drei Seiten pro Tag. Er benutzt zwar die sächsische Kanzleisprache als Rohmaterial, wird aber oft von deren gedrechselter Ausdrucksweise und ihrem begrenzten Wortschatz allein gelassen. Zwölf Jahre wird es dauern, bis die ganze Bibel, weitere rund 450 Seiten, übersetzt ist.

Luther und seine Helfer, vor allem der Spezialist für Griechisch, Philipp Melanchthon, aber auch Justus Jonas, ringen um jedes Wort. Im September 1522 erscheinen die ersten 3000 Exemplare des von Luther übersetzten Neuen Testaments. Obwohl es einen halben Gulden kostet, soviel wie der Wochenlohn eines Zimmerers, ist es schnell vergriffen. Noch zu Luthers Lebzeiten erscheinen 350 Auflagen, so viele wie von keinem anderen Buch dieser Zeit. Für das Volk, dem die Bibel bis dahin immer vorenthalten wurde und die sie jetzt in seiner Sprache lesen kann, ist das Werk eine Offenbarung. Ein Weg zu Gott ohne Umwege. Und Luthers Übersetzung bereichert und prägt eine gemeinsame deutsche Sprache.

Getarnt durch Bart und Ritterkluft findet Luther auf der Wartburg als Junker Jörg Asyl, Porträt von Lucas Cranach

Bildersturm und Gemeiner Kasten

Unter dem Einfluss von Eiferern unter den Anhängern Luthers kommt es in Wittenberg zu Ausschreitungen und Kirchentumulten. Prediger werden mit Gewalt am traditionellen Gottesdienst gehindert, Heiligenbilder und Statuen zerstört – Wege zu Gott ohne Umwege. Luther reitet im März 1522 nach Wittenberg, auch wenn er damit sein Leben riskiert. Seit ihn der Kaiser geächtet hat, ist er vogelfrei, darf ihn jeder töten. Aus Junker Jörg wird wieder Doktor Luther, aus dem Aufrührer der Beschwichtiger. Für ihn ist Anar-

Luther zur Bibelübersetzung

»Man mus nicht die buchstaben inn der lateinischen sprachen fragen, wie man sol Deutsch reden, wie diese esel thun, sondern man mus die mutter yhm hause, die kinder auff der gassen, den gemeinen man auff dem marckt drumb fragen, und den selbigen auff das maul sehen, wie sie reden, und darnach dolmetzschen, so verstehen sie es den und mercken, das man Deutsch mit yn redet.«

chie ein Werk des Teufels. Luther gelingt es, die Wittenberger zu beruhigen, er macht deutlich: Reformation heißt Neuordnung, nicht Zerstörung. In zahlreichen Programmschriften versucht er, Orientierungen zu geben, für den Fürsten und für den Geringen, für Pastoren und Gemeinden. Zu seinen Mitstreitern gehören Lucas Cranach d. Ä., der Luthers Werke illustriert, und Philipp Melanchthon, »Lehrer Deutschlands« genannt, der unter anderem das neue Regelwerk für Schulen konzipiert. Klöster sollen abgeschafft werden, Mönche und Nonnen heiraten und Familien gründen können. Von rund 150 Klerikern, die von den Bürgern ernährt werden mussten, bleiben nur eine Handvoll übrig. Nun kann das Geld in den »Gemeinen Kasten« fließen, eine Art Sozialfonds der Gemeinde, aus dem ein Arzt für die Armen, Spitäler und eine Altersversorgung finanziert werden.

Das große Blutvergießen

1525 erheben sich die Bauern in Thüringen und Franken. Sie begehren auf gegen ihre zunehmende Verelendung und die Beschneidung ihrer Rechte durch die Fürsten. Mit ihren radikalen Forderungen nach Freiheit von Fürstenwillkür berufen sie sich auch auf Luthers Schriften und die Bibel. Nach den ersten blutigen Massakern versucht Luther, der nichts mehr fürchtet als Gewalt und Chaos, die Bauern zum Frieden zu ermahnen. Er fühlt seine Sache bedroht, sieht in den Aufständischen die Werkzeuge des Satans. Sie aber verspotten ihn, bewerfen ihn mit Steinen. Schließlich fordert er von den Fürsten, ihre Pflicht in der gottgewollten Ordnung zu erfüllen. Ordnung unter einem

Im Bauernkrieg berufen sich die Aufständischen anfangs auch auf Luther. Der aber lehnt Gewalt ab und fordert schließlich von den Fürsten, gegen die Bauern vorzugehen

Tyrannen sei immer der Freiheit unter der Herrschaft des Pöbels vorzuziehen.

Am 15. Mai 1525 kommt es bei Frankenhausen in Thüringen zur Entscheidungsschlacht. 6000 Bauern werden erschlagen, nur 1000 können fliehen. Ihr Feldprediger Thomas Müntzer, ein ehemaliger Schüler Luthers, wird zehn Tage lang gefoltert und dann enthauptet. Als Luther von den grauenvollen Vorgängen erfährt, fühlt er sich schuldig: »Ich Martin Luther habe im Aufruhr alle Bauern erschlagen, denn ich habe geheißen, sie tot zu schlagen. All ihr Blut ist auf meinem Hals.«

Ein ehemaliger Mönch und eine ehemalige Nonne halten das Beilager ab

Viele seiner Anhänger wenden sich ab von Luther. Er rechnet mit Rache und Vergeltung. In der Sorge, dass er vor der Zeit sterben muss, beschließt er zu heiraten. Die Trauung findet am 13. Juni 1525 statt, wenige Wochen nach der Niederlage der Bauern bei Frankenhausen. Die 26-jährige Katharina von Bora, als entlaufene Nonne untergekommen im Hause Cranach, ist die Auserwählte. Martin Luther ist 42 Jahre alt, als er sie in der Wittenberger Stadtkirche heiratet. Ein ehemaliger Mönch und eine ehemalige Nonne halten in einem ehemaligen Kloster das Beilager ab. Ein Skandal, über den sich nicht nur Rom, sondern auch Luthers Parteigänger empören. Luther kümmert das alles wenig. Er lässt sich beurlauben und zieht sich zurück in die »Küssenwochen«, wie er es nennt. Als am 7. Juni 1526 Sohn Johannes geboren wird, freut sich der Vater: »Das Kind ist gesund und ohne Geburtsfehler, der kleine Johannes ist fröhlich und kräftig, ein großer Esser und Trinker.« Luthers Frau bekommt in neun Jahren sechs Kinder und erweist sich als praktische und tüchtige Hausfrau. Der Kurfürst überschreibt Luther das riesige Schwarze Kloster. Das Haus ist ständig voller Leute. Gäste und Studenten beginnen Luthers Tischreden aufzuzeichnen. Der Reformator liebt die Geselligkeit, und er liebt die Musik. So entsteht das Bild vom Familienidyll der Luthers, Vorbild für viele Generationen evangelischer Pastorenhaushalte.

Martin Luther und seine Frau Katharina von Bora

Böse Zeiten künden sich an

Und wieder ist Luther inkognito im Asyl. 1530 muss er ein halbes Jahr auf der Veste Coburg ausharren, während die Gefährten in Augsburg für die gemeinsame Sache streiten. Die Coburg ist die südlichste Festung im sicheren Sachsen. Von hier aus korrespondiert Luther mit der Gruppe der Reformatoren

Die Abendmahlsdarstellung zeigt neben dem Stifter die wichtigsten Reformatoren, links neben Jesus: Georg III. von Anhalt, Luther, Bugenhagen, Jonas und Cruciger; rechts Melanchthon, Forster, Pfeffinger, Major und Bernhardi. Rechts vorn Lucas Cranach d. J. als Mundschenk; Stifterbild von Lucas Cranach d. J. in der St. Agnuskirche zu Köthen

auf dem Augsburger Reichstag. Im Jahr 1530 bekennen sich dort die protestantischen Fürsten, sie vertreten ein Fünftel des Reiches, vor dem Kaiser zur neuen Konfession. Ein kleiner Sieg. Eine Ruhepause im Glaubensstreit, die nicht lange währen wird, denn der Kaiser will und kann die neue Kirche nicht anerkennen.

Dennoch setzt sich die Reformation in Hessen, Lüneburg, Brandenburg, Braunschweig, dem Ordensstaat Preußen, im Anhaltinischen und schließlich in ganz Sachsen durch. Schleswig-Holstein, Pommern und Dänemark und später auch Finnland folgen. Aus diesen Ländern fließt kein Geld mehr nach Rom, Kirchenbesitz wird enteignet, Klöster werden aufgelöst. Die Fürsten nutzen die neuen Ideen, um Besitz und Macht zu vergrößern. Die Humanisten um Erasmus von Rotterdam haben sich längst von den Reformatoren gelöst. Zwingli und Calvin gehen in der Schweiz eigene Wege und spalten sich von der lutherischen Reformation ab. Wittenberger Bürger befassen sich mit Wucher und die Studenten mit den Huren. Je mehr die Angst vor Gott und Teufel weicht, desto weniger interessiert sich die Gemeinde für Gottesdienst, Buße und gute Werke. Die Befreiung von Kirchenwillkür, soweit es Luther vor seiner Haustür beobachten kann, hat den Menschen nicht gebessert: »Ich bin an Deutschland fast verzweifelt, nachdem es in seine Mauern aufgenommen hat, diese Teufel, Geiz, Wucher, Tyrannei, Zwietracht, Treulosigkeit und Bosheit beim Adel, bei Hof, in den Rathäusern, in Städten und

Dörfern, dazu die Verachtung des göttlichen Wortes und den unerhörten Undank.«

Luther ist enttäuscht. Krankheiten plagen ihn: Gicht, fieberhafter Rheumatismus, Steinleiden und Kopfschmerzen. Als seine Lieblingstochter Magdalena 1542 mit 13 Jahren stirbt, klagt der Vater: »Ich bin ja fröhlich im Geiste, aber nach dem Fleisch bin ich sehr traurig. Ich wollte, dass ich und ihr alle sollt heimfahren, denn es werden böse Zeiten danach folgen …«

Luthers Irrungen – Luthers Ende

Auch in seinen letzten Lebensjahren sieht Luther noch immer überall den Teufel am Werk, und wie viele seiner Zeitgenossen hält er auch die Juden für eine Inkarnation des Satans. 1543 verfasst er die Hetzschrift »Von den Juden und ihren Lügen«. Er bezeichnet die Juden als die Feinde des Evangeliums und ruft dazu auf, ihre Schulen anzuzünden und ihre Häuser zu zerbrechen. – 400 Jahre später werden sich deutsche Nazis dieser Texte bedienen.

»Die Judensau«, im 16. Jahrhundert ein weitverbreitetes antisemitisches Spottbild. Eine ähnliche Darstellung existierte bereits zu Luthers Zeit als Relief an der Wittenberger Stadtkirche

Als Luther im Winter 1546 unterwegs nach Eisleben auf der Reise erkrankt, gibt er den Juden die Schuld dafür: »Wir mussten durch ein Dorf hart vor Eisleben, da viel Juden innen wohnen … und wahr ists, do ich bei dem Dorf fuhr, gieng mir ein solcher kalter Wind hinten zum Wagen ein auf meinen Kopf durchs Parret, als wollt mirs das Hirn zu Eis machen, Solchs mag mir zum Schwindel geholfen haben … so muss ich mich dranlegen, die Juden zu vertreiben.«

Von der Krankheit, die sich Luther auf der Reise in Schnee und Kälte zugezogen hat, erholt er sich nicht mehr. Zwar hält er noch am 14. Februar 1546 in der St.-Andreas-Kirche in Eisleben eine Predigt – gerade mal 23 Gemeindemitglieder hören ihm zu –, doch schon zwei Tage später lässt er seine Umgebung wissen: »Wenn ich wieder heim gen Wittenberg komme, so will ich mich alsdann in den Sarg legen und den Maden einen feisten Doktor zu essen geben.« In der Nacht vom 17. auf den 18. Februar 1546 stirbt Luther in seiner Geburtsstadt Eisleben. Als Todesursache wird Angina Pectoris genannt. Seine Söhne und einige Mitstreiter sind bei ihm. Nun drängen sich die Menschen wieder um den Reformator. Mehrere tausend Neugierige wollen den aufgebahrten Leichnam sehen. Luthers letzte geschriebenen Worte lauten: »Wir sind Bettler, das ist wahr.«

Die Überführung des Leichnams nach Wittenberg gleicht einem Triumphzug. Katharina Luther empfängt den Trauerzug vor den Toren der Stadt. Auf ein Kondolenzschreiben antwortet sie: »Wer wolt nicht billich betrübt und bekümmert sein, um einen solchen tewren man, als mein lieber Herr gewe-

Luther starb in der Nacht vom 17. zum 18. Februar 1546 in seiner Geburtsstadt Eisleben im Alter von 62 Jahren

sen ist. Der nicht allein einer Stadt oder einem einigen Land, sondern der ganzen Welt viel gedienet hat.«

Das Erbe, das ihr Mann ihr zugedacht hat, macht man ihr später streitig. Sechs Jahre nach seinem Tod wird sie mit einem von ihr gelenkten Fuhrwerk auf der Flucht vor der Pest verunglücken und an den Folgen des Unfalls in Torgau sterben. Luther wird feierlich in der Schlosskirche zu Wittenberg beigesetzt. Melanchthon hält die Totenpredigt. Ein Jahr später steht Kaiser Karl V. an Luthers Grab. Er hat bei Mühlberg eine protestantische Streitmacht besiegt. Als seine Begleiter vorschlagen, Luthers Leichnam als späte Strafe zu verbrennen, entgegnet er: »Ich führe Krieg mit den Lebenden, nicht mit den Toten.« Die Reformation kann er nicht mehr aufhalten. Nicht mit Worten und nicht mit Waffen.

Am Himmelfahrtstag 1547, 26 Jahre nach dem Wormser Reichstag, besucht Karl V. in Begleitung von Herzog Alba Luthers Grab

108

Zeittafel Martin Luther

1483	**14. 11.**	Martin Luther wird in Eisleben als Sohn eines kleinen Hüttenunternehmers geboren
1501	**April**	Eintritt in die Erfurter Universität
1505	**Sommer**	Gelübde bei Gewitter, Eintritt ins Erfurter Augustinerkloster
1510		Romreise
1511		Übernahme einer Bibelprofessur in Wittenberg, später auch Predigeramt Stadtkirche
1514–1517		So genanntes »Turmerlebnis«, Offenbarung eines barmherzigen Gottes
1517	**31. 10.**	Versenden von Protestbriefen und 95 Thesen gegen Ablasshandel des Dominikaners Tetzel
1518	**Herbst**	Verhör durch Kardinal Cajetan in Augsburg, kein Widerruf
1519/20		Eine Reihe programmatischer reformatorischer Schriften Luthers rüttelt die Nation auf
1520	**10. 12.**	Luther verbrennt die Bannandrohungsbulle des Papstes vor den Toren Wittenbergs
1521	**3. 1.**	Papst Leo X. verhängt den Bann über Luther
1521	**April**	Luther widerruft nicht auf dem Reichstag zu Worms vor Kaiser Karl V. und den Fürsten
1521/22		Luther findet Asyl auf der Wartburg, übersetzt das Neue Testament ins Deutsche
1522	**März**	Luther, inzwischen vom Kaiser geächtet, reitet zurück nach Wittenberg. Beginn der Reformen
1525		Im Bauernkrieg ergreift Luther Partei für die Fürsten. 6000 Bauern sterben
1525	**13. 6.**	Martin Luther (42) und Katharina von Bora (26) heiraten in Wittenberg
1526	**7. 6.**	Sohn Johannes wird geboren
1530		Luther auf der Festung Coburg, Bekenntnis der protestantischen Fürsten auf dem Augsburger Reichstag, die Reformation setzt sich in zahlreichen Ländern durch
1534		Abschluss der Bibelübersetzung
nach 1540		Die Reformation in der Krise, Abspaltungen, Verweltlichung, Instrumentalisierung, Luther resigniert
1542		Tod von Luthers Lieblingstochter Magdalena
1546	**17. / 18. 2.**	Luther stirbt in Eisleben

König August II. um 1715; Gemälde von Louis de Silvestre

André Meier

August der Starke
Sachsens Sonnenkönig 1670–1733

Es gibt kaum einen deutschen Herrscher, um den sich mehr Anekdoten ranken als um den sächsischen Kurfürsten und polnischen König August II. Unglaubliches raunt man bis heute über seine Manneskraft, die Zahl seiner Kinder soll in die Hunderte gehen, das Schicksal seiner Mätressen lieferte den Stoff für etliche Romane. August, der König aus Sachsen, von der Nachwelt nur »der Starke« genannt, ist für die Historienschreiber das Muster eines barocken Fürsten. Seine Verschwendungssucht wurde belächelt, ebenso sein vermeintlicher Größenwahn. Mit erhobenem Zeigefinger oder unverhohlener Häme karikierte man ihn bis in unsere Tage als despotisches Urvieh, als herzlosen Ladykiller und rücksichtslosen Egoisten. Doch wer war dieser August wirklich, wer steckt hinter dem drallen Reiter, der bis heute gülden in Dresdens Mitte glänzt?

»Mein höchster Ehrgeiz ist Ruhm, wonach ich bis zu meinem Lebensende streben werde.«
August als Sächsischer Kurfürst, 1697

Der Zweitgeborene

Prinz Friedrich August von Sachsen erblickt am 12. Mai 1670 als zweiter Sohn des sächsischen Thronfolgers, des späteren Kurfürsten Johann Georg III., das Licht der Welt. Da seinem älteren Bruder die Rolle des künftigen Landesherrn vorbestimmt ist, liegt Augusts Zukunft auf dem Schlachtfeld. Als hoher Militär, so war es beim europäischen Hochadel Usus, trat der Zweitgeborene in den Dienst eines großen verbündeten Herrscherhauses. Also konzentriert man sich bei der Ausbildung des jungen Wettiners vor allem auf soldatische Tugenden.

Augusts Adelsgeschlecht, die Wettiner, ist zwar alt, steht aber machtpolitisch schon seit geraumer Zeit in der zweiten Reihe. Seit 1089 sind die Wettiner Markgrafen von Meißen, seit 1247 Landesherren in Thüringen. Mit dem Erwerb der Kurlande um Wittenberg wurden sie schließlich 1423 Kurfürsten von Sachsen. Doch dann trennte sich das Haus. Unter den Brüdern Ernst und Albrecht wurde das Land aufgeteilt. 1547 ging schließlich die Kurwürde und damit das Recht, als deutscher Fürst bei der Wahl des Königs seine Stimme abzugeben, von der ernestinischen Linie des Hauses auf den albertinischen, also auf Augusts Zweig der Wettiner über.

1670 misst Sachsen gut 900 Quadratmeilen, das sind reichlich 50.000 Quadrat-

Der Vater August des Starken,
Johann Georg III., Kurfürst von Sachsen

Ansicht der Elbbrücke und der Festung
Dresden, 1678

Augusts Kavalierstour
Sie startete am 13. Mai 1687 in Dresden und
führte den Prinzen als »Graf von Leißnigk«
im Verlauf der nächsten zwei Jahre nach
Frankreich, Spanien, Portugal, Savoyen,
Italien und Österreich. Zu Augusts neun-
zehnköpfigem Gefolge gehörten neben
dem Hofmeister Haxthausen ein Reise-
prediger, ein Leibarzt, zwei Kammerjunker
und ein Dutzend Pagen. Zum Unterhalt
dieser Reisegesellschaft bewilligte der
Dresdner Hof dem Prinzen jährlich 26.500
Taler – der spätere sächsische Hofbaumeister Pöppelmann erhielt ein jährliches
Gehalt von 1200 Talern.

kilometer. Innerhalb des Heiligen Römischen Reiches deutscher Nation, das
sich Anfang des 17. Jahrhunderts aus 350 Staaten zusammensetzt, rangiert das
Kurfürstentum mit seinen 1,4 Millionen Untertanen hinter Österreich, Brandenburg und Bayern auf Platz vier. Auf dem bunt gescheckten Teppich, dem
die Landkarte von Europa gleicht, ist das freilich nur ein Klecks und die kurfürstliche Kapitale Dresden mit ihren 20.000 Einwohnern nur ein Kaff. Metropolen wie Paris haben dagegen bereits mehr als eine halbe Million Einwohner.

Und doch lässt dieses kleine Dresden seine kommende Größe bereits erahnen. Im Dienst von Augusts Großvater Johann Georg II., der Sachsen seit 1654
regiert, stehen die Oberlandbaumeister Starcke und Klengel, mit denen Dresdens städtebaulicher Aufstieg beginnt. Johann Georg Starcke entwarf das
Palais im Großen Garten. Ein Lusthaus, das als Musterbau die sächsische Ba-
rockarchitektur lange Zeit maßgeblich prägte. Wolf Caspar von Klengel, der
die Niederlande, Italien und Frankreich bereist hatte, unterrichtet die Prinzen in Militärwesen, Festungsbau, Mathematik und Zeichnen. Der 101 Meter
hohe Schlossturm, der die Silhouette Dresdens bis in unsere Tage mitbe-
stimmt, ist ein Werk dieses Klengel. Er ist es, der den Blick Augusts für architektonische Fragen nachhaltig schärft.

Auf Bildungsreise

Im Mai 1687 bricht Friedrich August zusammen mit 19 Begleitern zu seiner
großen Kavalierstour auf. Wie vor ihm schon sein Bruder Georg soll nun der
17-jährige August in die Fremde reisen, damit er sich »in allen wohlanständi-
gen fürstlichen Tugenden perfektionieren möge«.
Solche Reisen gehören für den männlichen Nachwuchs des Hochadels zum
Pflichtprogramm.

Man spricht Französisch, denkt, fühlt und agiert grenzüberschreitend. Die Kavalierstour ist eine Bildungsreise, denn längst hat auch die Aristokratie erkannt, dass Macht sich auf Wissen stützen muss. Der politische und ökonomische Druck des aufstrebenden Bürgertums ist für den Adel zu einer ernsten Herausforderung geworden. Um seine soziale Stellung zu sichern, ist man gezwungen, auch intellektuell mitzuhalten. So wird Bildung inzwischen selbst in den Kreisen des europäischen Hochadels als eine Tugend angesehen, deren man sich zu befleißigen hat, will man den gesellschaftlichen Status quo halten. Und noch eine Funktion haben solche ausgedehnten Touren. Die europäischen Höfe sind verwandtschaftlich eng verflochten. Noch gilt die Vornehmheit des Geschlechts mehr als die nationale Herkunft, und so sollen die Reisen den Informationsfluss zwischen den europäischen Eliten gewährleisten und helfen, den Rang der eigenen Familie einzuschätzen. Denn daran, wie der Sprössling an den großen und fernen Höfen aufgenommen wird, in welche politischen oder galanten Geheimnisse man ihn einweiht, lässt sich daheim die gesellschaftliche Stellung der Familie ablesen.

So gesehen, stand es um Kursachsen gar nicht schlecht. Keine fünf Tage ist der sächsische Tross in Paris und schon wird Prinz Friedrich August nach Versailles geladen. Hier residiert Ludwig XIV., der Sonnenkönig, der unangefochtene Herrscher über ganz Frankreich und damit auch mächtigster Mann unter Gottes Himmel. »L'État c'est moi« – »der Staat, das bin ich«, ist sein Motto. Dieser Ludwig beeindruckt den jungen sächsischen Prinzen sehr, ebenso Versailles, das zu jener Zeit zur prächtigsten europäischen Schlossanlage ausgebaut wird. Auch der französische König scheint Gefallen an dem jungen Gast aus Dresden zu finden. Jedenfalls künden davon die Briefe, die Hofmeister Haxthausen regelmäßig in die sächsische Heimat schickt.

Oft genug aber fallen die Berichte des Hofmeisters weniger erfreulich aus. Augusts Lerneifer hält sich in Grenzen. Dafür haben es dem Prinzen die Pariser Bühnen angetan. 23 Taler gibt er monatlich seinem Spanisch- und Französischlehrer als Sold, fünfmal so viel kosten Augusts Komödien- und Opernbesuche. Der Prinz, der inkognito als Graf von Leißnig reist, hat eine eigene Loge und zudem viel Sympathie für das weibliche Personal. Selbst wenn man es offiziell nicht an die große Glocke hängt, auch darin liegt der Sinn einer solchen Tour: Der hochherrschaftliche Nachwuchs soll sich die Hörner abstoßen, sich fern der Heimat im Umgang mit Würfeln, Wein und dem anderen Geschlecht üben, anonym und ohne Rücksicht auf die Etikette.

Es ist die Zeit des Absolutismus. Das festliche Spiel, Feuerwerke, Bälle, Architektur, Kunst und auch wechselnde Mätressen sind mehr als nur Vergnügen. Sie sind eine kostenaufwendige Fürstenpflicht zur Demonstration der eigenen Stellung und Größe.

Am 27. September 1715 wird Kurprinz Friedrich August bei König Ludwig XIV. von Frankreich empfangen, ähnlich wie 28 Jahre zuvor sein Vater August der Starke; Gemälde von Louis de Silvestre

Schon während Augusts Kindheit war Dresden durch seine Vergnügungen bekannt. Fuchsprellen im Schlosshof zu Dresden, 1678

Darin ist der Sonnenkönig ein Meister. Und Europas Potentaten, egal ob klein oder groß, eifern ihm nach. Für August wird der Glanz, den er in Versailles erlebt, ein lebenslanger Maßstab sein. So wie dieser Ludwig – dies ist vielleicht die wichtigste Lehre, die der Prinz von seiner Reise mit nach Hause nimmt – muss sich ein Herrscher inszenieren, soll die Welt vor ihm in Ehrfurcht erstarren.

Die ungleichen Brüder

Ostern 1689 muss August seine Kavalierstour vorzeitig abbrechen. Sein Vater, Kurfürst Johann Georg III., ruft ihn in den Krieg. Der tobt nicht in Sachsen, sondern am Rhein. Hier soll der 18-jährige Prinz seine Feuertaufe erhalten. Ludwig XIV., an dessen Hof sich August gerade noch in Konversation üben durfte, hat die Pfalz besetzt und das Heidelberger Schloss verwüstet. Nun tritt ihm eine Allianz von Deutschen, Holländern und Engländern entgegen. Mittendrin fechten die Sachsen, ihr Kurfürst und die zwei Prinzen. Der Krieg zieht sich, es gibt Scharmützel, aber kaum Schlachten und so auch keine Chance für den jungen, tatendurstigen August, sich als Held zu beweisen.

Aber er wächst, wird ein Hüne, kräftig, trinkfest, rauflustig und widerstandsfähig. Letzteres ist besonders wichtig, denn mehr als den Feind fürchtet man in diesem Krieg die Seuchen, die sich in den Feldlagern verbreiten. August übersteht die Blattern. Sein Vater aber, der Kurfürst, wird im Spätsommer 1691 am Rhein von der Cholera hinweggerafft.

Jetzt ist Prinz Georgs Stunde gekommen. »Von Natur und Gliedmaßen schwach, von Gemüte zornig und melancholisch«, so spottet der Zweitgeborene über den nunmehrigen Herrscher Sachsens, Kurfürst Johann Georg IV. Anfang 1693 reist der sächsische Hofstaat nach Bayreuth. August soll verheiratet werden. Seine Braut ist die 22-jährige Christiane Eberhardine, Markgrafentochter von Bayreuth. Sie ist keine Schönheit, stammt aber dafür aus einer Seitenlinie des Hauses Hohenzollern. Augusts Vater hat die Ehe noch vor seinem Tod angeregt, um das Haus Wettin und die aufstrebenden Hohenzollern enger aneinander zu binden. August, der längst gelernt hat, dass auch das Private stets dem Politischen zu folgen hat, stellt sich diesen Plänen nicht entgegen.

Er erwartet von Eberhardine einen männlichen Erben, nicht die Erfüllung seiner libidinösen Träume. Darum werden sich zeitlebens seine zahlreichen Mätressen zu kümmern haben.

Verständlich, dass die vernachlässigte Eberhardine später Zuflucht im Glauben sucht. Die »Betsäule« wird sie herablassend und hinter vorgehaltener Hand am Dresdner Hof genannt werden.

Kaum ist die Ehe geschlossen, reist August nach Venedig zum Karneval, ohne Gattin und ohne die Absicht, allzu bald nach Dresden zurückzukehren. Was sollte er auch in Sachsen, in der Nähe des ungeliebten Bruders, der sich nun glücklos als neuer Regent versucht. Wäre es nach dem letzten Willen des verstorbenen Vaters gegangen, hätte sich August als Herzog nach Naumburg zurückziehen müssen, um als Administrator des dortigen Stifts von lächerlichen 50.000 Talern jährlich zu leben. Auch das ist keine wirkliche Alternative für den jungen, ehrgeizigen Wettiner. Aber noch während er sich in Venedig über seine missliche Lage hinwegzutrösten sucht, wendet sich daheim das Schicksal völlig überraschend zu seinen Gunsten.

Sibylla von Neitschütz, die 18-jährige Mätresse des Kurfürsten, ist an den Pocken erkrankt, und entgegen dem Rat seiner Ärzte will der töricht verliebte Georg von der Schönheit nicht lassen. So kommt es, wie es kommen muss, erst stirbt die Neitschütz, dann erkrankt der junge Kurfürst und folgt seiner Geliebten nach nicht einmal dreijähriger Regierungszeit im April 1694 in den Tod.

Prinzessin Christiane Eberhardine, Kurprinz August heiratet sie 1693; Werkstatt des Louis de Silvestre, um 1736

Kurfürst Friedrich August I.

Nun besteigt Friedrich August I. als Sachsens neuer Kurfürst den Thron. August tritt ein stolzes Erbe an. Das Land hat sich von den großen Verwüstungen des Dreißigjährigen Krieges erholt. Die Landwirtschaft gedeiht. Ökonomisch ist das Kurfürstentum an der Schwelle zum 18. Jahrhundert das fortgeschrittenste Territorium Deutschlands. Die Zahl der Manufakturen steigt stetig, Chemnitz schickt sich an, das reiche Augsburg von seinem führenden Platz in der Baumwollverarbeitung zu verdrängen. Im Süden, im Erzgebirge, floriert der Bergbau. Hier werden Silber, Kohle, Zinn, Kupfer, Blei und Eisen gewonnen. Die Leipziger Messe ist etabliert, jährlich zieht sie Hunderte von Händlern aus ganz Europa an. Sachsens Herrscher fördern die Attraktivität des Handelsplatzes durch den Ausbau des Straßennetzes. Die Geschäfte blühen, die Steuereinnahmen steigen. Das Land ist reich.

Augusts Macht ist aber nicht uneingeschränkt. Die Landstände, die den sächsischen Adel und die Städte vertreten, haben kein Interesse an einer starken Zentralgewalt und an einem Herrscher, der sich anschickt, Sachsen nach der Manier des Sonnenkönigs zu regieren.

Erst allmählich und mit Hilfe nicht-sächsischer Berater, wie dem Pommern Jakob Heinrich Graf von Flemming und dem Preußen Hans Adam von Schöning, kann August den Einfluss der Stände zurückdrängen. Ein zäher Kampf, der nicht leichter wird, als sich August auch noch entschließt, selbst König zu werden.

Friedrich August I. wird 1694 Kurfürst von
Sachsen; Gemälde von Louis de Silvestre,
1718

Nicht in Sachsen – da stand der Kaiser vor –, aber auswärts, im erzkatholischen Polen. Dort wartet seit Monaten eine verwaiste Krone auf ein neues Herrscherhaupt.

Im Juni 1697 begibt sich August in geheimer Mission nach Wien. Noch weiß kein Untertan im Kurfürstentum Sachsen, welche Ungeheuerlichkeit sein Kurfürst plant, um an die vakante polnische Krone zu kommen.

Der Weg von Dresden in die Kaiserresidenz an der Donau ist August vertraut. Zweimal schon war er als Oberbefehlshaber des kaiserlichen Heeres gegen die Türken über Wien nach Ungarn gezogen. Unerquickliche Scharmützel, die weder Ruhm noch reiche Beute brachten, aber immerhin das Vertrauen und den Respekt Kaiser Leopolds I. Und dieser Leopold, der Kaiser des Heiligen Römischen Reiches deutscher Nation, soll nun in Wien für Augusts ehrgeiziges polnisches Projekt gewonnen werden.

Der polnische Thron gehörte zuletzt König Johann Sobieski. Unter seinem Kommando diente Augusts Vater, als ein deutsch-polnisches Heer die Türken 1683 am Kahlenberg vor den Toren Wiens in die Flucht schlug und so das christliche Abendland vor dem drohenden Untergang bewahrte. Dieser legendäre Sobieski hatte zwar einen Sohn hinterlassen, aber Polen ist seit Mitte des 16. Jahrhunderts eine Adelsrepublik. Das heißt, der König wird von den Edelleuten des Landes gewählt. Und diesmal favorisiert der polnische Adel einen Ausländer, einen, der über allen internen Querelen stehen soll – und wichtiger noch – einen, der in der Lage ist, die fünf Millionen Taler an Soldschulden zu begleichen, auf die Polens Militär schon seit Jahren wartet.

Aussichtsreichster Kandidat ist der französische Prinz Conti, hinter dessen Bewerbung der Sonnenkönig, der mächtige Ludwig XIV., steht. Und der war bereits, was August jetzt erst werden wollte: Katholik.

August weiß, dass dies der heikelste Teil seines Plans ist. Schließlich ist Kursachsen das Mutterland der Reformation und die Wettiner sind deren Paten. Doch die Aussicht auf eine Königskrone, wenn auch nur die polnische, lassen August alle Skrupel vergessen – fast alle –, denn für den Fall, dass seine Kandidatur scheitern sollte, organisiert er den Übertritt zum Katholizismus so unauffällig, dass er ihn problemlos wieder rückgängig machen könnte.

August begibt sich von Wien ins nahe gelegene Baden, wo einer seiner zahlreichen Vetter logiert. Dieser Mann, Herzog Christian von Sachsen-Zeitz, ist dem Kurfürsten nicht nur verwandtschaftlich verbunden, sondern auch noch Bischof von Raab und damit ein autorisierter katholischer Würdenträger.

In der Privatwohnung des Herzogs konvertiert der Kurfürst am 2. Juni 1697 unter Ausschluss der Öffentlichkeit.

Eile ist geboten, denn die polnische Königswahl hat längst begonnen. Bereits seit dem 15. Mai sitzt der Wahlsejm auf einem Feld bei Warschau zusammen und streitet darüber, wem von den insgesamt zwölf Bewerbern die polnische Königskrone zu überlassen sei. In einem ersten Wahlgang stimmt eine Mehrheit der polnischen Adligen für Conti, doch die Stimmung kippt, als sich herausstellt, dass der Franzose kaum in der Lage sein wird, die finanziellen Forderungen der Polen zu erfüllen.

Einen Tag vor der endgültigen Abstimmung erreichen etliche mit Gold beladene Wagen aus Dresden die polnische Hauptstadt. Und als selbst das noch nicht reicht, um die auf dem Wahlfeld vor Warschau versammelten Edelleute für August einzunehmen, kommt Hilfe aus Rom. Polnische Jesuiten strecken ihrem neuen Glaubensbruder noch einmal 35.000 Gulden vor. Von diesem Geld werden Lebensmittel und Wein gekauft, um die von der wochenlangen Kandidatensuche ermatteten polnischen Edelleute von Augusts Vorzügen zu überzeugen.

Nach einigen Wirrnissen ist der sächsische Kurfürst schließlich am Ziel.

Wahl Augusts I. zum König von Polen in Wola; Gemälde von J. G. Krügner

Die polnische Krone

Am 15. September 1697 wird er als August II. in der Krakauer Kathedrale vom polnischen Primas zum König von Polen gekrönt. Als man in Dresden Wind von der Sache bekommt, ist die Empörung groß. Mehr noch als eine Renaissance des Katholizismus befürchten die Sachsen, dass sie der Ehrgeiz ihres Fürsten, der sich nun König nennt, teuer zu stehen kommt. Die Sache mit dem Glauben ließe sich verschmerzen. Zumal, da August hochoffiziell versichert, dass er an Sachsens Bekenntnis zum Protestantismus nicht rütteln werde.

Belagerung Rigas durch Karl XII., im Jahr 1701 überschreiten die Schweden die Düna und besiegen am 9. Juli die sächsische Armee; Gemälde von J. G. Wachschlager

Friedrich Vitzthum; ihm gelingt es nach fünf Jahren, Zar Peter I. zu überzeugen und Polen für August den Starken zurückzugewinnen

Schwerer als auf Sachsens Seele lastet die polnische Affäre auf Sachsens Portmonee. Nicht wegen all des Goldes, das man nach Warschau karren ließ, um Polens Krone zu kaufen. Nein, es sind die Millionen Taler, die es August in den kommenden Jahren kosten wird, sie auf seinem Kopf zu behalten. Geld, das seine Untertanen zahlen müssen.

Polens neuer König geht forsch ans Werk. Kaum hat er die sächsischen Gemüter beruhigt und seinen Hof, einschließlich Mätressen, auf seine zwei Residenzen an Elbe und Weichsel verteilt, da zieht er auch schon in den Krieg.

Im Februar 1700 fällt das sächsische Heer in das von den Schweden besetzte Livland ein. August will es für Polen zurückerobern. Doch obgleich der König mit den Dänen und Russen starke Verbündete besitzt, endet der Feldzug mit einem Fiasko. Karl XII., Schwedens junger Monarch, zwingt die Dänen zur Kapitulation. Er schlägt die Russen vernichtend, lässt die Polen einen neuen König wählen und treibt schließlich Augusts Truppen von Riga bis nach Dresden zurück.

Im September 1706 besetzen die Schweden plündernd Sachsen und zwingen August im Frieden von Altranstädt, sein Bündnis mit dem russischen Zaren aufzulösen. Ein folgenschwerer Fehler Augusts, denn schon bald wendet sich das Kriegsglück von den Schweden ab. Peter I. schlägt das Heer Karls XII. bei Poltawa vernichtend. Der Schwedenkönig flieht zu den Türken, und August schickt seinen Freund und Berater Vitzthum nach Russland, um das alte Bündnis mit dem Zaren zu erneuern.

Fast fünf Jahre dauert Vitzthums Mission. Durch Schnee und Staub reist er als sächsischer Diplomat dem Zaren hinterher, vom finnischen Meerbusen bis hinunter ans Schwarze Meer. Sein Ziel: Polen für August zurückzugewinnen. Schließlich lenkt Peter ein. Zwar behält der Zar das so heiß umkämpfte Livland für sich, doch darf August auf seinen Thron nach Warschau zurückkehren.

Der neue, alte König von Polen ist zufrieden. Zum Dank erhebt er seinen ehemaligen Pagen 1711 in den Reichsgrafenstand. Der darf sich fortan Friedrich Graf Vitzthum von Eckstädt nennen und ist bei Hofe eine feste Größe. August hat vom Krieg erst einmal genug und widmet sich den schönen Dingen des Lebens.

Sachsens neuer Glanz

August beginnt zu bauen. Die alte Residenz Dresden soll von seiner neuen Würde künden. Deshalb schickt der König seinen Hofbaumeister nach Prag, Wien, Rom und Paris. Matthäus Daniel Pöppelmann soll sich dort »mit der

Dresden wird unter August II. zu »Elbflorenz«; Gemälde von Bernardo Bellotto / Canaletto, um 1751

Manier, wie man heutzutage Paläste und Gärten baue, wohl vertraut machen«, lautet die Order des Königs.

So geschult, vollendet Pöppelmann den Dresdner Zwinger. Ein barockes Gesamtkunstwerk von europäischem Rang – und auch die Stein gewordene Selbstvergewisserung eines Herrschers, der ahnt, auf welch tönernen Füßen sein Imperium steht. Die Baulust, die nach dem Ende der schwedischen Besetzung einsetzt, beschränkt er nicht nur auf Dresden. Auch in Warschau will August sein Königtum städtebaulich manifestieren. Erst kommen Kasernen, später das ebenfalls von Pöppelmann entworfene Sächsische Palais, die neue königliche Residenz. Die Prachtentfaltung, die der König mit Eifer betreibt, steckt auch seine Getreuen an. Alle bauen und feiern, geben Unsummen aus, um für und mit August zu glänzen.

Doch selbst wenn die braven Sachsen über so viel Verschwendungssucht maulen, das Geld, das ihnen August mit seinen Steuern aus den Taschen zieht, holen sich einige schnell zurück.

Viele seiner Untertanen profitieren vom höfischen Luxus, ob als Bauleute, Schneider, Perückenmacher, Hoflieferanten oder Manufakturarbeiter. Augusts aufwendige Hofhaltung lässt Sachsens Wirtschaft prosperieren. Zahlen allerdings müssen die Bauern und das einfache Volk.

Der Alchemist Johann Gottfried Böttger (1682–1719) erfand um 1708 das europäische Porzellan und leitete bis zu seinem Tod die Manufaktur Meißen

Augusts Wirtschaft

Zwischen 1694 und 1733 wurden in Sachsen 26 Manufakturen gegründet. Führend waren dabei das Textilgewerbe und die Metallverarbeitung. Mit der Gründung der Porzellanmanufaktur in der Albrechtsburg Meißen entstand die erste staatliche Manufaktur in Europa. Sie unterstand der direkten Kontrolle durch den König, der bis zu seinem Tod Absatz, Gewinn und Verluste dieses Prestigeunternehmens überwachte.

1713 gelingt es, in Meißen das Weiße Gold erstmals in Serie herzustellen, und noch im selben Jahr wird es auf der Leipziger Messe feilgeboten. Damit ist das Porzellanmonopol der Chinesen endgültig gebrochen. Eine Pionierleistung, zu der es kaum gekommen wäre, hätte August nicht hartnäckig alle wissenschaftlichen und technischen Ressourcen Sachsens in das abenteuerliche Projekt eines gewissen Johann Friedrich Böttger investiert, als der ihm versprach, auf künstlichem Wege Gold herzustellen. Das stattdessen entstandene Porzellan aus Sachsen wandert in den kommenden Jahren an fast alle europäischen Höfe, gegen Bezahlung oder als Geschenk.

Der König braucht Freunde, denn er hat noch immer ehrgeizige Pläne. Auf dem polnischen Thron soll auch nach seinem Tod ein Wettiner sitzen. Zu diesem Zweck strebt August nach einer noch engeren Beziehung zur kaiserlichen Familie in Wien. Was liegt da näher als eine Hochzeit.

365 Kinder, so sagt die Legende, soll August gezeugt haben. Anerkannt hat der König davon lediglich acht und von diesen acht ist wiederum nur ein Nachkomme tatsächlich legitim und damit nach Wien vermittelbar. Es ist Eberhardines einziger Sohn. Er trägt den Namen seines Vaters, ist aber kein Katholik. Die sächsische Kurfürstin hat eine Abkehr vom lutherischen Glaubensbekenntnis tapfer verweigert. Und sie will auch nicht, dass ihr Friedrich August junior diesen Schritt vollzieht. – Doch was zählt der Wille der Königin gegen die Staatsräson.

August entzieht seiner Gattin kurzerhand die Erziehung und schickt den Prinzen auf Reisen. Noch keine 14 Jahre alt ist der Knabe, da beginnt seine Kavalierstour. An der Spitze seiner Reisebegleiter steht ein katholischer Edelmann, denn das eigentliche Ziel der Tour ist es, den Glaubenswechsel des Thronfolgers möglichst unauffällig in der Fremde zu vollziehen. In Italien, wo der kleine Friedrich August die kommenden Jahre verbringt, konvertiert der Prinz am 27. November 1712 zum Katholizismus. Ein Schritt, zu dem sich August auf Drängen Roms entschließt, um den polnischen Thron für sich und sein Haus zu sichern. Lange wird der Übertritt geheim gehalten. Dann aber, als feststeht, dass Friedrich August eine Kaisertochter ehelichen darf, kehrt der Prinz nach fast achtjähriger Abwesenheit als strenggläubiger Katholik an den Dresdner Hof zurück.

Die kirchliche Trauung wird nicht in der sächsischen Diaspora, sondern am 20. August 1719 in Wien, in der Hauskirche der Habsburger vollzogen. Anschließend reisen Prinz Friedrich August und seine junge Frau, die Kaisertochter Maria Josepha, nach Dresden.

Hier beginnt die eigentliche Feier. Am 2. September 1719 legt das Brautpaar am Dresdner Elbufer an. Das goldene Lustschiff mit den Jungvermählten hat August von venezianischen Spezialisten anfertigen lassen.

Diese Hochzeit zwischen der Kaisertochter und dem Königssohn gilt heute als das prachtvollste Schauspiel des Spätbarock. Penibel berichten die ausländischen Gesandten nach Hause, wie viele Taler wofür in Dresden und Umgebung verjubelt werden. In summa sind es gut zwei Millionen. August, der die Feierlichkeiten minutiös geplant hat, weiß, was er seinem Renommee schuldig ist. Ein knauseriger Herrscher läuft schnell Gefahr, als wirtschaftlich schwach und politisch handlungsunfähig zu gelten. August, so die strahlende Botschaft aus Dresden, strotzt vor Kraft und finanzieller Potenz. – Diese Hochzeit sollte nicht das letzte große Fest gewesen sein, mit dem die Sachsen die Welt in Staunen versetzen.

Die letzten Jahre

1730 dienen 28.000 sächsische Soldaten unter August. Der 60-jährige König sehnt sich nach Kanonendonner und Pulverrauch. Nicht nach einem ernsthaften Krieg, wohl aber nach einem Schauspiel, mit dem er die Welt von der Stärke seiner Armee überzeugen kann.

Dieses Spektakel ist als Zeithainer Lager in die Annalen eingegangen. Als Manöver gedacht, wird es unter Augusts Regie eine mehrere Wochen währende Kirmes. Die Grenzen zwischen militärischer Übung und hochherrschaftlichem Amüsement sind dabei fließend. Beendet wird das Lager mit einem Mittagsmahl für 30.000 Personen, bei dem der Adel sein Essen auf Meißner Porzellan serviert bekommt.

Augusts Kinder

Die Legende erzählt, dass August der Starke 365 Kinder gezeugt haben soll. Anerkannt hat der König neben seinem ehelich gezeugten Sohn Kurprinz Friedrich August allerdings nur folgende Nachkommen:
– Moritz von Sachsen (von Maria Aurora von Könismarck)
– Friedrich August Rutowski (von Fatima, einer jungen, als Kriegsbeute nach Sachsen verschleppten Türkin)
– Johann Georg des Saxe (von Ursula Katharina Lubomirska)
– Anna Orzelska (von der Tänzerin Henriette Duval)
– Augusta Constantina von Cosel
– Frederike Alexandrine von Cosel
– Friedrich August von Cosel (alle drei von der Gräfin von Cosel)

Das Zeithainer Lager war ein Prunk-
Manöver der Superlative; Gemälde von
J. A. Thiele, 1731

Allegorie auf den Abschied des Kurprinzen
Friedrich August von seinem Vater,
König August II., 1715; Gemälde von
Louis de Silvestre

Zu den mehr als drei Dutzend europäischen Fürsten, die in Zeithain Quartier beziehen, gehört auch der Preußenkönig Wilhelm I. Noch begegnen sich Sachsen und Preußen auf einer Augenhöhe. Doch im Gefolge des Preußenkönigs ist ein schmales, schwächliches Kerlchen: Friedrich, der Thronfolger. Er liebt das Flötenspiel mehr als den Schlachtenlärm. Das jedoch gehört bald der Vergangenheit an. 26 Jahre später wird er als König Friedrich II. in Dresden einmarschieren und Sachsens Armee, die sich in Zeithain noch von aller Welt bewundern lässt, zur Kapitulation zwingen. Sieben Jahre kämpfen Friedrichs Soldaten gegen Sachsen, Österreicher, Russen, Franzosen … Am Ende dieses Krieges ist Preußen eine europäische Supermacht und Sachsen von der politischen Bühne verschwunden.

August der Starke, Sachsens Kurfürst, der König von Polen, ist da schon lange tot. Er stirbt 63-jährig am 1. Februar 1733 in Warschau an den Folgen einer schweren Diabetes. Dort, in der Mitte Polens, so Augusts letzter Wille, soll sein Körper bleiben. Nicht aber sein Herz; das kehrt nach Sachsen heim, nach Dresden, in seine Stadt. Bis heute ruht es in der katholischen Hofkirche.

Es sind die Sieger, die die Geschichte schreiben: Für die Preußen und all jene, die fortan in ihrem Geist Politik betreiben, wird August zum Schulbeispiel des missratenen Herrschers, zum Gegenstück des selbstlosen Friedrich – ohne Moral, ohne Glauben und schlimmer noch, ohne Stolz auf das deutsche Vaterland.

Dabei war August doch nur ein Geschöpf seiner Zeit, ein wenig schillernder vielleicht als andere barocke Fürsten, aber einzigartig kaum.

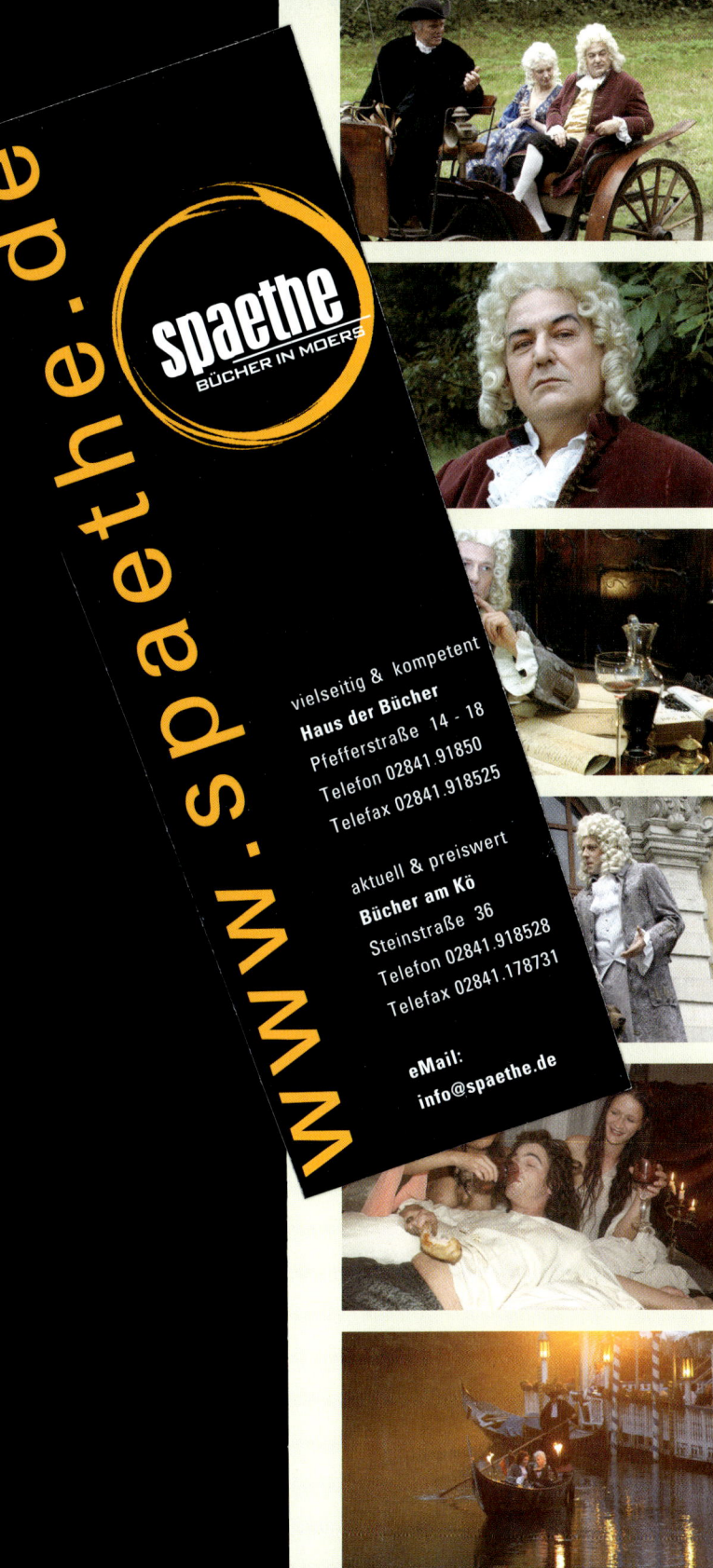

Zeittafel August der Starke

1670	**12. Mai** Geburt Friedrich Augusts I. in Dresden als zweiter Sohn des sächsischen Kurfürsten Johann Georg III. und der dänischen Prinzessin Anna Sophia
1687–1689	Kavalierstour durch Frankreich, Spanien, Italien und Ungarn
1689–1691	Friedrich August I. beteiligt sich an Feldzügen im Krieg gegen Frankreich
1691	Nach dem Tod Johann Georgs III. wird Johann Georg IV., der Bruder Friedrich Augusts Kurfürst von Sachsen
1693	**10. Januar** Friedrich August I. heiratet in Bayreuth Christiane Eberhardine von Kulmbach
1694	Gräfin Aurora von Königsmarck wird die Geliebte von Friedrich August I.
1694	**27. April** Überraschender Tod des Bruders Johann Georg IV., Friedrich August I. ist damit Kurfürst von Sachsen
1695	Friedrich August I. erhält den Oberbefehl über das kaiserliche Heer im Kampf gegen die Ungarn und Türken
1696	Tod des polnischen Königs Johann III. Sobieski. Friedrich August I. bewirbt sich um die Krone Polens Zwei Söhne werden geboren: Friedrich August II., der spätere Kurprinz, von Ehefrau Christiane Eberhardine und Moritz von der Geliebten Gräfin Aurora
1697	**1. Juni** Heimlicher Übertritt Friedrich Augusts I. zum Katholizismus. Wenige Wochen später folgt eine Garantieerklärung für die Beibehaltung des Protestantismus in Sachsen
1697	**15. September** Friedrich August I. wird in Krakau vom Bischof von Kujavien zum polnischen König August II. gekrönt
1700–1721	Nordischer Krieg. Friedrich August I. eröffnet den Krieg gegen Schweden mit dem Einmarsch in Livland
1702	**19. Juli** Sieg der Schweden über das sächsisch-polnische Heer. Friedrich August wird 1704 auf Wunsch des Schwedenkönigs Karl XII. als König von Polen abgesetzt und Stanislaus Leszinski zum neuen König gewählt
1704	Friedrich August I. lernt Anna Constantia von Hoym, besser bekannt als Gräfin Cosel, kennen. Eine zehn Jahre während Liebschaft beginnt
1706	Endgültige Niederlage gegen Schweden
1709	Johann Friedrich Böttger gelingt die Produktion von Porzellan **8. August** Russischer Sieg über die Schweden. Rückkehr Friedrich Augusts I. nach Polen, wo er die Königskrone zurückerhält
1710	Baubeginn des Dresdner Zwingers durch Baumeister Matthäus Daniel Pöppelmann und den Bildhauer Balthasar Permoser
1713	Gräfin Cosel fällt in Ungnade. Neue Geliebte wird ab 1715 Maria von Dönhoff
1717	Übertritt des Sohnes Friedrich Augusts II. zum Katholizismus
1718	Pöppelmann errichtet das neue Opernhaus am Zwinger
1719	Hochzeit des Kurprinzen Friedrich August II. mit Maria Josepha, der Tochter des deutschen Kaisers
1722–1730	Heeresreform in Kursachsen. Die Reform endet mit dem Zeithainer Lager
1727	Tod von Ehefrau Christiane Eberhardine auf Schloss Pretzsch an der Elbe
1733	**1. Februar** Tod Friedrich Augusts I. in Warschau

Leopold I. Fürst von Anhalt-Dessau; Gemälde von Georg Lisiewsky, 1741

André Meier

Der Alte Dessauer
Im Dienste der Preußen 1676–1747

Wenn der Krieg ein Handwerk ist, dann war Fürst Leopold I. von Anhalt-Dessau sein Meister. Mit ihm begann Europa vor den Preußen zu zittern. Seit 300 Jahren wird versucht, nach seinem Rezept Siege zu erringen; er lehrte den Gleichschritt, er war der Vater des Drills, der Mann, der Schnelligkeit, Präzision und blinden Gehorsam als Soldatentugenden kanonisierte – und dennoch machten all jene, die Leopold aus seinen mörderischen Schlachten unversehrt heimführen konnte, aus dem schnauzbärtigen Fürsten schon zu Lebzeiten eine Legende.

»Seine Sitten waren wild, sein Ehrgeiz kannte keine Grenzen; erfahren in der Belagerungskunst, ein glücklicher Krieger und schlechter Bürger.«
Friedrich II. über den Alten Dessauer in den »Denkwürdigkeiten der Brandenburgischen Geschichte«

Der wilde Prinz

Der Jubel in Anhalt-Dessau ist groß, als Leopold am 3. Juli 1676 das Licht der Welt erblickt. Endlich hat man einen männlichen Erben. 17 Jahre hatten Fürst Johann Georg II. und seine Gattin Henriette Katharina aus dem holländischen Haus Oranien auf diesen Augenblick warten müssen. Nach Mädchen auf Mädchen beschert kurz vor ihrem 40. Lebensjahr Henriette Katharina dem kleinen Fürstentum nun den so lang herbeigesehnten Thronfolger.

Das Ländchen, das Leopold einmal erben soll, war erst am Anfang des 17. Jahrhunderts aus einer brüderlichen Erbteilung des Fürstentums Anhalt entstanden. Seither verzeichnete Deutschlands Karte mit Anhalt-Bernburg, Anhalt-Köthen, Anhalt-Zerbst und Anhalt-Dessau vier weitere Zwergfürstentümer, die mit eigenen Residenzen und eigner Hofhaltung zu glänzen versuchten. Leopolds künftiges anhaltisches Herrschaftsgebiet misst rund elf Quadratmeilen, also ca. 630 Quadratkilometer, auf denen etwa 25–30.000 Untertanen leben, die meisten von ihnen auf dem Lande. Fast zwei Drittel der landwirtschaftlichen Nutzfläche werden von freien Bauern bewirtschaftet. Anhalt-Dessau bietet also für ehrgeizige Potentaten herzlich wenig Entfaltungsspielraum. Wer nach Höherem strebt, muss in die Fremde ziehen, um sich im Dienst größerer und mächtigerer Fürsten seine Meriten zu erwerben. So wie Leopolds Vater, der als gefeierter Feldmarschall in brandenburgischen Diensten steht. Fürst Johann Georg I. kämpft für den Brandenburger Friedrich Wilhelm, den man später nur noch den Großen Kurfürsten nennen wird.

Leopold I. im Alter von vier Jahren; Gemälde von Maria van der Laeck, um 1680

Die fürstliche Residenz an Mulde und Elbe zählt gerade dreieinhalbtausend Einwohner. Jeder kennt hier den jungen Prinzen, das wilde verwöhnte Nesthäkchen der Fürstenfamilie. Er ist der eigentliche Herr im fürstlichen Schloss. Kein Wunsch wird dem Prinzen abgeschlagen, keiner seiner Streiche geahndet.

Der nachsichtige Fürst ist glücklich, als er sieht, dass auch des kleinen Leopold Leidenschaften der Jagd und dem Kriegshandwerk gehören. Mit Eifer lernt der Prinz Reiten, Fechten, Schießen. Statt über seinen Büchern zu sitzen, zieht Leopold lieber auf eigene Faust umher oder begleitet den Vater, wenn der seine Hundemeute durch die anhaltischen Auenwälder hetzt, um Hirsch oder Eber den Garaus zu machen.

Leopold lockt das Militär. Er will in die Fußstapfen des Vaters treten, sich wie dieser seine Sporen als Haudegen im Dienst einer fremden Großmacht verdienen. Als Leopold zwölf Jahre alt wird, bekommt er von seinem Taufpaten und Namensspender, dem deutschen Kaiser Leopold I., das Oberkommando über ein ganzes Infanterieregiment geschenkt.

Ein symbolischer Akt – aber auch eine Option: Der Kaiser im fernen Wien ist ständig in militärische Auseinandersetzungen verwickelt und dementsprechend groß ist sein Bedarf an fähigen Offizieren. Mit seinem Präsent will der Habsburger den jungen Tausendsassa aus Dessau an sich binden.

Die große Liebe

1693 stirbt Fürst Johann Georg von Anhalt-Dessau. Sein Sohn Leopold ist jetzt 17 Jahre alt und seine Begeisterung fürs Militär ist ungebrochen – und er ist verliebt. Seine Auserwählte heißt Anna Louise Föhse, und sie ist eine einfache Apothekertochter.

Fürst Leopold verabschiedet sich von Anna Louise Föhse

Die Affäre wird zum Politikum, als sich abzeichnet, dass die Liebe des jungen Prinzen zu dem Mädchen bürgerlicher Herkunft mehr ist als eine flüchtige Leidenschaft. An Europas Höfen beginnt man zu tuscheln. Nicht etwa, weil sich Leopold außerhalb seiner Standesgrenzen vergnügt – dies war beim halbwüchsigen Adel ohnehin die Regel. Was die blaublütigen Geiferer empört, ist der Umstand, dass der junge Leopold es mit dieser Liaison ernst zu meinen scheint, ja sogar von Heirat spricht. Spätestens jetzt sieht sich auch seine Mutter zum Eingreifen gezwungen. Nach dem Tod ihres Gatten ist Fürstin Henriette Katharina die Regentin von Anhalt-Dessau und damit für Leopold nicht nur die oberste familiäre, sondern auch die höchste staatliche Autorität. Um die peinliche Affäre ihres Sohnes zu beenden, entschließt sie sich, den jungen Mann auf Reisen zu schicken. Erstes Ziel der auf zwei Jahre angelegten Tour ist Venedig, im damaligen Verständnis das Sündenbabel

Europas, der Tummelplatz des sexuell aktiven blaublütigen Nachwuchses. Weihnachten 1693 erreicht Leopold, der inkognito als Graf von Waldersee reist, die Lagunenstadt. Offiziell ist seine Reise als Kavaliertour deklariert. So werden zu jener Zeit die oft jahrelangen Bildungsreisen genannt, auf denen der adlige Nachwuchs seinen letzten kosmopolitischen Schliff erhalten soll. Mehr als drei Monate bleibt Leopold in Venedig. Nimmt man einmal die zahlreichen Anekdoten aus, die Leopold als zügellosen Zecher preisen, ist nicht überliefert, worauf sich sein Lerneifer in dieser Zeit richtet.

Anscheinend nutzt der Prinz aus Dessau seine Reise vor allem dazu, sich selbst als extraordinären Draufgänger feilzubieten. In einer Gesellschaft, in der ein Mann zuallererst nach seiner Kriegsverwendungsfähigkeit beurteilt wird, muss ein Kerl wie der junge Leopold fast zwangsläufig Eindruck hinterlassen. Egal ob auf der Reitbahn, in Fechthallen, im Ballsaal oder am Wirtshaustisch: Leopold versteht zu glänzen.

Mehr als ein Jahr ist Leopold in Italien. Doch als er im Februar 1695 über Wien in sein kleines Dessau zurückkehrt, ist die Enttäuschung groß. Jedenfalls bei der Fürstin, denn noch ehe der Prinz seiner Mutter die Aufwartung macht, stürmt er in Anna Louise Föhses kleine Apotheke.

Bevor jedoch der Konflikt zwischen der Fürstin und ihrem noch immer ebenso heftig wie unstandesgemäß verliebten Sohn eskalieren kann, muss Leopold in den Krieg.

Der junge Kriegsheld

Ludwig XIV., Frankreichs Sonnenkönig, plant die Ausdehnung seines Machtbereichs nach Osten. Unter Verweis auf die Erbansprüche seiner Schwägerin Elisabeth Charlotte von der Pfalz marschieren Ludwigs Truppen in deutsches Reichsgebiet ein. Eine Allianz aus holländischen, englischen und deutschen Truppen stellt sich den Franzosen entgegen. Auf Ersuchen des deutschen Kaisers hat der brandenburgische Kurfürst Friedrich III. seine Regimenter in das Kampfgebiet an der Maas entsandt. Darunter befindet sich auch das Infanterieregiment Anhalt-Dessau, das der junge Leopold nun in der Nachfolge seines verstorbenen Vaters kommandiert. Voller Eifer stürzt sich der Prinz in sein erstes kriegerisches Abenteuer. »Es kann wohl kein Mensch begreifen, als der von Jugend auf soviel Lust zu dienen in sein wallendes Herze hat, wie ich beständig in das meinige befand«, wird er sich später erinnern. Seine Feuertaufe erlebt Leopold beim Kampf um die Festung Namur.

Am 30. August 1695 stürmt Leopolds brandenburgisches Regiment mit den Verbündeten die von den Franzosen verteidigte Festung. Leopold schlägt sich bei dieser seiner ersten Attacke in vorderster Linie so wacker, dass er vom

König Friedrich I., unter dem Preußenkönig kämpft Leopold I. auf wechselnden Kriegsschauplätzen für fremde Ziele

Oben: Leopold I. Fürst von Anhalt-Dessau; Miniatur nach Antoine Pesne

Unten: Anna Louise, Fürstin von Anhalt-Dessau; Miniatur nach Antoine Pesne

brandenburgischen Kurfürsten sogleich zum Generalmajor ernannt wird. Erst als nach zwei Jahren der Friedensvertrag von Rijswijk das vorläufige Ende der Kampfhandlungen besiegelt, kehrt Leopold nach Dessau heim.

Inzwischen ist er vierundzwanzig und damit alt genug, die Regierungsgeschäfte zu übernehmen. Am 13. Mai 1698 wird er mit allem Pomp in der Dessauer Marienkirche zum Fürsten von Anhalt-Dessau ernannt.

Kaum auf dem Thron, heiratet Leopold allen Widerständen zum Trotz sein Fräulein Föhse. 40.000 Taler kostet ihn dieser Liebesbeweis, denn soviel verlangt Kaiser Leopold in Wien, um die Dessauer Apothekertochter in den Reichsfürstenstand zu erheben. Es ist die Vorraussetzung dafür, dass die neue Fürstin und ihre künftigen Kinder gesellschaftlich als vollständig ebenbürtig und damit erbfolgefähig gelten.

Viel Zeit bleibt dem jungen Paar nach der Hochzeit nicht, denn erneut ist ein Konflikt zwischen dem nach Hegemonie strebenden Frankreich und seinen Nachbarn ausgebrochen. Spaniens König Karl II. war im November 1700 kinderlos gestorben und seither harrt der Thron des Riesenreichs eines Erben. Gleich zwei der mächtigsten Männer Europas melden mit Waffengeklirr ihre Anwartschaft auf die spanische Krone an: Frankreichs König Ludwig XIV. und der deutsche Kaiser Leopold I., beide haben Schwestern des spanischen Königs geheiratet.

Der brandenburgische Kurfürst Friedrich III. hatte sich schon im Vorfeld auf die Seite seines Kaisers geschlagen und dem Habsburger im Kriegsfall eine Hilfstruppe von 8000 Mann garantiert. Im Gegenzug bekam er nicht nur eine Aufwandsentschädigung von 200.000 Gulden, sondern zugleich die kaiserliche Erlaubnis, nach der preußischen Königskrone zu greifen. Ein Schacher ist es also, der aus dem brandenburgischen Kurfürsten Friedrich III. am 18. Januar 1701 in Königsberg Friedrich I., den König in Preußen, macht.

Bezahlen müssen für dieses Geschäft die 8000 brandenburgisch-preußischen Soldaten, die keine zwei Monate später in die Schlacht ziehen und für den Kaiser aus Wien um den spanischen Thron kämpfen.

Der jetzt ausbrechende Spanische Erbfolgekrieg, der zwölf Jahre lang den Kontinent erschüttert, ist genau das, was sich der Fürst aus Dessau wünscht – ein Tummelplatz für Helden und solche, die es werden wollen.

Der neue König in Preußen liebt den Luxus, seine Hofhaltung verschlingt mehr, als das arme Agrarland einbringt. Um den Haushalt wenigstens halbwegs auszugleichen, bietet er seine Truppen feil. Für Hunderttausende von Talern überlässt Friedrich I. den kriegführenden Parteien ganze Regimenter, einschließlich ihrer Offiziere. Und so kämpft Leopold von Anhalt-Dessau auf ständig wechselnden Kriegsschauplätzen unter ständig wechselnder Führung. Erst im Rheinland, dann an der Donau, schließlich in Italien.

Getrieben von der Aussicht, endlich einmal allein ein Kommando zu führen, zieht Leopold im Frühjahr 1705 mit seiner 8000 Mann starken preußischen Leiharmee über die Alpen. In Verona werden die Preußen unter den Oberbefehl von Prinz Eugen gestellt, der in Norditalien den Kampf der kaiserlichen Truppen gegen die Franzosen führt. In der Nähe des kleinen Städtchens Cassano kommt es am 16. August 1705 zu einer Schlacht, die Leopolds Ruf als unbarmherzigen Feldherrn zementiert. An dem Fluss Adda wollen die kaiserlichen Truppen unter Prinz Eugens Befehl einen Übergang erzwingen. Doch die beschauliche Adda erweist sich als mörderische Falle. Hunderte preußische Infanteristen ertrinken, bevor sie überhaupt auf den Feind stoßen können. Und wer das andere Ufer erreicht, wird zur wehrlosen Zielscheibe, weil sein Pulver nass geworden ist und er das Feuer nicht erwidern kann.

Als Prinz Eugen verwundet wird, übernimmt Leopold das Oberkommando und treibt seine Leute noch rücksichtsloser voran. Trotzdem endet das Unternehmen mit einem blutigen Fiasko. Über 600 preußische Infanteristen treiben tot im Wasser. Der Angriff wird abgeblasen. Die Legende feiert Leopold dennoch als Helden. Die Männer, die Cassano überleben, erzählen fortan davon, wie der Dessauer mit ihnen in vorderster Reihe gegen den Feind anrannte. Mit ebensolchem Respekt wie Prinz Eugen, der Leopold ob seiner unerschütterlichen Kampfeswut ab jetzt nur noch »die Bulldogge« nennt.

Zum Mythos von Cassano gehört auch der Marsch, den Leopolds Soldaten seit jenen Tagen zum Ruhme ihres Obersten intonieren. Ausgangsmaterial für den »Dessauer Marsch«, so sagt die Mär, sei eine alte Prozessionsmelodie, die die Bürger von Cassano aufspielten, als der furchtlose Leopold mit seinem gebeutelten Haufen durch ihre Straßen zog.

Der preußische König ist allerdings überhaupt nicht entzückt, als der Held im Winter 1705 heimkehrt. (Gekämpft wurde damals vom Frühling bis zum Herbst, der Winter diente dem Auffüllen der Regimenter.) Die preußische Truppe war fast um die Hälfte geschrumpft. Mindereinnahmen drohen, wenn der König im nächsten Frühjahr erneut seine Soldaten zur Miete anbieten wird. Ein Skandal, tönt es bei Hofe, der Mann »kämpfe mehr als ein Österreicher denn als ein Preuße und verschwende die Kräfte des Staates für fremden Dank«.

Leopold könnte den Dienst bei den Preußen quittieren, Angebote anderer Monarchen gibt es genug. Dass er trotzdem bleibt, liegt vor allem an dem jungen Kronprinzen Friedrich Wilhelm, um dessen militärische Ausbildung sich der Dessauer nun kümmern darf. Auf eine Rangerhöhung und Würdigung seiner Verdienste muss Fürst Leopold I. allerdings lange warten. Als Lehrmeister des Kronprinzen und damit als dessen Vertrauter beobachtet

Kaiser Leopold I. in festlichem Kostüm

Kronprinz Friedrich Wilhelm, der spätere Soldatenkönig, wird vom Alten Dessauer erzogen

Darstellung der Werbemethoden und -mittel: Alkohol, Prügel, Geld

ihn die Hofkamarilla voll Neid und Argwohn. Erst 1712 erhält er den königlichen Marschallstab zugesprochen.

Der zwölf Jahre ältere Leopold und der preußische Thronfolger erleben im September 1709 gemeinsam die Schlacht von Malplaquet, eine der blutigsten Auseinandersetzungen des Spanischen Erbfolgekrieges. 24.000 Tote kostet Preußen und seine Verbündeten der Sieg über die Franzosen. Die Leidenschaft des Kronprinzen fürs Militär kann dieses Erlebnis zwar nicht trüben, wohl aber seine Bereitschaft, die eigenen Truppen für fragwürdige Ziele abschlachten zu lassen.

Der Drillmeister Preußens

1713 endet der Spanische Erbfolgekrieg mit einem Patt. Im gleichen Jahr stirbt auch Friedrich I. und hinterlässt ein bankrottes Land. Neuer König wird Leopolds Freund und Zögling Friedrich Wilhelm. Für Preußen bedeutet der Thronwechsel eine einschneidende Zäsur, für Leopold, den Fürsten von Anhalt-Dessau, ist er ein Glücksfall.

37 Jahre ist der Dessauer jetzt alt und hat den Rang eines preußischen Generalfeldmarschalls. Friedrich Wilhelm I., der als Soldatenkönig in die Geschichte eingehen wird, weiß um die Talente seines Mentors und vertraut dem Dessauer die Armee und damit sein liebstes Spielzeug an.

Der Soldatenkönig ist, obwohl es unglaubwürdig klingt, ein friedfertiger Herrscher – auch wenn ihn seine unmittelbare Umgebung am Hofe als Choleriker fürchtet. Seine Zornesausbrüche, seine Knüppelschläge können jederzeit jeden treffen, ganz gleich ob Stallbursche oder Minister. Außenpolitisch jedoch hält sich Friedrich Wilhelm I. zurück. Ein kurzer und erfolgreicher Krieg gegen die Schweden noch, der Preußen Stettin und den größten Teil Vorpommerns sichert, dann folgen 20 Jahre Frieden. Der König liebt zwar das Militär, aber er mag keine Kriege. »Ich war«, so wird der Soldatenkönig später notieren, »mit dem, was ich durch Gottes Gnade genoss, zufrieden und wollte mich nicht auf Kosten meiner Nachbarn vergrößern.« Dafür wird Preußen jetzt auf den Kopf gestellt. Sparsamkeit ist des Soldatenkönigs oberstes Gebot. Preußen, das der Vater ihm mit einem Schuldenberg von 20 Millionen Talern hinterlassen hat, blüht unter Friedrich Wilhelm I. ökonomisch auf.

Was Brandenburg-Preußen jetzt erwirtschaftet, kommt vor allem der Armee zugute – und Friedrich Wilhelms langen Kerls, Soldaten, die der neue König Preußens aus aller Herren Länder für gutes Geld heranholen lässt. Je größer, desto teurer: Rekruten ab 1,82 Meter lässt sich der König 700, ab 1,87 Meter gar 1000 Taler kosten. Ein Heer von 800 bis 1000 Werbern zieht im Auftrag des Soldatenkönigs durch halb Europa, immer auf der Suche nach den Goliaths, die Friedrich Wilhelm so glücklich machen. Sein teuerster Soldat ist ein hünenhafter, 2,10 Meter großer Ire mit Namen James Kirkland. Für ihn zahlt der König über 8000 Taler und lässt ihn auch sogleich für seine Galerie porträtieren.

Fürst Leopold von Anhalt-Dessau hat Verständnis für diese Marotte seines Königs und versorgt ihn mit Nachschub. Obgleich der Fürst, den man nun den Alten Dessauer zu nennen beginnt, weiß, dass des Königs Lange Kerls reines Blendwerk sind. Für einen richtigen Krieg sind sie viel zu ungelenk und zu behäbig. Zu klein dürfen freilich auch Leopolds Soldaten nicht sein. In den Regimentern des Fürsten findet sich kein Soldat unter 5 Fuß und 7 Zoll, das sind 1,72 Meter. Kleinere Rekruten hätten Schwierigkeiten, die langen Gewehre zu laden, die Preußens besondere Schlagkraft ausmachen, seit Leopold den vormals hölzernen gegen einen bruchsicheren eisernen Ladestock austauschen ließ. Mit solchen Erfindungen und mit strengem Drill macht der Alte Dessauer Preußens Heer in den kommenden Jahren zur schnellsten und effektivsten Armee Europas. Leopolds Infanterieregiment Anhalt-Dessau wird zum Lehrregiment des preußischen Fußvolks. Was der Alte Dessauer hier mit seinen Soldaten erprobt und für nützlich befindet, gilt als Reglement für alle. Fürst Leopold ist der Kriegsmechanikus Preußens. Unter seiner Leitung wird Magdeburg, dessen Gouverneur der Fürst seit 1701 ist, zur größten Festung des Landes ausgebaut.

Zu diesem Zweck holt Leopold niederländische Spezialisten an die Elbe, die in jahrzehntelanger Arbeit einen riesigen, allen Anforderungen der modernen Kriegsführung genügenden Befestigungsring um die Stadt ziehen. Magdeburg, das erst seit 1680 zu Brandenburg gehört, wird unter Leopolds Regie dessen wichtigste westliche Trutzburg.

Auch das neue preußische Exerzierreglement trägt des Alten Dessauers Handschrift. Schnelligkeit, Präzision und blinder Gehorsam genießen fortan auf den preußischen Kasernenhöfen oberste Priorität. Viele Rekruten, oft sturzbetrunken in Wirtshäusern zum Dienst gedungen, halten diesem Drill jedoch nicht stand und versuchen, dem Druck und den Schlägen ihrer Offiziere durch Flucht zu entkommen. Jährlich desertieren 200 bis 250 Mann. Und dies, obwohl ihnen – auch dafür sorgt der Alte Dessauer – bei Wiederergreifung der Strick sicher ist.

Leopold als Landesfürst

Obgleich der Dessauer Fürst selten daheim ist, ist die Ehe mit zahlreichen Kindern gesegnet. Zehn Kinder, fünf Knaben und fünf Mädchen, hat ihm Anna Luise geboren. Um eine weitere Zerstückelung des Landes durch Erb-

Grenadier James Kirkland aus der Riesengarde des Soldatenkönigs; Gemälde von Christof Merk, 1714

Das Tabakskollegium Friedrich Wilhelms I. diente der Information und Diskussion, an ihm mussten auch Nichtraucher wie Leopold I. teilnehmen

Von 1713 bis 1740 ist Fürst Leopold als Generalfeldmarschall in den Diensten des preußischen Königs Friedrich Wilhelm I.

schaftsansprüche auszuschließen, lässt der Fürst 1727 für sein Reich das Erstgeburtsrecht einführen. Damit ist die Erbfolge verbindlich geregelt.

Im Januar und Februar eines jeden Jahres ist der Alte Dessauer in Berlin, um sich mit dem König zu beraten, im März beginnt das Exerzieren der Regimenter. Der Fürst besucht seine in Halle stationierten Anhaltiner und kontrolliert die Arbeit seiner Offiziere. Dann macht er sich auf nach Magdeburg, um den Festungsbau zu beaufsichtigen.

Im Juni inspiziert er gemeinsam mit Friedrich Wilhelm I. die Armee im Brandenburgischen, bevor sie dann aus demselben Grund über Stettin nach Ostpreußen ziehen. Für gewöhnlich kehrt der Fürst erst im September in seine Heimat zurück, um die Jagdsaison zu eröffnen.

Trotz dieses vollen Kalenders setzt Leopold die von seinem Vater begonnene Erweiterung der Residenzstadt Dessau fort. Der Bedarf an Bauland ist groß. Die Geburtenrate steigt stetig. Zudem ist das kleine Fürstentum ein bevorzugter Anlaufpunkt für protestantische Glaubensflüchtlinge, die hier wie im benachbarten Preußen Zuflucht finden können.

Leopold lässt Dessaus mittelalterliche Ringmauer schleifen. Auf ihrem Grund entsteht die Fürstenstraße. Die beiden Vorstädte lässt er ausbauen und gründet 1706 mit der Wasserstadt am Muldeufer zugleich eine neue. Überall im Fürstentum werden Entwässerungsarbeiten vorgenommen, aus den trockengelegten Brüchen entsteht Land für neue Siedler.

Anna Louise schenkt dem Gemahl zehn Kinder, fünf Söhne und fünf Töchter; Gemälde von Antoine Pesne, 1715

Gratulation an den König

Hunderte von Briefen schrieben sich Preußens König Friedrich Wilhelm I. und Fürst Leopold I. von Anhalt-Dessau. Zeugnisse für das innige Verhältnis zwischen dem Soldatenkönig und dem Alten Dessauer. Am 28. Dezember 1738 schickte der Alte Dessauer seinem König folgende Neujahrsgratulation: »Es geschieht nichts aus Gewohnheit, noch weniger aus Schuldigkeit, sondern gewiss aus ganz treu ergebensten Herzen und, wenn ich mich dieser

Die Juden, die Leopolds Vater seit 1672 ins Land kommen ließ, erhalten zwar auch unter Leopold keine vollen Bürgerrechte, doch ist ihre Lage im Fürstentum Anhalt-Dessau erträglicher als in vielen Teilen Deutschlands. Sie dürfen Synagogen bauen, eine eigene Druckerei betreiben, ja sogar im Schloss des Fürsten heiraten. Leopold ist religiöser Fanatismus fremd, und er weiß die finanzökonomischen Fähigkeiten der Juden zu schätzen.

Sein Hofjude heißt Moses Benjamin Wulff. Dieser Mann, der in Gelddingen auch dem sächsischen König zur Seite steht, hat Leopolds Vertrauen. Moses Benjamin Wulff nutzt seine gehobene Stellung bei Hofe, um weitere Glaubensbrüder ins Land zu holen. Mitte des 18. Jahrhunderts stellen Juden fast sechs Prozent der Bevölkerung und bestimmen die wirtschaftliche Entwicklung des kleinen Fürstentums entscheidend mit. Wulff selbst gründet 1711 in Oranienbaum eine der ersten Manufakturen des Landes und produziert im großen Stil Tuchwaren. Und er bekommt das Privileg, die Wolle aus den fürstlichen Schäfereien zu vermarkten.

Keine Rücksicht auf angestammte Rechte alteingesessener Familien nimmt Leopold mit seinen Steuergesetzen. Gnadenlos kauft der Fürst die infolge seiner Finanzpolitik überschuldeten Güter anhaltinischer Landjunker dann auf. Von 1706 bis 1741 fallen so mehr als drei Dutzend Rittergüter in fürstliche Hand. Der Adel, seines Besitzes entledigt, verlässt das Land und lässt sich vor allem in Preußen nieder. Aus seinen Gütern werden fürstliche Domänen. Am Ende ist Leopold in seinem Reich nicht nur der größte, sondern auch der einzige Großgrundbesitzer. Auf seinen Kriegszügen informiert er sich über neue Anbau- und Bewirtschaftungsmethoden. Er lässt aus Holland Zuchtrinder kommen, fördert den Tabakanbau, die Schaf- und Schweinezucht und führt auf seinen Domänen die Stallfütterung ein. Ausgesuchte Erzeugnisse aus Leopolds kleinem Reich wandern regelmäßig nach Berlin auf den Tisch des Königs. Und der bedankt sich in seinen Briefen artig für Elblachs, Trüffel, Schwäne, Gänse oder Schafskäse.

Leopold ist Mitte Fünfzig, als er mit einem jungen anhaltinischen Waisenmädchen eine Affäre beginnt. Sophie Eleonore Söldner ist Anfang Zwanzig, als der Alte Dessauer sie zu seiner Geliebten macht und schwängert. Zwei Söhne schenkt die junge Frau dem Fürsten während ihrer vier Jahre währenden Liaison. Der Älteste, der 1733 geborene Georg Heinrich von Beerenhorst, wird als Offizier im Stab Friedrichs des Großen Karriere machen, dann aber seine Armeelaufbahn beenden und als Militärhistoriker zum schärfsten Kritiker all jener Tugenden werden, die seinen Vater zur Legende machten.

Expression gebrauchen darf, aus wahrer und beständiger Liebe, daß ich mich die Freiheit nehme, Ew. Königl. Maj. allergehorsamst zu den bevorstehenden neuen Jahre alles dasjenige anzuwünschen, was Ew. Königl. Maj. meritiren von Gott zu erhalten, wie auch daß Ew. Königl. Maj. in das künftige Jahr durch Dero schöne, weltberühmte Armee dasjenige bekommen, was Ew. Königl. Maj. von Gottes- und Rechtswegen gehöret, auf dass ganz Europa sehe, dass Ew. Königl. Maj. diese formidable Armee so lange gehalten, bis die Gelegenhiet gekommen, diese so zu gebrauchen, auf dass Ew. Königl Maj. mächtige Feinde daraus sehen und wahrnehmen, was Dieselben mit solcher Armee auszurichten im Stande sind.

Ich aber versichere mit ganz unterthänigsten Respect, dass mit allerunterthänigster Treue bis in mein Grab verbleiben werde.«

Dank an den Fürsten

Einer der letzten Briefe des sterbenskranken Königs an den Fürsten von Anhalt-Dessau verlässt Berlin am 20. Februar 1740: »Es ist Mir recht empfindlich gewesen, aus Eurer Liebden Schreiben die aufrichtigsten Merkmale von Dero freundwilliger Compassion und Sentiments über Meinen Zustand zu ersehen und Ich kann nicht sattsam ausdrücken, wie sehr Ich Deroselben dafür obligiret bin. Wie es aber scheinet, dass wenig Hoffnung mehr zu einer rechten Genesung übrig ist, so habe Ich Mich völlig darinnen gefasset und bin mit Meinem Gott und seinem heiligen Willen zufrieden, was Er auch über Mein in seinen Händen stehendes Leben disponiren will. Indessen wollen Eure Liebden von Mir versichert sein, daß ich Dero wahre und vieljährige Freundschaft und Gewogenheit bis ins Grab im Andenken behalten und unveränderlich mit treuer Amitié verharren werde.«

Das Verhältnis zwischen Friedrich II., hier vier Jahre vor seiner Thronübernahme, und dem Alten Dessauer war von Spannungen geprägt

Der neue König

Am 31. Mai 1740 stirbt Friedrich Wilhelm I. Neuer Herr in Preußen ist jetzt Friedrich II., der Flötenspieler und geläuterte Deserteur.

Wenn man der Legende glauben darf, ist der Alte Dessauer der erste, der Friedrich nach dessen Vaters Tod gegenübertritt. Mit Tränen in den Augen wirft sich der Fürst dem jungen Regenten vor die Füße und bittet darum, ihn und seine Söhne in den Ämtern zu belassen. Und er beschwört den neuen König, auch die persönliche Autorität aufrecht zu erhalten, die er bei dessen Vater genossen habe.

Friedrichs Antwort ist eindeutig. Die Ämter ja. Aber, so der 28-jährige König zu dem alten General, »was die Autorität angeht, welche Sie besessen zu haben glauben, so ist mir davon nichts bekannt: Ich weiß als König von keiner Autorität als der, die dem König selbst innewohnt.«

Mit der Sonderstellung, die der Alte Dessauer am Berliner Hof unter dem Soldatenkönig genossen hatte, ist es nun vorbei. Gegen seinen Rat zieht der junge König, kaum dass er auf dem Thron sitzt, in den Krieg. Ausgerechnet gegen Österreich, gegen die Habsburger, denen der Fürst von Anhalt-Dessau mindestens ebenso eng verbunden ist wie den Preußen. Und es kommt noch schlimmer: Der Alte Dessauer, der Vater der preußischen Armee, muss bei diesem Feldzug in der Etappe bleiben.

Verbittert reicht er im Sommer 1741 nach 49 Dienstjahren seinen Abschied ein. Der Fürst kehrt tief enttäuscht nach Dessau zurück und verbrennt alle ihm von den Preußen verliehenen militärischen Auszeichnungen.

Doch nur vier Jahre dauert die militärische Abstinenz des Alten Dessauers, dann zieht er erneut in die Schlacht. Es sollte das letzte und ausschlaggebende Gefecht des Zweiten Schlesischen Krieges werden. Schlesien, das Friedrich in seinem ersten Feldzug den Österreichern abgejagt und Preußen einverleibt hat, droht wieder verlustig zu gehen. Die Österreicher und die mit ihnen verbündeten Sachsen, so melden des Königs Spione, planen einen Doppelangriff auf Schlesien und die Mark. Um ihnen zuvorzukommen, lässt Friedrich seine Armee im November 1745 in Sachsen einmarschieren.

Am 15. Dezember 1745 kommt es bei Kesselsdorf nahe Dresden zur alles entscheidenden Konfrontation. Der Alte Dessauer lässt seine 31.000 Soldaten nach allen Regeln der Kriegskunst aufmarschieren. Friedrich II. geht es zu langsam: »Mein Feldmarschall ist der einzige, der meine Befehle nicht verstehen kann oder will«, schreibt er ungeduldig an Leopold. Was der Fürst will, ist eine klassische Parallelschlacht. Frontal lässt er deshalb das preußische Fußvolk gegen die in Kesselsdorf verschanzte sächsische Armee anstürmen.

»In Jesu Namen, Marsch!«, befiehlt der Alte Dessauer, dann rücken seine Sturmtruppen mit ihm in der Mitte über verschneite Felder zu den Klängen des Dessauer Marschs auf Kesselsdorf vor. Ein gewaltiges Kartätschen- und Gewehrfeuer schlägt ihnen entgegen. Am Dorfrand bricht die Front der Preußen auseinander. Hunderte von Toten und Verwundeten bleiben im Schnee liegen. Leopolds Uniformrock ist von Kugeln zerfetzt.

Jetzt setzen die Sachsen nach. Im Glauben, die Schlacht sei bereits gewonnen, stürzen sie sich auf die in Auflösung begriffenen Preußen. Sie wollen Beute machen. Unter Viktoriarufen werfen sie sich plündernd auf Leichen und Verwundete und nehmen dabei den eigenen Kanonen das Schussfeld. Diese Disziplinlosigkeit wird den von General Rutowski befehligten Sachsen zum Verhängnis. Denn der Alte Dessauer lässt nun seine Reitertruppen auf das Schlachtfeld stürmen, die gnadenlos mit den Degen auf die entsetzten Sachsen einhauen. Dann folgt die Infanterie und erledigt den Rest. Kopflos fliehen die sächsischen Regimenter in Richtung Dresden.

Leopold hat gesiegt. Doch um welchen Preis. Der Schnee auf den Feldern um Kesselsdorf ist blutrot gefärbt, die Preußen verloren über 5000 Mann, 3800 sächsische Soldaten sind tot oder verwundet.

Allerdings ist dem Alten Dessauer jetzt der Respekt des jungen Friedrich sicher. »Der preußische Soldat schätzte Leopold«, so wird sich Friedrich später erinnern, »und liebte ihn wegen seiner sonderbaren Volksgemeinheit, die

Seine privilegierte Stellung am preußischen Hof büßt der Alte Dessauer mit der Amtsübernahme Friedrichs II. im Jahr 1740 ein; Gemälde von Antoine Pesne, 1740

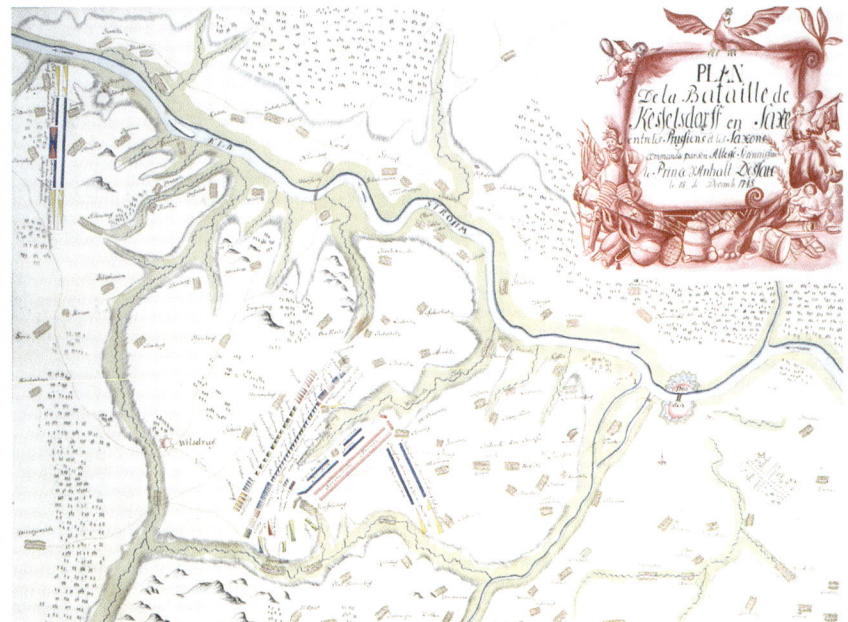

Gebet des Alten Dessauer vor der Schlacht bei Kesselsdorf am 15. Dezember 1745

Schlachtplan von Kesselsdorf. Es war der letzte Krieg des 69-jährigen Dessauer sich in harter, kurzer Anrede mit Flüchen untermischt äußerte, wo zwischen aber gute Gesinnungen durchschimmerten.«

Nach der Schlacht kehrt der Alte Dessauer in sein Schloss zurück und beginnt, im Auftrag Friedrichs die Geschichte der preußischen Armee aufzuschreiben. Am 15. März 1747 ist er fertig und schickt das Manuskript nach Berlin. Beigefügt der Wunsch, »dass Gott Ew. Königl. Majestät brave und formidable Armee zum Trost und Erhaltung Dero Königsreichs und Lande, wie auch zum Schrecken Dero Feinde in den größten Flor erhalten möge und wolle.«

Keinen Monat später ist der Alte Dessauer tot. Am 9. April stirbt Fürst Leopold von Anhalt-Dessau an den Folgen eines Schlaganfalls. Der Kommentar seines Königs ist kurz und kühl: »Der alte Dessauer ist verreket.«

So nüchtern ist das Verhältnis der Preußen zu ihrem anhaltinischen Zuchtmeister jedoch nicht geblieben. Eine imperiale Macht braucht Helden, braucht Männer, die das große Sterben im Namen der Politik als ehrenvoll und unabdingbar legitimieren: Männer wie den Alten Dessauer, Kerle mit Kanten und Macken, um die sich möglichst so viel Anekdoten ranken, dass sie all das Blut verdecken, das ihres Herren Kriege die eigenen und die anderen Völker kosten.

Beisetzung des Fürsten Leopold I. von Anhalt-Dessau

Zeittafel Der Alte Dessauer

1676	**3. 7.** Leopold I. wird in Dessau als Sohn des Fürsten Johann Georg II. von Anhalt-Dessau und der oranischen Prinzessin Henriette Katharina geboren. Pate ist Kaiser Leopold II., auf dessen Namen der Kronprinz getauft wird
1688	Der zwölfjährige Leopold I. wird durch den Kaiser zum Chef des Infanterieregimentes Diepenthal ernannt
1693–1695	Kavaliersreise nach Venedig, Florenz und Wien
1693	Tod des Vaters und Übertragung des Regimentes zu Fuß durch den brandenburgischen Kurfürst Friedrich III.
1695	**August** Leopold I. besteht mit seinem Regiment Anhalt-Dessau die erste Feuertaufe beim Sturm der Festung Namur und wird zum Generalmajor ernannt
1698	**13. 5.** Leopold I. übernimmt die Regierung des Fürstentums Anhalt-Dessau
1698	**September** Hochzeit des Fürsten Leopold I. mit seiner bürgerlichen Jugendliebe Anna Luise Föhse, die drei Jahre später vom Kaiser in den Adelsstand erhoben wird
1700	Leopold I. veranlasst die Umstrukturierung des Steuerwesens in Anhalt-Dessau
1700–1720	Nordischer Krieg
1701	**18. 1.** Friedrich III. von Brandenburg krönt sich als Friedrich I. zum König in Preußen.
1701–1713/14	Spanischer Erbfolgekrieg
1701	Fürst Leopold I. wird zum Gouverneur der Stadt Magdeburg ernannt, die er bald zur größten Festung Preußens ausbauen lässt
1705	Leopold I. überquert mit seiner preußischen Leiharmee die Alpen. Wenig später kommt es zur Schlacht von Cassano
1709	**September** Leopold I. und der junge Kronprinz Friedrich Wilhelm I. sind an der Schlacht bei Malplaquet in den Niederlanden beteiligt
1712	Ernennung Leopolds I. zum Generalfeldmarschall und Geheimen Kriegsrat durch den preußischen König
1713	Nach dem Tod Friedrichs I. von Preußen tritt Friedrich Wilhelm I., bald nur noch »Soldatenkönig« genannt, an dessen Stelle
1736	Georg Heinrich von Beerenhorst, der illegitime Sohn des Fürsten Leopold I. und Sophie Eleonore Söldners, wird geboren Geburt von Leopold Friedrich Franz von Anhalt-Dessau, dem Nachfolger von Leopold I.
1740	**31. 5.** Tod Friedrich Wilhelms I. Sein Sohn, Friedrich II., übernimmt die Regierungsgeschäfte in Preußen
1740–1742	Erster Schlesischer Krieg
1744–1745	Zweiter Schlesischer Krieg
1745	**Dezember** Mit der Schlacht und dem Sieg von Kesselsdorf während des Zweiten Schlesischen Krieges beendet Leopold I. seine militärische Laufbahn
1747	**9. 4.** Tod des Fürsten Leopold I. von Anhalt-Dessau

Das so genannte Hausmannporträt ist das einzige gesicherte Porträt Bachs, es entstand 1746

Lew Hohmann / Winifred König

Johann Sebastian Bach

»Der liebe Gott der Musik« 1685–1750

Claude Debussy nannte Bach den »lieben Gott der Musik«, vor dem jeder Musiker erst einmal niederknien müsse, ehe er auch nur eine Note anrühre. Mauricio Kagel schrieb: »Es mag sein, dass nicht alle Musiker an Gott glauben. An Bach jedoch glauben sie alle.«

In den Augen der Nachwelt ist Johann Sebastian Bach der wohl größte Musiker aller Zeiten. Sein Werk, fast 1200 Kompositionen hat er uns hinterlassen, ist von höchster künstlerischer Meisterschaft und tiefer emotionaler Wirkung. Bach selbst blieb dabei offensichtlich bescheiden, ja geradezu demütig. Auf die Frage seiner Söhne, »wie er denn der Kunst in so hohem Masse mächtig geworden sey?«, soll er geantwortet haben: »Ich habe sehr fleißig sein müssen; wer ebenso fleißig ist, der wird es ebenso weit bringen können.«

So wenig gesichertes Wissen über Bachs Biografie wir auch besitzen, immer waren ihm die Idee musikalischer Vollkommenheit und das Ringen um absolute Musik zentrales Lebensmotiv. Welche Umstände haben dazu geführt, dass gerade er alle seine Musikerverwandten so hoch überragt? War es Genialität oder »nur Fleiß«? War es die Unrast eines Suchenden und ewig Unzufriedenen oder der Erfolgshunger eines begnadeten Künstlers? War es tiefes religiöses Empfinden und Sendungsbewusstsein, oder war es die Besessenheit eines Musikers, der das letzte Geheimnis der Tonkunst ergründen und in den Dienst seiner Berufung stellen wollte?

>»Nicht Bach sollte er heißen, sondern Meer.«
>*Ludwig van Beethoven*

Bach und der Tod

Im Juli 1720 kehrt Bach von einer mehrwöchigen Reise, auf der er Fürst Leopold nach Karlsbad begleitet hat, nach Köthen zurück. Mit seinen 35 Jahren ist der Musiker ein gemachter Mann: als Orgelvirtuose und Komponist berühmt, als Hofkapellmeister hoch geschätzt. Und er hat Frau und Kinder, die er zärtlich liebt und die wiederzusehen er sich freut.

Doch als er in Köthen ankommt, erfährt er, dass seine Frau Maria Barbara, die er gesund und munter zurückgelassen hatte, gestorben und bereits begraben ist. – Wieder einmal hat der Tod, Bachs hartnäckiger Begleiter, seine eigene Rechnung gemacht. Neun Jahre alt war Bach, als in Eisenach zuerst seine Mutter und bald darauf sein Vater starben.

Bachs Vater, Ambrosius Bach, war Stadtpfeifer in Eisenach. Er starb bereits 1695

Dieses Porträt, das mit hoher Wahrscheinlichkeit Bach zeigt, wird den Köthener Jahren zugeordnet. Gemälde von Johann Jakob Ihle, um 1720

Carl Philipp Emanuel über den Tod der Mutter Maria Barbara

Sohn Carl Philipp Emanuel ist sechs Jahre alt, als seine Mutter stirbt. Von ihm stammt eines der wenigen Zeugnisse, die Auskunft über den Vater geben. Im Nekrolog für seinen Vater schreibt der Sohn 35 Jahre später über den Tod der Mutter: »Zweymal hat sich unser Bach verheyrathet. Das erste mal mit Jungfer Maria Barbara, der jüngsten Tochter eines brafen Componisten. Mit dieser hat er 7 Kinder, nämlich 5 Söhne und 2 Töchter, gezeuget. Nachdem er mit dieser seiner ersten Ehegattin 13 Jahre eine vergnügte Ehe geführt hatte, wiederfuhr ihm in Cöthen, im Jahre 1720 der empfindliche Schmerz, dieselbe, bey seiner Rückkunft von einer Reise, mit seinem Fürsten nach dem Carlsbade, todt und begraben zu finden; ohngeachtet er sie bey der Abreise gesund und frisch verlassen hatte. Die erste Nachricht, daß sie krank gewesen und gestorben wäre, erhielt er beym Eintritte in sein Hauß.«

Der Vater war Stadtpfeifer in der 5000-Einwohner-Stadt Eisenach. Ein Stadtpfeifer richtet mit seinen Kollegen die Kirchenmusik aus, spielt zu öffentlichen Anlässen und zu Taufen, Hochzeiten und Beerdigungen. Auch die meisten von Sebastians Onkeln, Vettern und Brüdern sind Musiker: Capellmeister, Komponisten, Organisten, Sänger. Die »Bache« sind eine musikalische Gilde, und sie haben einen guten Namen.

Schule und Ausbildung zum Musiker

Mit der Beerdigung des Vaters ist für den knapp zehn Jahre alten Johann Sebastian die Kindheit vorbei. Im Nekrolog, den sein Sohn Carl Philipp Emanuel verfasst hat, heißt es dazu knapp: »Johann Sebastian war noch nicht zehen Jahr alt, als er sich seiner Eltern durch den Tod beraubet sahe. Er begab sich nach Ohrdruff zu seinem ältesten Bruder Johann Christoph, Organisten daselbst, und lernte unter desselben Anleitung die Grundlagen des Clavierspiels.«

Clavierspiel heißt: Cembalo, Spinett und vor allem Orgel. Das Orgelspiel, Orgelmusik, Claviermusik prägen Bachs Biografie. Bachs früheste Werke für Orgel werden der Ohrdrufer Zeit zugeordnet.

Im Frühjahr 1700 macht sich der 15-jährige Bach zu Fuß auf den 250 Kilometer langen Weg nach Lüneburg. In Lüneburg kann er als Mitglied des Chores der Lateinschule am Michaeliskloster sein Leben und seine Lehre selbst finanzieren. Hier entwickelt er sich zu einem virtuosen Organisten und profunden Kenner der Orgel. Noch als Gymnasiast darf er in der Lüneburger Michaeliskirche zum Gottesdienst die Orgel spielen. Bald weiß der Hochbegabte alles über ihre Stimme, ihr Werk, ihre Seele. Und er wandert von Lüneburg nach Hamburg, um dort die Orgelkonzerte des berühmten Johann Adam Reinken zu hören. So wie der, so gut will er einmal werden.

Am Ende der Lüneburger Zeit kann er Latein und kennt die wichtigsten Regeln der höfischen Etikette. Er beherrscht die Grundlagen des Französischen und Italienischen, und er ist mit der Musik von dort in Berührung gekommen. In den Ohrdrufer und Lüneburger Jahren legen Bachs Lehrer und sein enormer Drang, sich zu vervollkommnen, das Fundament für das, was die Nachwelt einst den »großen Bach« nennen wird.

Beginn einer Karriere

Nach einer Anstellung als »Musiklakai« am Weimarer Hof kann Bach in Arnstadt zum ersten Mal beweisen, was er in den harten Schuljahren gelernt hat. Es ist der 24. Juni 1703, als Bach auf der Orgel in der Neuen Kirche in Arnstadt spielt und bis dahin ungeahnte Möglichkeiten des Instruments vorführt. An diesem Tag beginnt Bachs Karriere als Musiker – und von diesem Tag an ist Bach als Orgelgutachter begehrt.

Die Arnstädter engagieren Bach als Organisten und lassen sich den neuen Mann einiges kosten. Sie zahlen ihm ein deutlich höheres Gehalt als seinem Vorgänger, nämlich 84 Gulden und 4 Groschen. Aber sie haben wenig Freude an ihrem Orgelvirtuosen. Bach in Arnstadt – ein junger Wilder? Die Ratsakten berichten von einem Degenkampf mit einem Schüler namens Geyersbach, der Bach nachts mit dem Knüppel bedroht. »Zippelfagottist« hatte Bach ihn wegen seines schlechten Spiels genannt. »Zippelfagottist« heißt also das erste schriftlich überlieferte Wort des großen Bach. Er quält sich mit dem Chor und kann es als ambitionierter Musiker der Gemeinde nicht recht machen. Mal spielt der Organist im Gottesdienst zu lang, mal zu kurz, die Gemeinde ist irritiert. Und schließlich geht er noch während der Predigt einen Wein trinken. Und als Krönung überzieht Bach seinen Urlaub, den er sich für einen Studienaufenthalt in Lübeck erbeten hat, um dort den berühmten Dieterich Buxtehude zu hören. Über ein viertel Jahr bleibt er weg, und das gerade über die Weihnachtszeit. Und dann hat er von Lübeck einen neuen Musizierstil mitgebracht, viel zu modern, zu viele Variationen, zu viele Bässe. Hat er hochfliegende Pläne und ist ihm das biedere Arnstadt zu eng? So tritt in Arnstadt zum ersten Mal zutage, was Bachs lebenslanges Problem bleiben wird: Immer wieder stößt sein Genius an die Grenzen, die ihm das Amt setzt.

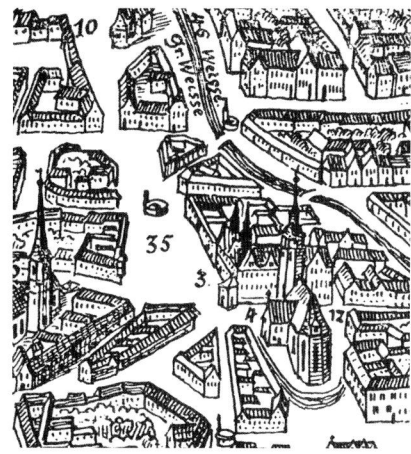

Die Arnstädter Neue Kirche (4) liegt direkt am Markt (35). Hier tritt Bach 1703 sein erstes Organistenamt an

Hochzeit in Dornheim und Zwischenspiel in Mühlhausen

Bach wendet sich nach Mühlhausen. Am 24. April 1707 spielt er dort eine eigene Kantate (BWV 4). Wieder ein Karrieresprung. Bach wird Organist in der Mühlhäuser Hauptkirche Divi Blasii. Das drückt sich auch in seinen Bezügen aus: 85 Goldgulden plus 3 Malter Korn, 2 Klafter Holz und Reisig. Bach ist ein ehrgeiziger, zielstrebiger junger Musiker, der durchaus weiß, was er kann und was er wert ist.

Bach kann jetzt eine Familie gründen. »Den 17. 10. 1707 ist der Ehrenwerte Herr Johann Sebastian Bach, ein lediger Gesell und Organist zu St. Blasii in Mühlhausen … mit der tugendsamen Jungfer Marien Barbaren Bachin alhier copuliret worden.« So steht es im Register der Kirche zu Dornheim.

Maria Barbara Bach, die Angetraute, Tochter des Gehrener Organisten, ist eine Cousine zweiten Grades. Man weiß wenig über sie, auch gibt es kein Bild von ihr. Sie schenkt ihrem Mann sieben Kinder, und sie wird ganz gewiss viel Verständnis für ihn und seine Musik gezeigt haben.

Bach als Orgelprüfer

»Noch nie hat jemand so scharf und doch dabei aufrichtig Orgelproben übernommen. … Das erste, was er bey einer Orgelprobe that, war dieses: Er sagte zum Spaß, vor allen Dingen muß ich wissen, ob die Orgel eine gute Lunge hat, um dieses zu erforschen, zog er alle klingenden Register an, und spielte so vollstimmig, als möglich. … das Registrieren bey den Orgeln wusste niemand so gut, wie er. Oft erschraken die Organisten, wenn er auf ihren Orgeln spielen wollte, u. nach seiner Art die Register anzog, indem sie glaubten es könnte unmöglich so, wie er wollte gut klingen, hörten hernach aber einen Effect, worüber sie staunten.« (Nekrolog)

**Hochzeits-Quodlibet
(BWV 524) Auszug**

…

Große Hochzeit, große Freuden,
Große Degen, große Scheiden,
Große Richter, große Büttel,
Große Hunde, große Knittel,
Große Väter, große Söhne,
Große Goschen, große Zähne,
Große Pfeile, große Köcher,

…

Große Jungfern, große Kränze,
Große Esel, große Schwänze,

…

Urschel, brenne mir ein Licht an,
Dass ich dabei sehen kann!
Willst du mir kein Licht anzünden,
will ich dich wohl im Finstern finden.

…

**Kinder Bachs und seiner Frau
Maria Barbara (1684–1720)**
Catharina Dorothea (1708–1774)
Wilhelm Friedemann (1710–1784)
Johann Christoph (1713)
Marie Sophie (1713)
Carl Philipp Emanuel (1714–1788)
Johann Gottfried Bernhard (1715–1739)
Leopold Augustus (1718–1719)

Mit Eifer widmet sich Bach seinen Mühlhausener Aufgaben. Als erstes fordert er Umbau und Renovierung der Orgel, dann kümmert er sich um die Vervollständigung der Notensammlung. Und er komponiert Kantaten. Die wohl populärste ist die Ratswechselkantate (BWV 71), aufgeführt im Jahre 1708. Der Rat, stolz auf seinen prächtigen Komponisten, lässt das Werk drucken. Eine kostspielige Würdigung des erst 23-Jährigen. Es ist auch schon fast wieder ein Abschiedsgeschenk. Denn Mühlhausen, kurz vor Bachs Ankunft zur Hälfte abgebrannt, hat nun andere Sorgen als Orgeln und Kirchenmusik und kaum Geld, um Bach die Perspektiven zu bieten, die er sich in der bis dahin reichen Stadt erhofft hatte. Hinzu kommen Widrigkeiten mit einem streng pietistischen Pastor. So macht ein verlockendes Angebot aus Weimar es Bach leicht, Mühlhausen den Rücken zu kehren.

Familienvater und Komponist in Weimar

In der Residenzstadt Weimar mit 5000 Einwohnern wird Bach Hoforganist und »Cammer-Musicus« bei Herzog Wilhelm August von Sachsen-Weimar. Alles in allem verdoppelt sich sein Gehalt: 150 Gulden, 18 Scheffel Korn, 12 Scheffel Gerste, 4 Klafter Holz, 30 Eimer Bier, das sind 5 Liter pro Tag, Befreiung von der Tranksteuer. Man weiß wenig über die neun Weimarer Jahre. Aber man darf wohl vermuten, dass es überwiegend glückliche Jahre sind. Die Familie wird größer, sechs Kinder werden in Weimar geboren, darunter auch Zwillinge, die allerdings kurz nach der Geburt sterben. Nach

Das Weimarer Schloss, genannt die »Wilhelmsburg«. Hier war Bach von 1708 bis 1717 angestellt

Catharina Dorothea wird Sohn Friedemann geboren, gefolgt von Carl Philipp Emanuel, so genannt nach seinem Taufpaten Carl Philipp Telemann, Freund und Kollege des Vaters.

Bach wird im März 1714 Hof-Musik-Direktor und gilt als der führende Musiker des Fürstenhauses. Aber noch hat er einen Vorgesetzten, den Hofkapellmeister Johann Samuel Drese. Bach studiert systematisch die Italiener, aber auch Telemann; er analysiert und er vervollkommnet seine eigene Musik. Er entscheidet sich fürs Komponieren, will nicht mehr nur der Musiker, der Instrumentalist sein. Aber noch immer ist es zuerst die Orgel, um die sich sein musikalisches Werk rankt. Sein Ruf als exzellenter Orgelimprovisator ist bis in die königliche Residenz Dresden gedrungen. Das führt zu einem Wettstreit, der zwar nicht stattfindet, aber Bachs Qualitäten nun weit über Thüringen hinaus publik macht.

Dresdener Wettbewerb ohne Preis

Am Dresdner Hof August des Starken sorgt im Jahr 1717 der berühmte französische Cembalo- und Orgelvirtuose Louis Marchand für Furore. Neider wollen den eitlen Musiker, der auch schon ein 1000-Taler-Angebot des Königs hat, wieder loswerden. Sie erhoffen sich hilfreiche Impulse für ihre Intrige durch einen Wettstreit des Franzosen mit dem exzellenten Bach. Die Veranstaltung soll im Palais von Joachim Friedrich Graf Flemming stattfinden. Großes Publikum, allerdings ohne König, doch Marchand kneift, hat mit der Extrapost Dresden verlassen. Bach gibt nun mit grandiosem Erfolg ein Solokonzert. Die vom König ausgesetzte Belohnung von 500 Talern landet jedoch nicht bei Bach, sondern verschwindet in den Taschen eines gierigen Bediensteten.

Ein Angebot macht ihm der König nicht. Bachs Musizierstil, so scheint es, ist wohl virtuos, trifft aber nicht den Geschmack der Zeit, den der Hof Augusts bevorzugt. Andererseits kann auch vermutet werden, dass es den Kirchenmusiker Bach nicht an den katholischen Hof Augusts zog und ihm das höfische Gebaren fern lag. Aber auch in Weimar gibt es keine Aufstiegschancen. Bei der Vergabe des höchsten musikalischen Amtes wird Bach vom Herzog übergangen. Genau die ihm vorenthaltene Position des Hofkapellmeisters wird ihm nun vom Fürsten Leopold zu Köthen-Anhalt angeboten. Bach unterschreibt den Vertrag – und wandert dafür ins Gefängnis. Der erzürnte Weimarer Herzog will seinen begnadeten Musiker nicht hergeben, muss aber schließlich einlenken. Während der vier Wochen Arrest im Dezember 1718 soll Bach, frei von Ablenkungen und Verpflichtungen, mit der Komposition des »Wohltemperierten Klaviers« begonnen haben. Ohne Instrument,

Bach in der Weimarer Zeit. Die Authentizität dieses Gemäldes ist umstritten; vermutlich von Ernst Rentsch d. Ä., um 1715

Louis Marchand, ehemaliger Hoforganist Ludwigs XIV.

Oben: Leopold Fürst von Anhalt-Köthen galt als Musenfreund und musizierte selbst; Gemälde von Johann Christoph Müller (?) nach Antoine Pesne, um 1725

Unten: Das Fürstliche Residenzschloss Köthen; colorierter Kupferstich von Matthäus Merian d. Ä., um 1650

aus der Phantasie, mit Feder und Tinte und Notenpapier. So entstehen in der Landrichterstube der Weimarer Bastille die Anfänge eines der bedeutendsten Werke der Weltmusik.

Köthen – hohes Amt und tragischer Verlust

Bach ist nun der erste Mann der Hofmusik an einem zwar kleinen, aber musikbegeisterten Hof. »Hochfürstlich Anhalt-Cöthenischer Capellmeister« heißt sein Titel, gleichgestellt dem Hofmarschall. Sein Gehalt hat sich verdoppelt. Der Fürst selbst ist Musiker, spielt zusammen mit Bach und dem Hoforchester.

Für Kirchenmusik ist allerdings wenig Bedarf in Köthen. Bachs Schaffen dort ist von weltlicher Musik geprägt. Man vermutet, dass zwischen 240 und 360 Werke entstanden sind, die meisten davon gelten als verloren. Erhalten sind die Brandenburgischen Konzerte, die er 1721 dem brandenburgischen Markgrafen Christian Ludwig widmet. Der aber bedenkt das grandiose Geschenk weder mit einem Stellenangebot noch mit einer Belohnung, nicht mal ein Dankesbrief scheint in Köthen angekommen zu sein. Was mag Bach empfunden haben angesichts des fürstlichen Undanks? Die Noten der zu Unrecht Brandenburgisch genannten Konzerte tauchen das erste Mal 1734 wieder im Nachlass des Markgrafen auf, offenkundig unbenutzt, und werden dort mit 24 Groschen, das ist gerade ein Taler, inventarisiert. Zu Lebzeiten Bachs wird diese Musik nur in Köthen aufgeführt, erst 100 Jahre später gibt es einzelne Konzerte und noch mal 100 Jahre vergehen, bis die Brandenburgischen Konzerte zu Weltgeltung gelangen.

In Köthen findet Bach nach dem Tod seiner Frau eine neue Gefährtin. Wenige Tage vor Weihnachten heiratet er 1721 Anna Magdalena Wülcken, eine Sopranistin, Tochter des Weißenfelser Hoftrompeters. Auch diese zweite Heirat ist eine Liebesheirat. Mit dem Lied »Willst du dein Herz mir schenken« widmet der 36-jährige Bach seiner 20-jährigen Gemahlin eine musikalische Liebeserklärung. Das Lied findet Eingang in das »Klavierbüchlein für Anna Magdalena«.

Aber in Köthen werden die Bachs nicht mehr froh. Der Fürst, inzwischen selbst verwitwet, verheiratet sich erneut. Die neue Gemahlin ist eine »amusa«, liebt nur das Militärische. Das musikalische Leben kommt zum Erliegen. Außerdem vermisst Bach die Kirchenmusik und die Orgelempore, und er möchte, dass seine Kinder lutherische Schulen und eine Universität besuchen. Er sieht sich nach einem neuen Amt um.

Leipzig und der Thomaskantor

Bach übernimmt eine Stellung, die im Renommee doch um einiges geringer ist als die eines Hofkapellmeisters. Die schon rund 500 Jahre alte Thomasschule, die der Stadt, nicht der Kirche untersteht, die »Schola pauperum«, ist eine Armenschule für besonders begabte Kinder, die auf die Universität vorbereiten soll. Andererseits ist das Amt des Leipziger Thomaskantors eines der angesehensten Kantorate in Deutschland. Das barocke Leipzig ist mit seinen 30.000 Einwohnern Deutschlands bedeutendste Messestadt, konkurriert mit Hamburg und Frankfurt, zunehmend auch mit dem kursächsischen Dresden Augusts des Starken.

Vor der Thomasschule allerdings hat der Wohlstand Halt gemacht. Von den ehemals 120 Schülern gibt es bei Bachs Amtsantritt nur noch 52. In der Schule herrscht räumliche Enge. Es gibt nicht einmal ein eigenes Bett für jeden Knaben. Mit diesen begabten und intelligenten Jungen aus ärmlichen Verhältnissen wird Bach von nun an nahezu rund um die Uhr zusammenleben. Mit ihnen wird er, so gut es geht, sein Ideal von einer vollkommenen Musik verwirklichen.

Gerade mal 100 Taler jährliches Festgehalt plus Logis, Heizung und Licht zahlen die Leipziger dem Kantor, der davon noch die Hälfte an einen Lehrer abgeben muss, der ihn im Lateinunterricht vertritt. Zu den 100 kommen etwa 700 Taler Nebeneinnahmen hinzu: Musik zu Hochzeiten, Taufen, Beerdigungen. Die aber werden, wenn etwa »die gute Leipziger Luft 100 Leichen weniger bringt«, auch mal geringer sein als erhofft. Was also veranlasst ihn, dieses Amt dennoch anzutreten?

Klassenordnung für die Sexta der Thomasschule

1. Wer den Schlüssel verliert oder stecken läßt zahlt 4 gr.
2. Wer die Tür offenläßt, wenn er als letzter aus dem Zimmer geht zahlt 2 gr.
3. Wer sich übergessen hat zahlt 2 gr.
4. Wer flucht oder laut und ungehörig spricht zahlt 6 pf.
5. Wer lästerliche Reden führt, lateinisch oder deutsch zahlt 6 pf.
6. Wer zu spät aufsteht und das Gebet versäumt zahlt 3 pf.
7. Wer seine Schlafgelegenheit im Sommer bis um 10 Uhr und im Winter bis um 12 noch nicht aufgeräumt hat zahlt 6 pf.

Bach verwies gern darauf, dass er mit den Seinen schon ganz gut musizieren könnte. Allen voran der Sopran seiner Frau Anna Magdalena

Es gibt keine andere Erklärung, als die verheißungsvolle Aussicht, nach der Zeit der Abstinenz in Köthen wieder Kirchenmusik zu machen. Der Thomaskantor ist nicht nur für die Musik in den beiden Hauptkirchen der Stadt verantwortlich – in St. Thomas und der damals renommierteren Nikolaikirche, der Ratswechselkirche –, sondern auch für zwei weitere Kirchen und den Alten Gottesdienst in der Paulinerkirche der Universität. Dafür stehen Bach die Kantorei der Thomasschule, die Stadtpfeifer, ein paar Kunstgeiger und die »Collegia Musica« zur Verfügung.

Dass er am 5. Mai 1723 einen Vertrag unterschreibt, der ihm die »Einführung jeglicher Neuerung« und das Entfernen aus der Stadt ohne die Erlaubnis des Rates verbietet und verlangt, dass »die Musik nicht zu lang sein und nicht zu opernhaft heraus kommen dürfe, sondern die Zuhörer vielmehr zur Andacht aufmuntern solle«, wird ihm, wie manch anderes in Leipzig, noch einigen Verdruss bereiten.

Diese Klausel bezieht sich auch auf die Kantate, die der Kantor jede Woche abwechselnd in der Thomas- und der Nikolaikirche aufzuführen hat. Da Bach, unzufrieden mit dem Vorhandenen, bald die Kantaten selbst schreibt (trotz aller Verluste sind uns etwa 120 Kirchenkantaten überliefert), muss er jede Woche etwa 20 Minuten Musik für Soli, Chor und Orchester komponieren. Auch die Texte dazu sind zu besorgen, die Noten für die Aufführung müssen abgeschrieben werden und schließlich sind die Organisten und Musiker und deren Instrumente zu betreuen. Bach hat also ein gewaltiges Arbeitspensum zu bewältigen.

Familienvater Bach

Hausmusik bei Bachs
Bach, stolz auf seine musikalische Familie, schreibt 1730 in einem Brief an seinen Jugendfreund Erdmann: »Insgesamt aber sind sie gebohrene Musici, u. kann versichern, dass schon ein Concert Vocaliter u. Instrumentaliter mit meiner Familie formieren kann, zumahln da meine itzige Frau gar einen sauberen Soprano singt.«

Hinzu kommt die immer größer werdende Familie. In der Leipziger Zeit werden 13 Kinder geboren. Um die musikalische Erziehung seiner Kinder kümmert er sich selbst, er vervollständigt das Notenbüchlein für seinen Lieblingssohn Friedemann, ebenso die beiden Notenbüchlein für Anna Maria Bach, die sämtlich erhalten sind. Dies und einige Brieftexte machen sichtbar, dass Bach seine zweite Frau zärtlich geliebt haben muss. Zu dem Wenigen, was uns überliefert ist, gehört die Bitte, der »Frau Liebsten gelbe Nelken und einen abgerichteten Hänfling« zu besorgen. Anna Magdalena, die in Leipzig, wo Frauen in Kirchen nicht auftreten dürfen, auf ihren Beruf verzichten muss, ist ihm nicht nur liebende Gefährtin. Sie ist auch berufliche Partnerin, Gehilfin, musikalische Kritikerin, schreibt ihm Noten ab, und manchmal, außerhalb, konzertiert sie auch mit ihm.

Doch gibt es auch schwere Stunden für die Familie: Nach der Geburt des geistig behinderten Sohnes Gottfried Heinrich sterben zwischen 1726 und 1733

Dieses nicht gesicherte Gemälde aus dem Jahr 1730 könnte Bach mit seinen Söhnen darstellen

den Bachs nacheinander sieben Kinder. Schmerzliche Todeserfahrung, die Bach zu einzigartigen musikalischen Werken inspiriert. In diese Zeit fällt auch eine Schaffenskrise Bachs, die mit den kummervollen Verlusten in Verbindung gebracht werden muss.

Vollkommene Musik unter widrigen Umständen

Mitten in dieser Krise aber kommt es zur Aufführung der Matthäuspassion: Die Studenten des angesehenen und erfolgreichen Collegium Musicum hatten Bach gebeten, ihre Leitung zu übernehmen. Endlich gute und engagierte Musiker, mit denen er zeigen kann, was er sich sehnlichst wünscht: Professionalität! Im Zimmermannschen Kaffeehaus konzertieren sie unter Bachs Leitung mit Riesenerfolg. Diese Zusammenarbeit ermutigt den so sehr um musikalische Anerkennung Ringenden, und so schafft er sein wohl größtes Werk. In der Woche vor Ostern probt Bach die neue Passion – viel zu wenig Zeit dafür. Die Chöre und Solisten sind, wen wundert es, überfordert. Vor Wut soll Bach sogar seine Perücke geworfen haben! Es ist eine von zwei Legenden, die Bach zum jähzornigen Mann stilisieren. Wahrscheinlich am Karfreitag 1729 führt Bach die Matthäuspassion in der Thomaskirche auf. Ein solches Werk hatte es in der gesamten Musikgeschichte noch nicht gegeben: zwei Chöre, zwei Orchester, zwei Orgeln.

Kinder Bachs und seiner Frau Anna Magdalena (1701–1760)
Christiana Sophia Henrietta (1723–1726)
Gottfried Heinrich, ist geistig behindert (1724–1763)
Christian Gottlieb (1725–1728)
Elisabetha Juliana Friedrica, »Liesgen« (1726–1781)
Ernestus Andreas (1727)
Regina Johanna (1728–1733)
Christiana Benedicta (1730)
Christiana Dorothea (1731–1732)
Johann Christoph (1732–1795)
Johann August Abraham (1733)
Johann Christian (1735–1785)
Johanna Carolina (1737–1781)
Regina Susanna (1742–1809)

Als Anna Magdalena Bach 1760 als Almosenfrau stirbt, leben noch acht Kinder aus beiden Ehen, von denen sich offenbar keines in der Lage sieht, sie finanziell zu unterstützen.

Autograph aus der Matthäuspassion
(BWV 244)

Johann Matthias Gesner, Rektor der
Thomasschule von 1730 bis 1734; Gemälde
von Elias Gottlieb Hausmann

Ob die Aufführung ein Erfolg war, wissen wir nicht. Nirgends ist sie in den Annalen erwähnt.

Wir wissen nur, dass der Rat empört war, weil Bach damit gegen seinen Vertrag verstoßen hatte, worin er sich verpflichtet hatte, »dass die Musik nicht zu lange währen und nicht zu opernhaft herauskommen« solle. Hatte er sie einfach zu lange vom Karpfen in Auerbachs Keller abgehalten? Die Akten belegen jedenfalls, dass die wütenden Ratsherren beschlossen, das Einkommen des unbelehrbaren Kantors »zu verkümmern«, zu kürzen. »Incorrigibel«, also unbelehrbar, sei der Kantor.

Bachs überragende schöpferische Leistung, seine Kantaten, das Magnificat, die Johannespassion und schließlich die Matthäuspassion – kein Thema für den Rat. Die zehnseitige Eingabe für eine »wohlbestallte Kirchenmusik«, die Bach daraufhin an den Rat schickt, wurde anscheinend nie beantwortet. Bach ist, wenn man von den vier Wochen Gefängnis in Weimar absieht, am Tiefpunkt seines Lebens angekommen.

Da gibt es einen Lichtblick in der Misere: der Rektor der Thomasschule, Heinrich Ernesti, stirbt. An seine Stelle tritt Magister Johann Matthias Gesner, ein Weggefährte aus der Weimarer Zeit. Gesner setzt durch, dass der Kantor wieder sein volles Einkommen erhält, gewährt ihm ein Mitspracherecht bei der Auswahl der Schüler und lässt Thomasschule und Kantorenwohnung umbauen. Bach muss zufrieden gewesen sein mit dieser Entwicklung, Pläne für einen Weggang aus Leipzig lässt er offensichtlich fallen. Bach schreibt sein fröhlichstes Werk und führt es zu Weihnachten 1734 auf: das Weihnachtsoratorium.

Doch Gesner geht als Gründungsdekan der Philosophischen Fakultät nach Göttingen, weil die Stadt Leipzig ihm die Erlaubnis versagt hatte, neben seinem Rektorat an der Thomasschule ein Lehramt an der Universität auszuüben.

Präfektenstreit in Leipzig und Anerkennung in Dresden

Der neue Rektor Johann August Ernesti ist, ganz im Geist der Zeit, ein Mann der Wissenschaft, und er ist ein Freund des Leipziger Rates. Die ersten Jahre seiner Amtszeit sind geprägt von einem Konflikt, der als Präfektenstreit in die Musikgeschichte eingehen wird. Die Auswahl der Präfekten – begabte ältere Schüler, die den Kantor unterstützen und vertreten – reißt Ernesti an sich. Damit hat Bach eines seiner wichtigsten Rechte als Kantor verloren, zumal er Ernestis Kandidat ausdrücklich für ungeeignet hält. Offensichtlich aber hat Bach am Ende jenes Streites weder in der Kirchenbehörde noch im Rat der Stadt Verbündete. Er nimmt seine Kinder aus der Thomasschule und zieht sich zurück. Er gilt als Querulant. Und das Schlimmste: Wie soll er unter diesen Vorgesetzten »seine Musik« machen?

Dass der Dresdner Hof ihn genau in diesen Monaten, am 19. November 1736, zum »Königlich Polnischen und Kurfürstlich Sächsischen Hofcompositeur« ernennt, scheint dem Ansehen Bachs in Leipzig auch nicht geholfen zu haben. Als zu Ostern 1738 anlässlich des Besuches des Königs eine Huldigungsmusik zu komponieren ist, versucht die Universität, Bach, dem »Königlichen Hofcompositeur«, diesen Auftrag zu verweigern! Doch die Studenten des Collegium Musicum, die die Musik aufführen, setzen ihre Forderungen durch, und Bach ist es, der schließlich die Musik komponiert und in Anwesenheit des Königs aufführt.

Die letzten Jahre

In seinen letzten Lebensjahren, nachdem er sich aus dem Schulbetrieb angesichts der Querelen Stück um Stück zurückgezogen hat, fährt Bach einige Male nach Dresden, wo Friedemann von 1733 bis 1741 Organist an der Sophienkirche ist. Dort besucht Bach auch seinen Gönner Hermann Carl Graf Keyserlingk, der unter Schlafstörungen leidet. 1741 schreibt er für ihn eine Klaviermusik, die beim Einschlafen helfen soll. Sie wird bekannt unter dem Titel »Goldberg-Variationen«, so genannt nach Keyserlingks begabtem Pianisten, der damals gerade zwölf Jahre alt war.

Im Jahr 1747 reist Bach nach Potsdam und Berlin, um seine Enkel zu sehen. Für den 62-Jährigen ist die Reise eine Strapaze. Sohn Friedemann, inzwischen Organist im preußischen Halle, begleitet ihn. Friedrich II., der von Bachs

1746 besucht Bach Friedrich II. in Potsdam und Berlin, dort gibt er mehrere Konzerte

Auf das Notenblatt von Bachs letzter unvollendeter Fuge schreibt Sohn Philipp Emanuel: »Über dieser Fuge, wo der Name B.A.C.H. im Contrasubject angebracht worden, ist der Verfasser gestorben.«

Größe Kenntnis hatte, vermutlich dank seines Hofcembalisten Philipp Emanuel Bach, brennt darauf, ihn zu sehen, zu hören und sich seine Cembali, von denen er elf besitzt, prüfen zu lassen. Noch im Reisemantel wird Bach am 7. Mai 1747 zum König gebracht. Nach seiner Rückkehr schreibt Bach das »Musikalische Opfer«, eine sechsstimmige Fuge. Er lässt sie auf eigene Kosten drucken und widmet sie Friedrich II. Ob er jemals Dank dafür erhielt, ist nicht bekannt. Wieder eine verpasste Gelegenheit, öffentliche Anerkennung oder wenigstens einen Lohn zu erlangen.

Bach komponiert, gewissermaßen als Bilanz seines Lebenswerkes, die h-moll-Messe, deren Aufführung er aber nicht mehr erleben wird, und arbeitet an der »Kunst der Fuge«, die er nicht vollenden wird.

Und er richtet die einzige Hochzeit eines seiner Kinder in seinem Haus aus: Elisabetha Juliana Friederica heiratet am 20. Januar 1749 Bachs ehemaligen Schüler Johann Christoph Altnickol, inzwischen Organist in Naumburg. Doch als sein Enkel Johann Sebastian Altnickol am 6. Oktober getauft wird, ist Bach nicht anwesend. Vielleicht setzt ihm da schon sein Augenleiden zu sehr zu. Die Operationen eines Arztes aus London, Sir John Taylors, im April 1750 verlaufen schlecht. Bach erleidet nach beiden Operationen einen physischen Zusammenbruch, hofft aber auf Besserung. Bis Juli ist er anscheinend völlig blind. Doch dann kann er plötzlich wieder sehen, und die Familie schöpft neue Hoffnung. Am 20. Juli aber erleidet Bach einen Schlaganfall, am 28. Juli »abends nach einem Viertel auf 9 Uhr« stirbt er im Alter von 65 Jahren. Sein Sohn notiert auf seinen letzten Noten: »Über dieser Fuge, wo der Name B.A.C.H. im Contrasubject angebracht worden, ist der Verfasser gestorben.« Am 31. Juli 1750 wird Bach auf dem Friedhof der Johanniskirche beigesetzt. Für einen Grabstein fehlt wohl das Geld. Seine Witwe muss von Almosen leben. Von den begüterten Söhnen aus erster Ehe wird sie offenbar nicht unterstützt. Bachs Nachlass geht vor allem an Friedemann und Philipp Emanuel. Einiges davon wird verkauft, vieles geht verloren. Der »große Bach« aber, der unbeirrt und trotz manch widriger Umstände das »musikalische Evangelium der Nachwelt« schuf, wird nahezu vergessen.

Erst 100 Jahre nach ihrer Leipziger Uraufführung, am 11. März 1829, entreißt Felix Mendelssohn Bartholdy die Matthäuspassion der Vergessenheit. In Berlin führt er das große Werk erstmals wieder auf und sorgt damit für eine weltweite Bach-Renaissance. Die sterblichen Überreste des großen Meisters, oder das, was man dafür hält, werden zunächst in der Johanniskirche und später in der Thomaskirche beigesetzt.

Zeittafel Johann Sebastian Bach

1685	**21.3.**	Geburt Johann Sebastian Bachs in Eisenach
1692		Eintritt in die Eisenacher Lateinschule
1694	**1.5.**	Tod der Mutter
1695	**20.2.**	Tod des Vaters, Bach zieht zu seinem Bruder nach Ohrdruf
1700		Eintritt in Michaelisschule in Lüneburg
1703		Anstellung als Musiklakai in Weimar
	9.8.	Ernennung zum Organisten der Arnstädter Neuen Kirche
1707	**15.6.**	Ernennung zum Organisten an der Blasiuskirche in Mühlhausen
	17.10.	Hochzeit mit Maria Barbara Bach in Dornheim
1708		Aufführung der Ratswechselkantate
	Juni	Ernennung zum Hoforganisten und Cammermusicus in Weimar
	29.12.	Geburt der ersten Tochter, Catharina Dorothea
1710	**22.11.**	Geburt Wilhelm Friedemanns
1713		Geburt der Zwillinge, die nur wenige Tage leben
		Beförderung zum Konzertmeister
1714	**8.3.**	Geburt Philipp Emanuels
1717		Marchand-Wettstreit in Dresden; Ernennung zum Hofkapellmeister in Köthen
1720	**7.7.**	Bachs erste Frau, Maria Barbara, wird in Köthen begraben
1721		Widmung der »Brandenburgischen Konzerte« an Markgraf Christian Ludwig von Brandenburg
	3.12.	Hochzeit mit Anna Magdalena Wülcken
1723		Übernahme des Leipziger Thomaskantorats
1729	**15.4.**	(vermutlich) Uraufführung der Matthäuspassion in der Thomaskirche
1730		Bach verfasst den »Entwurf einer wohlbestallten Kirchenmusik«, Johann Matthias Gesner wird Rektor der Thomasschule
1734		Johann August Ernesti wird Rektor der Thomasschule Uraufführung des Weihnachtsoratoriums
1736		Beginn des »Präfektenstreits« mit Ernesti Ernennung zum »Königlich Polnischen und Kurfürstlich Sächsischen Hofkompositeur«
1741		Entstehung der »Goldberg-Variationen«
1747		Bach trifft König Friedrich II. in Potsdam
1749		Abschluss der h-moll-Messe
1750	**März/April**	Augenoperationen durch Dr. Taylor, letzte Arbeiten an der »Kunst der Fuge«
	28.7.	Bach stirbt in Leipzig

Richard Wagner, München 1871; Fotografie von Franz Hanfstaengl

Reinhold Jaretzky

Richard Wagner
Für König und Revolution 1813–1883

Er war zeitlebens gleichermaßen Monomane wie Egozentriker und teilt die Musikwelt bis heute in verschworene Anhänger und schroffe Gegner. Mit seiner Revolutionierung der Oper, die Musik, Dichtung und Theater zu einer Einheit verdichtet, gelangte Richard Wagner zu Weltruhm. Als Politiker machte er Furore, ob als Barrikadenkämpfer der 48er-Revolution in Dresden oder als wortradikaler Propagandist von sozialistischem und gar anarchistischem Gedankengut. Was ihn nicht daran hinderte, sich mit den feudalen Mächten zu seinem Vorteil zu arrangieren. Er war bekannt mit der kulturellen und politischen Elite des 19. Jahrhunderts, ob mit Franz Liszt, Friedrich Nietzsche, Heinrich Heine, Michail Bakunin oder dem bayerischen Märchenkönig. Es trieb ihn ohne die immer wieder erhoffte wirtschaftliche Sicherheit durch Europa, erst gegen Lebensende wurden das schweizerische Triebschen und das fränkische Bayreuth Ruhepunkte eines Lebens, das er rücksichtslos gegen andere wie gegen sich selbst nur einer einzigen Mission verpflichtet hatte: der Wagnerschen Opernkunst.

»Ich will zerbrechen die Gewalt der Mächtigen, des Gesetzes und des Eigenthums. … denn das Heilige ist allein der freie Mensch, und nichts Höheres ist denn Er.«
Richard Wagner, »Die Revolution«

Frühes Leid und ein Stammplatz im Theater

Leipzig gleicht einem Heerlager, als Richard am 22. Mai als neuntes Kind der Familie Wagner in Leipzigs Judenviertel zur Welt kommt. Zehn Tage zuvor hatten Napoleons Truppen die Stadt eingenommen. Er ist gerade sechs Monate alt, da stirbt sein Vater, ein Jurist und Polizeibeamter, an einer Typhusinfektion. Es bleibt dem Knaben eine Mutter, die, wie er später beklagen wird, mit Zärtlichkeit geizt. Er entsinne sich kaum, notiert er, von ihr je liebkost worden zu sein. Allerdings hält die Familie ein günstiges Umfeld für die künstlerischen Neigungen des späteren Komponisten bereit. Nicht nur sein Vater galt als Theaternarr, auch Mutter Johanna wird schauspielerische Begabung nachgesagt, und von Richards fünf (älteren) Geschwistern entscheiden sich drei für den Beruf des Schauspielers, Sängers oder Regisseurs. Ein halbes Jahr nach dem Tod des Vaters heiratet Johanna den Schauspieler, Porträtmaler und Dichter Ludwig Geyer, einen langjährigen Freund der Familie. Der neue Vater bringt den ersten Umzug des an Ortswechseln so überaus reichen Lebens Richards mit sich. Geyer erhält ein Engagement am Dresdner Hoftheater.

Im Brühl, in Leipzigs Judenviertel, wird Richard Wagner am 22. Mai 1813 geboren

Links: Wagners Stiefvater Ludwig Geyer, Schauspieler, Maler und Dichter

Rechts: Wagners Mutter Johanna Rosine, sie liebt das Theater und hat selbst schauspielerische Ambitionen

Die künstlerischen Interessen seines Stiefsohns fördert er nach Kräften. Regelmäßig darf der junge Richard ihn ins Theater begleiten. So wird ihm die Welt aus Pappmaschee, Kostümen und Schminke zur zweiten Heimat. Von einem eigenen ihm zugedachten Stuhl in der Schauspielerloge verfolgt der Knabe den Zauber der Proben, als Fünfjähriger darf er gar als Engel auf der Bühne debütieren. Doch Richard ist auch ein Problemkind: kränkelnd, ausgestattet mit einem schwächlichen Körper. Von klein auf leidet er an hartnäckigem Hautausschlag, sodass Mutter Johanna, wie Biografen berichten, sich gar den erlösenden Tod ihres Sohnes herbeigewünscht habe. Zum physischen Ungleichgewicht kommt ein unbequemer Charakter, er gilt als auffahrend, laut, mit Lust auf riskante Abenteuer. Dieses Wesen wird durch beunruhigende Lebensereignisse noch bestärkt: Er ist acht Jahre, da erlebt er das Sterben des geliebten Stiefvaters. Es braucht kein psychologisches Expertentum, um zu vermuten, dass das Todesmotiv in Richard Wagners Werk mit dem frühen Tod seiner beiden Väter zu tun haben könnte.

Berühmt und mächtig wie Carl Maria von Weber

Richard ist von früh an ein kreativer Lerntypus, der seine Energie auf das konzentriert, was seine Neugierde weckt, und anderes gerne vernachlässigt. So ist er, als er mit neun Jahren in die Dresdner Kreuzschule aufgenommen wird, alles andere als ein Musterschüler. Während sein Klavierspiel nicht vorankommt, wirft er sich rücksichtslos auf die Literatur, verschlingt die Fabeln der klassischen Mythologie und fühlt sich bereits mit 13 Jahren zum Dichter berufen. Sein nachweislich erstes Werk ist eine Rittertragödie, anschließend widmet er seinem Drama »Leubald und Adelaide« gar ein volles Jahr. Seine Vorbilder sucht er sich im Reich der schönen Künste. An deren Spitze rangiert bald ein ehemaliger Hausfreund der Familie, Carl Maria von Weber. Dieser kleine hagere Musiker verkörpert für den jungen Wagner all das, was er sich einmal vom Leben erhofft: als Künstler geachtet und berühmt sein, als Dirigent Macht auszuüben und einen Geist zu besitzen, der erhaben ist über den Körper.

In Leipzig, wohin die Familie zurückkehrt, besucht Richard Wagner das Nikolai-Gymnasium, hört Konzerte im Gewandhaus und verzehrt sich, da ist er gerade 16, nach der 24-jährigen Wilhelmine Schröder-Devrient, die er als Fidelio in Beethovens gleichnamiger Oper erlebt. Jetzt dreht sich für ihn alles um Musik. Er schwänzt die Schule und wirft sich mit der ihm eigenen obsessiven Begeisterung auf die Welt der Töne und Klänge. Hoch über dieser Leidenschaft schwebt ein Name, der ihn als Komponisten und auch als Dirigenten prägen wird: Ludwig van Beethoven. Dessen Neunte Sinfonie bleibt für ihn jahrzehntelang eine Offenbarung.

Carl Maria von Weber, ein Freund der Familie, ist Wagners großes Vorbild in Jugendjahren

Revolution, so bunt wie die Oper

Als sich 1830 in Paris und in Polen das Volk erhebt, weht ein revolutionäres Lüftchen auch nach Leipzig. Auf seinen Straßen fordert die akademische Jugend Freiheit und Revolution und macht dabei aus ihrem Hass auf Zensur, gängelnde Verwaltung und korrupte Polizei keinen Hehl. Für solchen Protest ist auch Richard Wagner, der sich als Künstler von Schule und Familie stets in allzu enge Grenzen verwiesen fühlte, höchst empfänglich. Er begeistert sich am Bild von Aufruhr und Volkswiderstand. War diese Revolution nicht aus demselben bunten Stoff wie die Oper?

Hinter der rebellischen Lust des 17-Jährigen steht auch der Überdruss am kleinbürgerlichen Alltagsregelement. Zuflucht bietet da das Leben eines Bohemien. Wagner macht vorübergehend die Wirtshäuser zu seinem Zuhause, häuft Spielschulden an, lässt sich treiben in den Zechgelagen der Burschenschaftler, lebt weit über seine finanziellen Möglichkeiten. Doch das ist nur ein Zwischenspiel, bald schon kehrt er als eifriger Arbeiter zurück zu seiner Kunst. Er hat sich als Musikstudent immatrikuliert und sein eigenes musikalisches Werk nimmt Form an: Er schreibt Sonaten, Quartette, Ouvertüren, er erlebt die ersten Aufführungen seiner Stücke im Leipziger Gewandhaus. Seine Ouvertüre in B-Dur, in der nach jedem vierten Takt ein fünfter als Paukenschlag eingeführt ist, verblüfft, ja amüsiert das Publikum. Inzwischen bekennt sich Wagner sowohl als Bürger wie als Künstler zum Pro-

Aufstand in Dresden am 10. September 1830, das Polizeihaus

1836 heiratet Richard Wagner die Schauspielerin Minna Planer

gramm des »Jungen Deutschland«, jener oppositionellen Bewegung, die die Literatur zu einem Medium des gesellschaftlichen Fortschritts machen will. Ihr Repräsentant in Leipzig ist Heinrich Laube. Er und Wagner werden Freunde. Gemeinsam propagieren sie ein Leben gegen Konvention und Scheinmoral, frei von spießigen Tabus. Wagner verpflichtet auch seine Kunst auf dieses Programm. Seine frühen Bühnenwerke »Die Feen« und »Das Liebesverbot« sind voll von jungdeutscher Sinnenlust.

Die erste Uraufführung: ein Albtraum

Der Name Richard Wagner findet sich seit längerem auf den Programmzetteln der Leipziger Konzerte, auch als Dirigent hat er ein wenig Erfahrung gesammelt. So bietet man ihm für die Sommersaison im Kurort Bad Lauchstädt die Stelle des Musikdirektors der Bethmannschen Schauspieltruppe an. Hier lernt er bereits am Tag seiner Ankunft Minna Planer kennen, eine vier Jahre ältere, hübsche und selbstsichere Schauspielerin. Zwei Jahre später heiraten die beiden – eine Liaison, die von Streit und Zerwürfnissen begleitet ist und doch ein Vierteljahrhundert andauert.

Im Herbst geht das junge Paar nach Magdeburg, wo die Schauspieltruppe ihren festen Sitz hat. Anderthalb Jahre agiert Wagner hier als Theaterkapellmeister und präsentiert erstmalig der Öffentlichkeit, was einmal Weltruhm und Weltrang erringen wird: eine Richard-Wagner-Oper, die erste. »Das Liebesverbot« heißt das Werk, das, da die preußische Kulturbehörde den Titel anstößig findet, flugs in »Die Novize von Palermo« umgetauft wird und als Desaster in die Geschichte der Wagner-Uraufführungen eingeht. Die Handlung bleibt, ob mangels Proben oder unzureichender Darstellungskunst, dem Publikum unverständlich, die Sänger improvisieren, das Orchester ist zu laut. Die Wiederholung am nächsten Tag wird gar wegen einer Schlägerei unter dem Theaterpersonal gestrichen. So hat der an sich selbst niemals zweifelnde Komponist von Magdeburg die Nase voll, dort gebe es nur Scheißkerle, schreibt er, und quittiert seinen Dienst.

Das Leitmotiv: verschuldet, gehetzt von den Gläubigern

Magdeburg ist der Ausgangspunkt für Wagners Odyssee durch Europa, die Jahrzehnte dauern wird und deren Motive immer dieselben sind: Schulden, Flucht vor den Gläubigern, Suche nach Gelderwerb, nach einem bürgerlichem Auskommen. Die erste Station ist Königsberg. Minna wird hier als Schauspielerin engagiert, und Wagner wartet ungeduldig, bis er die Stelle des musikalischen Direktors antreten kann. In ihrer ständig kalten Wohnung beherrschen Eifersuchtsszenen und Weinkrämpfe den Alltag, bis Minna mit einem Liebhaber flieht. Erst nach einem knappen halben Jahr wird sie reumütig zu dem inzwischen in Riga weilenden Wagner zurückkehren.

Königsberg und Riga waren Orte der Zuflucht, doch schon zwingen Gläubiger das Paar wieder auf die Reise. Illegal durchqueren Wagner und Minna Wiesen und Wälder nach Königsberg, wo sie ein kleines, ramponiertes Schiff besteigen, das Erbsen und Hafer für London geladen hat. Zweimal geraten sie in Seenot, zweimal schließen sie innerlich mit dem Leben ab. In Wagners Phantasie vermischen sich diese Erlebnisse mit der Lektüre eines Textes von Heinrich Heine, dem »Fliegenden Holländer« und inspirieren ihn zu seiner gleichnamigen Oper.

Nach mehr als zweimonatiger Seereise erreichen sie London und bald darauf Paris. In der französischen Hauptstadt will sich Wagner seinen Karrieretraum erfüllen, aber die Musikstadt Paris nimmt ihn als Musiker nicht an. Drei Jahre Pariser Hölle durchlebt er, immer wieder Hunger und Kälte ausgesetzt. Er nimmt Gelegenheitsarbeiten an, macht Korrekturen, schreibt für die Dresdener Abendzeitung, verfasst Arrangements und Klavierauszüge und schreibt seine Opern »Rienzi« und »Der fliegende Holländer« – noch für die Schublade. Er bittet und bettelt um Empfehlungen, wird vorstellig bei Giacomo Meyerbeer, der sich für ihn, wenn auch ohne Erfolg, verwendet. Er begegnet Heinrich Heine, der ihn in seiner politischen Radikalisierung ermutigt, den er verehrt, der ihn zum »Tannhäuser« animiert und den er später in seinem antisemitischen Wahn aus seiner Erinnerung tilgen wird.

1834 wird Wagner Musikdirektor in Magdeburg

Die Rebellion auf die Bühne bringen: »Rienzi«

Aus seiner bescheidenen Unterkunft in der Rue Jacob beobachtet Wagner die Gegensätze zwischen dem Elend der Masse und der Prachtentfaltung des Geldbürgertums, der verarmte Künstler erlebt sich als Opfer des kapitalistischen Wildwuchses. Das macht ihn für radikale Ideen empfänglich, für Proudhons These etwa, dass Eigentum Diebstahl sei. Noch in seinem »Ring des Nibelungen« wird er mit der Tyrannei des Geldes abrechnen, und damit auch mit seinen Elendsjahren. Nach drei Jahren treibt es ihn nach Deutschland zurück. Mit neuen Augen entdeckt er die deutsche Heimat, saugt Bilder und Stoffe für all die noch zu schreibenden Opern auf. In Thüringen leuchten ihm die Schauplätze seiner »Tannhäuser«-Oper entgegen. Als er 1842 in Dresden eintrifft, steht dort die Uraufführung seines Revolutionsdramas »Rienzi« auf dem Spielplan. Endlich einmal kann er eine eigene Oper in all ihrer szenischen und musikalischen Pracht sehen und hören. Wagner bringt mit »Rienzi« die Rebellion auf die Bühne. Den politischen Ruf nach Freiheit, den er sei-

Im Jahr 1845 wird »Tannhäuser« in Dresden uraufgeführt

nem Helden in den Mund legt, schleudert der Komponist hinein in ein noch immer feudal-aristokratisches Deutschland. Die Oper spielt zwar im Rom der Frührenaissance, doch sie thematisiert das zeitgenössische Deutschland und die ersehnte bürgerliche Revolution. Die Uraufführung im Oktober 1842 wird für den Komponisten zu einem seiner größten Premierenerfolge. Die Aufführung dauert sechs Stunden, bis nach Mitternacht, der 29-Jährige wird emphatisch gefeiert. Der Versuch, die überlange Oper zu kürzen, scheitert gar am Protest des Publikums. Man ist begeistert, will die Oper, so wie sie ist: monumental, glänzend und voller Effekte.

Ekstatische Liebesfeste: »Tannhäuser«

Wagner wird Königlich-Sächsischer Hofkapellmeister mit lebenslangem Vertrag und damit Nachfolger seines einstigen Idols Carl Maria von Weber. Endlich kann er sich den ersehnten Wohlstand leisten und neigt doch umgehend zu Übertreibungen. Er ist blind für jedes finanzielle Risiko und lebt, eine Konstante seines Selbstbetrugs, in der dubiosen Hoffnung auf zukünftige Einnahmen. Im Opernbetrieb propagiert er radikale Reformen und verlangt für sich, den Kapellmeister und Komponisten, mehr Entscheidungsfreiheit. Der egozentrische Künstler will und kann sich dem Geschmack der Theaterleitung und deren Pochen auf Kassenerfolg nicht unterwerfen. Ungeduldig und aufbrausend fragt er sich, ob nicht der Theaterbetrieb genauso verfault ist wie die gesamte Gesellschaft, und ob nicht vor jeder Theaterreform erst einmal Deutschland politisch umgewälzt werden muss. Dazu gibt es bald Gelegenheit, doch erst einmal steht im Herbst 1845 eine weitere Dresdner Uraufführung auf dem Spielplan: »Tannhäuser und der Sängerkrieg auf der Wartburg«. Die Oper entfaltet eine wuchtige, höchst verschlüsselte Sagenwelt, die Partitur bedient sich bereits einer die Vorgänge und Gestalten charakterisierenden Motivtechnik sowie eines Klanggewebes, in dem jedes Element, jede melodische Phase Teil eines verdichteten Ganzen ist. So darf »Tannhäuser« als echtes Wagnersches Musiktheater bezeichnet werden, dazu als ein Werk der ekstatischen Liebesfeste, der Ausschweifungen, und politisch als eine Hymne auf Freizügigkeit und Sinnlichkeit, geschmettert gegen die so gehasste Dumpfheit deutscher Lebensverhältnisse.

Dem Dämon des Geldes die Stirn bieten

Der Eingang der Wilsdruffer Gasse in Dresden während des Mai-Aufstandes 1849

Im Europa des Jahres 1848 überschlagen sich die Ereignisse: In Paris ist Revolution, die Wiener proben den Aufstand, das »Kommunistische Manifest« erscheint, aus Berlin und Frankfurt treffen Nachrichten über Barrikadenkämpfe ein. Wagner bewegt sich in den revolutionären Zirkeln Dresdens, er fordert die Volksbewaffnung und schreibt Sätze wie: »Ich will zerbrechen die Gewalt der Mächtigen, des Gesetzes und des Eigentums.« Zu seinen Freunden gehören der Anarchist Michail Bakunin, der Architekt Gottfried Semper sowie der Dirigent und Revolutionär August Röckel. Mit ihnen phantasiert er von einer Zukunft, in der der kapitalistische Dämon des Geldes von ihnen weicht wie ein böser nächtlicher Alp. Die Parole heißt Emanzipation des Menschengeschlechts, und Wagner selbst meint damit wohl auch seine ganz private Utopie von einem Leben ohne lästige Gläubiger. Als im April 1849 König Friedrich August II. von Sachsen die Kammern auflöst, um mit diesem verfassungswidrigen Akt zu verhindern, dass die Frankfurter Paulskirchenverfassung für Sachsen verbindlich wird, beginnt auch in Dresden die Revolution. Eine provisorische Regierung proklamiert den bewaffneten Widerstand mit dem Ziel, Deutschland in einen Rechts- und Verfassungsstaat zu wandeln. So kommt es in Dresden zum Bürgerkrieg, in dem die königliche Infanterie auf die Kommunalgarde schießt. In diese Kämpfe gerät auch Wagner. Mit Entsetzen sieht Wagner die ersten Verwundeten und lässt beschwörende Handzettel drucken, die er an sächsische Soldaten verteilt.

Nach sechs Tagen ist die Niederlage der Revolutionäre besiegelt. Der König kehrt zurück, und der königlich-sächsische Hofkapellmeister Wagner wird polizeilich gesucht. Im »Dresden Anzeiger« erscheint sein Steckbrief, der die Polizeibehörden auffordert, den flüchtigen Musiker, »37 bis 38 Jahre, mittlere Statur, braunes Haar«, zu verhaften. So beginnt für den Komponisten eine neue Phase der Flucht.

Antisemitische Verschwörungsphantasien

Als Professor Werder aus Bremen reist er in die Schweiz ein, das Ende einer abenteuerlichen Reise, die wieder einmal mit geliehenem Geld finanziert wird. Acht Jahre lang wird Zürich zum Asyl des politisch Verfolgten. Für Wagner sind die Straßenkämpfe zwar ein für alle Mal vorbei, doch bleibt er ein romantischer und mitunter gar aggressiver Sozialist, versteigt sich im abgelegenen Schweizer Exil gar starrköpfig in immer radikalere Vorstellungen: dass echte Kunst nicht dem allgemeinen Geschmack entsprechen dürfe, dass die gegenwärtige Gesellschaftsverfassung für seine Kunst nicht geeignet sei, dass eine Aufführung seiner Werke wie die »Walküre« erst nach einer Revolution denkbar sei. Nur die Revolution würde die seinem Werk gemäßen Künstler und Zuhörer hervorbringen. In Zürich schafft Wagner sich schnell einen Kreis namhafter Freunde, darunter die Dichter Gottfried Keller und Conrad Ferdinand Meyer sowie der Historiker Theodor Mommsen. Doch

Die Revolution

Schlusstext eines Pamphlets von Wagner, veröffentlicht in Dresden am 8. April 1849 in den von August Röckel herausgegebenen Volksblättern: »Darum auf, ihr Völker der Erde! auf, ihr Klagenden, ihr Gedrückten, ihr Armen! auf, auch Ihr Andern, die Ihr mit eitlem Glanze der Macht und des Reichthumes vergeblich die innere Trostlosigkeit Eures Herzens zu umkleiden strebt! auf! folgt in buntem Gemische meiner Spur, denn keinen Unterschied weiß ich zu machen unter denen, so mir folgen. Nur zwei Völker noch giebt es von jetzt an: Das Eine, welches mir folgt, das Andere, welches mir widerstrebt. Das Eine führe ich zum Glücke, über das Andere schreite ich zermalmend hinweg, denn ich bin die Revolution, ich bin das ewig schaffende Leben, ich bin der einige Gott, den alle Wesen erkennen, der Alles, was ist, umfaßt, belebt und beglückt!«

Felix Mendelssohn Bartholdy gehört zu den Attackierten in Wagners Aufsatz »Judentum in der Musik«

Die 28-jährige verheiratete Mathilde
Wesendonck wird die große Liebe des
43-jährigen Wagner

die komfortablen Sicherheiten einer Kapellmeisterexistenz sind erst einmal
verloren, die Armut kehrt zurück und auch das Gefühl, verlassen und ver-
kannt zu sein. Möglicherweise entsteht aus dieser Gemütsverwirrung seine
berüchtigte Attacke gegen das »Judentum in der Musik«. Was er darin notiert,
sind die antisemitischen Verschwörungsphantasien eines Künstlers, der sich
in unerträglicher Weise unterbewertet und missachtet fühlt, sowie die Bitterkeit eines beständig unter Geldmangel leidenden Lebemannes, der für die
Ursache seines Leids die Geldwirtschaft jüdischer Bankiers verantwortlich
macht. Aufgestachelt haben mag ihn auch der Neid über den europaweiten
Erfolg jüdischer Kollegen wie den Giacomo Meyerbeers oder Felix Mendelssohn Bartholdys. So ist es am Ende auch unkontrollierte Eifersucht, die ihn
zu seiner antisemitischen Entgleisung verleitet. Dass weiterhin Juden zum
engen Kreis seiner Freunde und Mitarbeiter zählen, gehört zu den Unge-
reimtheiten dieses Furors.

Die erste und einzige Liebe: Mathilde

Zürich ist der Ort, in dem die Ehe mit Minna Wagner zerbricht. Zunächst
reißt die 22-jährige verheiratete Jessie Laussrot den Komponisten aus dem
Ehealltag und lässt ihn kurzfristig von einer romantischen Flucht nach Griechenland träumen, bis die geprellten Ehepartner den Plan vereiteln und Wagner reumütig in die Lebensgemeinschaft mit Minna zurückkehrt. 1857 beziehen die beiden das so genannte Asyl auf dem grünen Hügel, einen Neubau in
der Züricher Enge, das der rheinländische Kaufmann Otto Wesendonck, ein
Bewunderer und großzügiger Förderer Wagners, ihnen kostenlos überlässt.
In die lebhafte Freundschaft mit den in unmittelbarer Nachbarschaft lebenden
Wesendoncks mischt sich bald ein scharfer Misston. Zwischen dem 43-jähri-
gen Komponisten und der 28-jährigen Mathilde Wesendonck entwickelt sich
eine heimliche, möglicherweise nicht einmal ausgelebte Liebesbeziehung,
die fast ein Jahr andauert. In seinen »Wesendonckliedern« hat Wagner fünf
von Mathilde verfasste Gedichte vertont, und später wird er einmal bekennen, dass sie seine erste und einzige Liebe gewesen sei. Die Folgen dieses
verbotenen Glücks sind einschneidend. Nachdem Minna einen Liebesbrief
Wagners abfängt, ist ihre Ehe nicht mehr zu retten. Der Skandal macht den
Auszug aus dem Wesendonckschen Haus notwendig. Minna verschwindet
aus Wagners Leben, schwer herzkrank stirbt sie zehn Jahre später.

Ludwig II., königlicher Verehrer Wagners, nennt sein Dampfboot »Tristan«

Tränen himmlischer Rührung für einen König

Für Wagner beginnt eine abermalige Odyssee durch Europa, begleitet von den üblichen Geldsorgen. Er kommt nach München – zu einem Zeitpunkt, als der 18-jährige Ludwig II. gerade den Thron bestiegen hat. Am Karfreitag des Jahres 1864 bleibt Wagner vor einem Schaufenster mit dem Bild des jungen Königs stehen, von dessen Schönheit er gerührt ist. Später wird er sagen, er habe in diesem Moment gebetet, dass ihm ein gutes, wahrhaft hilfreiches Wunder begegnen möge. Tatsächlich überbringt ihm Tage später ein königlicher Kabinettssekretär ein Geschenk, das sein Leben verändern wird, und zwar ein Fotoporträt des Königs, einen Ring und die schöne Botschaft, der König bewundere Wagners Kunst. Auf der Stelle antwortet Wagner: »Mein Leben, Dichten und Tönen gehört nun Ihnen, mein gnadenreicher, junger König: verfügen Sie darüber als Ihr Eigentum!« Eine für die Musikgeschichte legendäre, gern zwiespältig gedeutete Freundschaft nimmt ihren Lauf. Der König ist beschämt von der Unterwürfigkeit Wagners, den die Begegnung geradezu betäubt: Der König sei »leider so schön und geistvoll«, notiert er, »so seelenvoll und herrlich, dass ich fürchte, sein Leben müsse wie ein flüchtiger Göttertraum in dieser gemeinen Welt zerrinnen.« Der König und der Künstler beginnen, sich mit Briefen und Komplimenten zu überschütten, Wagner schenkt Ludwig überdies die Partituren fast all seiner Werke, komponiert ihm gar einen Huldigungsmarsch.

Dem Königlichen Freunde

O, König! Holder Schirmherr meines
 Lebens!
Du, höchster Güte wonnereicher Hort!
Wie ring ich nun, am Ziele meines
 Strebens,
Nach jenem Deiner Huld gerechten Wort!
In Sprach' und Schrift, wie such ich es
 vergebens!
Und doch zu forschen treibt's mich fort
 und fort,
Das Wort zu finden, das den Sinn Dir sage
Des Dankes, den ich Dir im Herzen Trage.
(...)
So bin ich arm, und wahre nur das Eine,
Dem Glauben, Dem der Deine sich
 vermählt:
Er ist die Macht, durch die ich stolz
 erscheine,
Er ist's, der heilig meine Liebe stählt.
Doch nun, geteilt, nur halb noch ist er
 meine,
Und ganz verloren mir, wenn er Dir fehlt:
So gibst nur Du die Kraft mir, Dir zu
 danken,
Durch königlichen Glauben ohne Wanken.

Starnberg im Sommer 1864
RICHARD WAGNER
(Widmungsgedicht an Ludwig anlässlich der Uraufführung der »Walküre«, Erste und letzte Strophe)

1868 werden die »Meistersinger« in München uraufgeführt

Die Wandlung vom Revolutionär zum glühenden Monarchisten bereitet ihm keinerlei Kopfzerbrechen und sie zahlt sich für den Kunstegomanen Wagner aus: Endlich wird er erlöst von Zwangsvollstreckungsdrohungen und Schulden, endlich ist da einer, der ihn mit großzügigen Geldgeschenken bedenkt, der ihm im Schloss Hohenschwangau ein eigenes Schlaf- und Musikzimmer einrichtet, der ihm jenes verschwenderische Leben finanziert, das er sich seit langem erträumt. Doch noch lauern da Gefahren. Könnte Wagners revolutionäre Vergangenheit den Bayernkönig irritieren? Es scheint beflissene Vorsorge zu sein, wenn Wagner beschwichtigend in einem für König Ludwig bestimmten Aufsatz notiert, sein einstiges revolutionäres Engagement sei nur scheinbar politisch gewesen, eigentlich sei es ihm darum gegangen, Bedingungen für eine schöne Gestaltung des menschlichen Geschlechtes zu schaffen. So bemüht sich der Komponist, mit ein wenig Manipulation die endlich erreichte Sicherheit zu verteidigen. Allerdings ist der plötzliche Luxus noch von anderer Seite in Gefahr. Bei den Bayern wächst die Stimmung gegen die maßlose Künstlerförderung, die sich Ludwig gegenüber Wagner herausnimmt, schon droht das Kabinett mit Rücktritt und der König sieht sich veranlasst, den Komponisten zum Verlassen Bayerns aufzufordern, nicht ohne bereits Tage später vor der Büste des Komponisten bittere Tränen zu vergießen. Ob Wagner diese brennende Leidenschaft je erwidert hat, ist fraglich. Seine Beziehung zum Bayernkönig hat den Anschein eines berechneten Rollenspiels, in dem ostentative Freundschaftsbekundungen der Preis sind für die Existenzsicherung des künstlerischen Schaffens.

Eine eigene Familie, ein eigenes Zuhause

Indes hat der Komponist eine neue zwischenzeitliche Heimat gefunden. Im Jahre 1866 bezieht er das Haus Triebschen auf einer idyllisch gelegenen Halbinsel bei Luzern. Wagners Lebenssituation hat sich erheblich zum Besseren gewendet, mit einem nunmehr festen Zuhause und einer neuen Partnerin, der 24 Jahre jüngeren Cosima von Bülow. Allerdings ist Cosima die Ehefrau des Freundes und Wagnerdirigenten Hans von Bülow, und sie hat mit diesem zwei Kinder. So fühlen sich Wagner und Cosima gezwungen, ihre Verbindung zunächst vor der Öffentlichkeit wie auch vor Bülow zu verheimlichen, selbst noch nach der Geburt ihrer gemeinsamen Tochter Isolde im April 1865. Cosima ist die Tochter des Wagner-Freundes Franz Liszt, der über diese Verbindung zunächst bestürzt ist. Zwar kommt es zwischen den beiden Musikern zu einer Versöhnung, doch die alte freundschaftliche Nähe stellt sich nicht mehr ein. Erst nach fast vier Jahren bekennt sich das Paar öffentlich zu seiner Liebe. In Triebschen kommen die Kinder Eva und Siegfried zur Welt.

Mit 53 Jahren hat Wagner so seine lang ersehnte Familie, 1870 krönt die Heirat das familiäre Glück. Cosima ist die starke, aristokratisch gesinnte Frau an seiner Seite, sie bremst ihn in seinen weiterhin schwelenden revolutionären Phantasien, bestärkt ihn dagegen in seinen elitären, antijüdischen Ressentiments. Vielleicht verdankt Wagner das in die Geschichte eingegangene, einseitige Bild vom Reaktionär nicht zuletzt dem Ehrgeiz seiner Frau Cosima.

Das Großereignis in Bayreuth

1871 wird Berlin zur deutschen Reichshauptstadt gekürt und Wilhelm I. zum deutschen Kaiser. Der einstige Barrikadenkämpfer Wagner steht inzwischen auf der Seite der Macht, ja hat er nicht gar, so mag er sich gefragt haben, das Zeug, der musikalische Repräsentant Deutschlands zu sein? – So komponiert er den Kaisermarsch. Daneben arbeitet er an der »Götterdämmerung«, dem letzten Teil seines »Ring des Nibelungen«. Und er denkt über einen Ort nach, an dem dieses Monumentalwerk vollständig auf die Bühne gebracht werden kann, ja an dem womöglich eigens ihm gewidmete Wagner-Festspiele ausgerichtet werden. Eher zufällig entdeckt er das kleine oberfränkische Bayreuth, und das Glück will es, dass der Bayreuther Gemeinderat sich gegenüber seiner Festspielidee äußerst aufgeschlossen zeigt. Im Jahre 1872 kommen die Wagners in Bayreuth an, zwei Jahre später beziehen sie die selbsterbaute Villa »Wahnfried«, einen repräsentativen Palast mit Konzerthalle und Bibliothek, die zugleich luxuriöse Arbeitsstätte und großzügiges Heim für die Familie ist. Fieberhaft arbeitet Wagner nun auf den Höhepunkt seines Künstlerlebens hin.

Die Oper »Rheingold« wird 1869 in München uraufgeführt

Wagner im Musikzimmer seiner Villa »Wahnfried« in Bayreuth

Das Bild zeigt Cosima und Richard Wagner vor dem Palazzo in Venedig, in dem der Komponist am 13. Februar 1883 stirbt

Im August 1876 endlich werden die Bayreuther Festspiele in Anwesenheit von so berühmten Persönlichkeiten wie Kaiser Wilhelm I., Kaiser Dom Pedro von Brasilien, Anton Bruckner oder Peter Tschaikowski mit der Uraufführung von »Der Ring des Nibelungen« eröffnet. Von Beginn an sind die Festspiele gleichermaßen ein gesellschaftliches wie künstlerisches Großereignis. In einem Marathon von vier Opernabenden geht es im »Ring«, dem Hauptwerk in Wagners Opernschaffen, um Gier und Verbrechen, um die Herrschaft und Erlösung von Geld und Gewalt. In seinen Ring hat Wagner jene Welt der Sagen und sozialen Utopien eingebracht, die ihn fast ein Leben lang beschäftigt hat. Bald schon darf der Komponist den europaweiten Siegeszug seines Rings erleben. Schon denkt er daran, die Bayreuther Festspiele als ein nationales Ereignis zu etablieren.

Im September 1882 reist er mit seiner Familie nach Venedig. Er leidet an Herzanfällen, seine Kräfte lassen nach. Am 13. Februar 1883 gegen 15 Uhr lässt sich Wagner beim Mittagstisch entschuldigen. Er ist mit der Niederschrift eines Essays beschäftigt. Die »Emanzipation des Weibes«, notiert er polemisch, gehe nur »unter ekstatischen Zuckungen vor sich«. Mitten im Satz überrascht ihn ein Herzanfall, er bricht zusammen, eine halbe Stunde später stirbt er. Starr sitzt Cosima 25 Stunden lang neben dem Leichnam. Dann wird der Sarg über München nach Bayreuth überführt. Ein Trauerzug geleitet ihn durch die Stadt zum Garten von Haus Wahnfried, wo der Komponist beigesetzt wird.

Cosima und Richard Wagner, Franz Liszt und Hans von Wolzogen in der Villa »Wahnfried«

Zeittafel Richard Wagner

1813	**22. Mai** Richard Wagner wird als neuntes Kind des Polizeiaktuarius Carl Friedrich Wagner in Leipzig geboren. Der Vater stirbt am 23. November
1814	Wagners Mutter Johanne Rosine heiratet den Schauspieler und Maler Ludwig Geyer. Übersiedlung nach Dresden
1822–1828	Besuch der Kreuzschule Dresden
1828–1830	Besuch des Nikolai-Gymnasiums in Leipzig
1830	Eintritt in die Thomas-Schule in Leipzig
1831	Studium der Musik an der Universität Leipzig
1833	Beginn der Theaterlaufbahn als Chordirektor in Würzburg
1834	Musikdirektor der Magdeburger Theatergruppe Bethmann in Lauchstädt
1834–1836	Musikdirektor in Magdeburg; Uraufführung seiner Oper »Das Liebesverbot«. Übersiedlung nach Königsberg, wo er die Schauspielerin Minna Planer heiratet
1837	Musikdirektor in Königsberg; ab August Musikdirektor in Riga
1838	Wagner flüchtet mit seiner Frau vor seinen Gläubigern aus Riga und trifft nach einem Zwischenaufenthalt in London im September in Paris ein
1842	Rückkehr nach Deutschland; Uraufführung des »Rienzi«
1843	Uraufführung des »Fliegenden Holländers«; Ernennung zum Königlich-Sächsischen Kapellmeister
1845	Uraufführung des »Tannhäuser«
1849	Mai-Aufstand in Dresden, an dem Wagner teilnimmt. Am 16. Mai wird ein Steckbrief gegen ihn erlassen; am 27./28. Mai Flucht nach Zürich
1850	Uraufführung des »Lohengrin« in Weimar
1852	Wagner lernt in Zürich Otto und Mathilde Wesendonck kennen
1857	Einzug in das »Asyl« bei Zürich
1858	Wagner und Minna trennen sich, Wagner reist nach Venedig
1864	Erste Begegnung mit König Ludwig II. von Bayern
1865	Uraufführung von »Tristan und Isolde« in München
1866	Minna Wagner stirbt in Dresden. Wagner mietet das Haus Triebschen am Vierwaldstätter See
1868	Uraufführung der »Meistersinger« in München; Begegnung mit Friedrich Nietzsche
1869	Geburt Siegfried Wagners. »Das Rheingold« wird auf Befehl Ludwigs II. gegen Wagners Willen in München uraufgeführt
1870	Uraufführung der »Walküre« in München. Richard und Cosima heiraten
1874	Einzug ins Haus »Wahnfried« in Bayreuth
1876	**13. 8.** Eröffnung der ersten Bayreuther Festspiele mit »Rheingold«. Uraufführungen von »Siegfried« und »Götterdämmerung«
1882	**26. 7.** Uraufführung des »Parsifal« im Bayreuther Festspielhaus
1883	Am 13. Februar stirbt Wagner im Palazzo Vendramin zu Venedig an einer Herzlähmung; er wird am 18. Februar im Garten von Haus Wahnfried in Bayreuth bestattet

Fürst Otto von Bismarck; Gemälde von Franz von Lenbach, 1896

Petra Bertram
Otto von Bismarck
Der Künstler des Möglichen 1815–1898

Otto von Bismarck – für die einen ist er ein verklärter Held, der Architekt eines einheitlichen deutschen Reiches, für andere ein Kriegstreiber, der den Weg zur Blut-und-Boden-Ideologie der Nazis ebnete. Doch wie immer man ihn sieht – von Bismarck geht eine gewaltige Faszination aus.

In Thomas Manns Augen war er ein »hysterischer Koloss, mit hoher Stimme, brutal, sentimental und zu nervösen Weinkrämpfen geneigt, alles auf einmal, ein Riese von unergründlicher List …, ein Menschenverächter und Menschenüberwinder durch Charme oder Gewalt, Erfolgsmensch, Realist, Antiideologe ganz und gar, eine Persönlichkeit übermäßigen fast übermenschlichen Formats, die, icherfüllt, alles um sich her zur Begeisterung verknechtete und zittern machte.«

Zwei Lebensziele hatte sich der charismatische Politiker gestellt: Bewahrung der Monarchie und der Vormachtstellung Preußens im Deutschen Reich – und er wollte die Macht.

»Ich werde entweder der größte Lump oder der erste Mann Preußens.« *Otto von Bismarck*

Eine preußische Kindheit und Jugend

Otto Eduard Leopold von Bismarck wird am 1. April 1815 in Schönhausen geboren. Der Stammsitz der Familie, 50 Kilometer nördlich von Magdeburg in der Altmark, befindet sich seit 1562 in den Händen der Bismarcks, es gibt großen Grundbesitz der Familie im umliegenden Jerichower Land. Die Wurzeln reichen bis ins 13. Jahrhundert nach Stendal. Der junge Otto wächst in dem Bewusstsein auf, dem alten Landadel anzugehören. Voller Stolz spricht er später vom »langjährigen Walten des konservativen Prinzips hier im Hause, in welchem meine Väter seit Jahrhunderten in denselben Zimmern gewohnt haben, geboren und gestorben sind«.

Er liebt seinen gutmütigen Vater, Ferdinand von Bismarck, und die über ihn vermittelten bodenständigen konservativen Werte, das Land und die Natur. In Schönhausen und auf dem pommerschen Gut Kniephof erlebt Otto eine unbeschwerte, naturverbundene Kindheit.

Viel weniger identifiziert er sich mit seiner Mutter Wilhelmine Mencken, Tochter eines aufgeklärten Regierungsbeamten. Ihre Söhne sollen nicht zu stiefelstampfenden Krautjunkern aufwachsen – Bismarck empfindet sie als

Einer der Vorfahren Bismarcks: Valentin von Bismarck (1580–1620) mit seinen Söhnen

Links: Otto von Bismarcks Mutter,
Wilhelmine Luise Mencken

Mitte: Otto von Bismarck als Schüler in
Berlin, 1826

Rechts: Jurastudent Otto von Bismarck,
1833

»kalt und hart« gegen sich, als Kind habe er sie gehasst. Zwischen den beiden Welten seiner Eltern, dem aufgeklärten Bürgertum und dem konservativen Adel, wächst Bismarck auf. Sein Leben lang bleibt er ebenso ein bodenständiger naturverliebter Junker wie auch ein nervöser, sensibler, nach Neuem strebender Intellektueller.

Mit nur sechs Jahren schickt seine Mutter ihn nach Berlin in die Plamannsche Erziehungsanstalt. Bismarck empfindet die Schule als unerträglich streng und hat unsägliche Sehnsucht nach Kniephof. Bei »Plamanns« entwickelt er seinen Widerwillen, Autoritäten anzuerkennen und sich unterzuordnen. Er ist ein Schüler mit durchschnittlichen Leistungen und so bleibt es auch beim Jurastudium in Göttingen, später in Berlin.

Ein Brotstudium, das ihn – ganz nach Mamas Wünschen – auf die Staatslaufbahn vorbereiten soll. Doch statt zu studieren genießt er das endlich unbeaufsichtigte Leben: Er trinkt viel, gilt als einer der besten Fechter der Stadt, schlägt 28 Mensuren und macht immense Schulden. Aus dieser Zeit stammt auch der Satz: »Ich werde entweder der größte Lump oder der erste Mann Preußens.« Die politische Grundüberzeugung hat der Adelsspross aber schon gefunden: Monarchistisch gesinnt, fordert er sechs Kommilitonen auf einmal heraus, »weil sie so auf unseren König geschimpft haben«, und bezeichnet die Teilnehmer des Hambacher Festes als »liberale Schwärmer«.

1835 schließt er 20-jährig sein Jurastudium ab und beginnt eine Referendarausbildung am Berliner Stadtgericht. Aber schon bald beklagt er die »körperlich und geistig eingeschrumpfte Brust, welche das Resultat des Beamtenlebens sein werde«.

Am meisten Freude in dieser Zeit macht ihm ein ruhiger Aufenthalt in Schönhausen auf dem Land, wo er konzentriert seine Prüfungsarbeiten schreiben kann. Er ist ein junger Erwachsener mit Orientierungsproblemen, voller Zweifel am Sinn des Lebens.

Ablenkung findet er in dem mondänen Kurort Aachen, wo er seine Ausbildung fortsetzt: »Ich bin fortwährend exzessiv verliebt, wechsle aber häufig den Gegenstand meiner Neigung.« Einer Engländerin reist er quer durch Europa nach, macht immense Schulden am Spieltisch und überschreitet seinen angemeldeten Urlaub um Monate. Der Regierungspräsident wirft ihn hinaus.

1839 kehrt er aufs Land zurück. Nach dem Tod seiner Mutter bewirtschaftet er das väterliche Kniephof, studiert neueste landwirtschaftliche und ökonomische Fachliteratur und modernisiert die Produktionsabläufe. Der Konservative versteht, dass in Zeiten des Wandels das Alte nur bestehen kann, wenn man es an das Neue anpasst.

Das Hambacher Fest

Im Mai 1832 kommen auf dem Hambacher Fest mehr als 20.000 Studenten, Handwerker und Winzer zusammen, die unter der schwarz-rot-goldenen Fahne ein freiheitliches und demokratisches Deutschland fordern, zu errichten als einheitliche Republik gegen die Fürsten. Auch Bismarck erkennt nach 1848, dass er nationale Strömungen nicht ignorieren kann, er muss sie integrieren und wird ihnen mit einer »Revolution von oben« zuvorkommen.

Der Weg in die Politik

Doch auch das Leben eines Landedelmanns macht ihn nicht glücklich: »Mein Umgang besteht in Hunden, Pferden und Landjunkern, und bei letzteren erfreue ich mich einigen Ansehens, weil ich Geschriebenes mit Leichtigkeit lesen kann, mich zu jeder Zeit wie ein Mensch kleide, … ruhig und dreist reite, ganz schwere Zigarren rauche und meine Gäste mit freundlicher Kaltblütigkeit unter den Tisch trinke.« Er ist im ganzen Kreis als »toller Junker« bekannt, er fällt mit großen Saufgelagen und wilden Jagden völlig aus dem Rahmen eines braven Landadligen. Aber eigentlich krankt er an einer »an Lebensüberdruss grenzenden Gelangweiltheit«.

Am 15. Oktober 1840 erlebt Bismarck im Berliner Lustgarten die Krönung von Friedrich Wilhelm IV. Vor seinen Augen glänzt die Macht – Bismarck ahnt schon, dass die Rolle eines »Mitspielers bei energischen politischen Bewegungen« auf ihn eine »Anziehungskraft ausüben [könnte], wie das Licht auf die Mücke«. Es dauert nicht lange und er erhält Zugang zu einem einflussreichen pommerschen Pietistenkreis. Über diese Beziehungen kommt Bismarck in Kontakt mit wichtigen konservativen Politikern, die von dem jungen Konservativen angetan sind und seiner politischen Karriere auf die Sprünge helfen wollen.

Doch wirklich erlöst wird Bismarck aus seiner Verzweiflung erst durch eine Frau – Marie von Thadden ist die Tochter eines einflussreichen Pietisten und

Die Teilnehmer des Hambacher Festes bezeichnet Bismarck als »Liberale Schwärmer«

Links: Otto von Bismarck heiratet 1847
Johanna von Puttkammer, Bildnis von 1855

Rechts: Johanna von Puttkammer, Bildnis
von 1859

verzaubert Bismarck auf der Stelle. Aber sie können nicht heiraten, denn
Marie ist schon verlobt. Schweren Herzens versucht sie, ihn mit ihrer besten
Freundin, Johanna von Puttkammer, zu verkuppeln. Doch die heiratet Bismarck erst nach Maries plötzlichem Tod im November 1846. Der berührt ihn
tief und ist ein Wendepunkt in seinem Leben. Dennoch ist die Ehe mit Johanna glücklich. Für Bismarck wird Johanna, mit der er drei Kinder bekommt,
zum »Anker seines Lebens«. Sie hält ihm zeit seines Lebens den Rücken frei
für seine eigentliche Leidenschaft, die er gerade entdeckt, für die Politik.

Mit Hilfe seiner Förderer bekommt Bismarck im März 1846 sein erstes politisches Amt: Er wird Deichhauptmann an der Elbe und ist zuständig für den
Abschnitt von Jerichow bis kurz vor Havelberg. Er nimmt die Aufgabe sehr
ernst, bei den nächsten Fluten halten die Deiche. Der Anfang ist gemacht:
1847 rückt er für einen erkrankten Abgeordneten in den Vereinigten Preußischen Landtag nach und stellt fest, die Politik »… ergreift mich mehr als ich
dachte. [Ich bin] … in einer ununterbrochenen Aufgeregtheit, die mich kaum
essen und schlafen lässt.« Er erkennt seine Berufung. Gleich mit seiner ersten
Rede bestreitet er vehement das Recht des Volkes auf eine Verfassung und
löst damit »einen unerhörten Sturm des Missfallens« aus, wie Bismarck zufrieden anmerkt. Sein Auftritt macht ihn auf einen Schlag in allen politischen
Kreisen als ultrakonservativen Hardliner bekannt – ganz im Sinne seiner Gönner. Selbst der König hat von ihm gehört und ist angetan.

Die Kinder des Ehepaars von Bismarck:
von links Wilhelm, Marie, Herbert, 1856

Vom Konterrevolutionär zum Abgeordneten

Mitten in Bismarcks erstem Karrieresprung platzt 1848 die Revolution, ein Ereignis, das den leidenschaftlichen Monarchisten und Demokratiehasser für den Rest seines Lebens prägt. Am 18. März entladen sich soziale und politische Spannungen in blutigen Straßenschlachten in Berlin, die Aufständischen gewinnen Oberhand.

Bismarck ist gerade in Schönhausen, als ihn die Nachricht erreicht. Erbost verhindert er, dass Tangermünder Deputierte die schwarz-rot-goldene Fahne am Schönhauser Kirchturm hissen. Er lässt eine andere hochziehen – über Schönhausen weht am 19. März 1848 eine weiße Fahne mit einem schwarzen »Eisernen« Kreuz. So zumindest beschreibt es Bismarck in seinen Memoiren. Sein zweiter Gedanke gilt dem König. Er vermutet Friedrich Wilhelm IV. in den Händen der Aufständischen, sammelt Gewehre und Pulver, um ihn zusammen mit 20 Bauern zu befreien. Doch dann reitet er erst mal allein nach Potsdam, wo ihm die Generäle klar machen: Auf die Unterstützung eines undisziplinierten Bauernhaufens wird kein Wert gelegt, er solle lieber Kartoffeln und Korn schicken. Auch wenn es diesmal noch nicht geklappt hat, hier zeigt sich bereits Bismarcks Bewusstsein dafür, dass der Einzelne im richtigen Moment den Lauf der Geschichte beeinflussen kann. Bismarck fühlt sich dazu berufen.

Otto von Bismarck will 1848 dem preußischen König beistehen, Fotografie 1848

In der Frankfurter Paulskirche tritt das erste frei gewählte deutsche Parlament zusammen, Bismarck zieht sich aufs Land zurück und wartet ab. Ab Mitte des Jahres formiert sich eine geheime Neben- und Gegenregierung, in der Bismarck hoch geschätzt wird. Sie gewinnt immer mehr an Macht, im November zieht General von Wrangel mit seinen Truppen in Berlin ein, die Gegenrevolution setzt sich durch. Der Versuch des Volkes, einen modernen Verfassungsstaat von unten durchzusetzen, ist gescheitert, die Revolution verloren.

Ab dem 20. März 1850 wird Bismarck Abgeordneter im Erfurter Unionsparlament, das über die Verfassung einer deutschen Union, einer bundesstaatlichen Regelung, beraten soll. In Erfurt herrscht für einige Monate Hauptstadt-Euphorie. Im Sitzungssaal des Augustinerklosters reißt der Abgeordnete Bismarck den schwarz-rot-goldenen Schmuck von den Stühlen seiner Fraktion und ersetzt ihn durch schwarz-weiße Bänder. Bismarck ist Wortführer der »Alt-Preußen«, die befürchten, Preußen werde auf dem Altar einer deutschen Einheit geopfert. In Redebeiträgen bezieht Bismarck eindeutig Stellung – er nutzt die Bühne, lässt aber auch keinen Zweifel an seiner Verachtung alles Parlamentarischen.

Bismarck liebt zwar die thüringische Wurst und das Erfurter Bier, dennoch ist er froh, dass die Unions-Idee bald scheitert: Österreich ist brüskiert, es

Im Jahr 1862 wird Bismarck von
St. Petersburg nach Paris versetzt;
Fotografie 1862

kommt beinahe zum Krieg. Im November gibt Preußen klein bei und kehrt
zum Frankfurter Deutschen Bund zurück, in dem Österreich die Vorherrschaft hat. Die Konservativen empfinden das als eine Schmach. Aber Bismarck
erkennt die historischen Zwänge und verteidigt in seiner Rede vom 3. Dezember 1850 die Aufgabe des Unionsprojekts zugunsten der Machtstellung Österreichs. Er zeigt als einzige Alternative einen Krieg von europäischem Ausmaß
und erweist sich damit als das, was er jenseits aller konservativer Prinzipien-
politik auch ist: Realpolitiker.

Das lange Warten auf die Macht

Am 8. Mai 1851 wird Bismarck preußischer Gesandter beim Bundestag in
Frankfurt. Stolz meldet er an seine Frau, er komme »auf den augenblicklich
wichtigsten Posten unserer Diplomatie«. Für seine erst fünf Jahre alte politische Karriere ist der Posten von unschätzbarem Wert: Der Anfänger lernt
hier das komplizierte Machtgeflecht in- und auswendig kennen. Sein Ziel in
dieser Zeit: Preußen soll Österreich im Deutschen Bund gleichgestellt sein.
1858 übernimmt Prinz Wilhelm die Regierungsgeschäfte für den in geistige
Umnachtung gefallenen König Friedrich Wilhelm IV. Eine neue, gemäßigt
konservative Ära bricht an: Wilhelm und seine Frau Augusta sympathisieren
mit dem liberalen Flügel, die hochkonservative Kamarilla verliert an Einfluss
und Bismarck seinen Posten als Gesandter in Frankfurt. Er wird nach St. Petersburg geschickt und ist so ärgerlich über seine »Kaltstellung«, dass er – wie
so häufig, wenn er seelisch leidet – schwer krank wird.
1861 stirbt Friedrich Wilhelm IV., Wilhelm I. wird König. Bismarck wird Gesandter in Paris. Immer häufiger spricht er jetzt davon, dass Preußen und
Österreich ihren Einfluss in »Deutschland« klären müssen. Er will Preußens
Vormacht – wenn es sein muss, auch unter Einbeziehung der liberalen Natio-
nalbewegung. Die hat mit der Einigung Italiens und der Gründung des Deutschen Nationalvereins 1859 kräftig Auftrieb bekommen. Und Bismarck weiß,
dass er sich nicht gegen den Trend der Zeit stemmen kann.
Bismarck rechnet jetzt fest mit dem baldigen Ruf auf einen wichtigen Posten
in Berlin. Er steht in engem Kontakt mit Kriegsminister Albrecht Graf von
Roon, der ihn über alle Vorkommnisse und Krisen der Regierung auf dem
Laufenden hält. So kann sich Bismarck beruhigt in das französische Biarritz
zurückziehen. Dort verliebt er sich heftig in die 25 Jahre jüngere, russische
Gesandtengattin Katharina Orlowa. Bismarck und Kathy verbringen viele
romantische Stunden, schwimmen, wandern und genießen die Zeit. Zum
Abschied schenkt Kathy ihm einen Olivenzweig, der später zu politischen
Ehren kommen wird.

Nur zehn Tage nach der Trennung von den Orlows telegrafiert von Roon: »Gefahr im Verzuge. Beeilen Sie sich!« Am 22. September 1862 steht Bismarck vor dem König. In Berlin hatte sich ein Konflikt über die von Wilhelm I. angestrebte so genannte Heeresreform – eigentlich eine Aufrüstung – zum Verfassungskonflikt entwickelt. Die Liberalen fürchten zu Recht, dass es hierbei um die Stärkung der Krone gehen soll und verweigern ihre Zustimmung. Jetzt sind die Fronten verhärtet, die »neue Ära« ist vorbei. Bismarck bietet dem König nicht nur seine Hilfe bei der Durchsetzung der Heeresreform an, sondern auch bei diktatorischen Maßnahmen. Wie 1848 ist Bismarck hier für die Monarchie zum Staatsstreich bereit – nur dass ihn jetzt keiner mehr abkanzelt. Im Gegenteil, der König ist gerührt: »Dann ist es meine Pflicht, mit Ihnen die Weiterführung des Kampfes zu versuchen.«

Einen Tag später beruft Wilhelm I. Bismarck zum (vorläufigen) Ministerpräsidenten. Ein Aufschrei geht durch das Volk: der konservativste aller Junker an der Spitze der Preußischen Regierung! Zwar holt Bismarck bei seinem Auftritt im Abgeordnetenhaus Kathys Olivenzweig aus der Tasche und signalisiert Versöhnungsbereitschaft mit den Liberalen, aber die Rede, die er am 30. September 1862 hält, zeugt nicht von Friedensabsichten. »Nicht durch Reden und Majoritätsbeschlüsse werden die großen Fragen der Zeit entschieden – das ist der große Fehler von 1848 und 1849 gewesen –, sondern durch Eisen und Blut.«

Die Karikatur spielt auf Bismarcks Lavieren zwischen widerstrebenden politischen Kräften an

Drei Kriege und die Einheit

Bismarck regiert ohne genehmigten Etat, da das Abgeordnetenhaus die Frage der Heeresreform nicht entscheidet. Er spielt mit dem Gedanken, Wahlrecht und Verfassung abzuschaffen, schränkt die Pressefreiheit ein und brüskiert die Abgeordneten. Er scheint der meistgehasste Mann Preußens zu sein. Doch dann nutzt Bismarck Dänemarks Absicht, sich Schleswig einzuverleiben. Preußen zieht Seite an Seite mit Österreich am 2. Februar 1864 gegen Dänemark in den Krieg und gewinnt die entscheidende Schlacht bei den Düppeler Schanzen. Jetzt ist der »flache Landjunker« ein gefeierter Staatsmann.

Doch zufrieden ist Bismarck nicht. An der Frage der Vormachtstellung im Deutschen Bund hat sich durch diesen gemeinsamen Sieg Preußens und Österreichs nichts geändert. Bismarck zieht einen Krieg gegen Österreich in Betracht. Streit entzündet sich an der Verwaltung Schleswig-Holsteins, am 16. Juni 1866 beginnt der »Deutsche Krieg«. Die deutschen Mittelstaaten, die auf Seiten Österreichs kämpfen, sind nach wenigen Tagen überrollt, und nach nur drei Wochen gewinnt Preußen die entscheidende Schlacht gegen Österreich bei Königgrätz.

Die Emser Depesche

Im September 1868 stürzen spanische Militärs Königin Isabella II. Die Nachfolge auf dem spanischen Thron soll Prinz Leopold von Hohenzollern-Sigmaringen, ein Verwandter des preußischen König übernehmen. Das kann dem französischen Kaiser in Anbetracht der geographischen Lage nicht geheuer sein. Erbprinz Leopold nimmt am 19. Juni 1870 das spanische Angebot an, der preußische König erklärt zwei Tage später sein Einverständnis. Frankreich ist empört und verlangt vom obersten Hohenzollern den Verzicht des Hauses auf den spanischen Thron. Der weist das natürlich zurück, als ihm diese Forderung in Bad Ems überbracht wird. In einem Telegramm setzt er Bismarck davon in Kenntnis; dieser spitzt den Sachverhalt zu und lanciert ihn als »Emser Depesche« an die Presse. Napoleon III. antwortet mit der Kriegserklärung am 19. Juli 1870.

1864 besiegt Preußen an der Seite Österreichs die Dänen bei den Düppeler Schanzen

Der König und Bismarck sind vor Ort: Der König will weiter bis nach Wien, Bismarck will Frieden schließen, es kommt zu einer dramatischen Auseinandersetzung. Zurück in seinem Zimmer, wird Bismarck – seinen Erinnerungen zufolge – von heftigen Weinkrämpfen befallen. Er setzt sich durch: Grollend willigt der König am nächsten Tag ein, »nach so glänzenden Siegen … einen so schmachvollen Frieden anzunehmen«. Bismarck beweist diplomatisches Gespür: Österreich das Gesicht wahren zu lassen, hilft in der Tat dabei, Preußens Vorherrschaft nachhaltig einzurichten. Für Bismarck persönlich lohnt sich dieser Einsatz, er bekommt 400.000 Taler vom Landtag geschenkt und kauft dafür das Gut Varzin in Hinterpommern. In der öffentlichen Meinung ist Bismarck ein Held, die Konservativen gewinnen die Wahlen, und das Parlament legalisiert im Nachhinein alle rechtswidrigen Staatsausgaben, womit der Heeres- und Verfassungskonflikt endgültig bereinigt und von der Krone gewonnen ist.

»Soll Revolution sein, so wollen wir sie lieber machen als erleiden«, sagt Bismarck 1866. Die Gründung des Norddeutschen Bundes ist tatsächlich eine revolutionäre Neuordnung, die allerdings nicht vom Volk, sondern »von oben« herbeigeführt wird – ein irritierender Umstand, der der liberalen und demokratischen Bewegung für Jahrzehnte das Rückgrat bricht.

Allerdings will sich die innere Einheit der deutschen Staaten nicht so recht einstellen, schnell stören kleinere Konflikte mit den südlichen Staaten das Einvernehmen. Bismarck ist um Preußens neu erlangte Machtstellung besorgt. Und um seine eigene Position, denn auch die ist noch nicht unangreifbar. Ein Krieg käme ihm jetzt gerade recht. Die von Bismarck manipulierte spanische Thronfolgefrage provoziert Frankreich bis zur Kriegserklärung gegen Deutschland. Die Erinnerung an 1813, an die Befreiungskriege und an Frankreich als ehemaligen Besatzer wird wach – 1870 ziehen die deutschen Staaten mit wehenden Fahnen in den Krieg.

Die spanische Thronfolge und die Emser Depesche

Nach der für die deutschen Truppen siegreichen Schlacht bei Sedan am 1. September 1870 treten Baden, Hessen-Darmstadt, Bayern und Württemberg endgültig dem Norddeutschen Bund bei. Der Weg ist frei: Im Spiegelsaal von Versailles wird am 18. Januar 1871 das Deutsche Reich gegründet und der preußische König Wilhelm zum Kaiser proklamiert.

Bismarck wird Fürst und bekommt den Sachsenwald bei Hamburg geschenkt. In dem autoritär verfassten Deutschen Reich ist Bismarck jetzt Kanzler, Außenminister und preußischer Ministerpräsident zugleich. Und er ist nicht dem Parlament, sondern dem Kaiser gegenüber verantwortlich.

Kaiser Wilhelm I. und Bismarck bei der
Einweihung der Siegessäule am Jahrestag
der Sedan-Schlacht in Berlin 1873

Das Bündnissystem Bismarcks
Drei-Kaiser-Abkommen, 1873
(Deutsches Reich, Österreich-Ungarn,
Russland) – Lockeres Bündnis ohne beson-
dere Absprachen.

Zweibund, 1879
(Deutsches Reich, Österreich) – Infolge der
Balkan-Krise 1876 bis 1878 zerbricht das
Drei-Kaiser-Abkommen. Das Deutsche
Reich und Österreich-Ungarn schließen
den Zweibund, ein Verteidigungsbündnis
für den Fall, dass einer der beiden Partner
von Russland angegriffen wird. Bismarck
hofft, Russland so wiedergewinnen zu
können.

Drei-Kaiser-Bündnis, 1881
(Deutsches Reich, Österreich-Ungarn,
Russland) – Bismarcks Hoffnung geht auf:
Von inneren Krisen geschüttelt und zur
Absicherung gegenüber England nähert
sich Russland dem Zweibund an. Im Drei-
Kaiser-Bündnis verpflichten sich die Ver-
tragspartner zu gegenseitiger Neutralität
im Fall eines Krieges. Ebenso wollen sie
ihre Interessen auf dem Balkan miteinander abstimmen, woran das Bündnis später
zerbricht.

Der Machterhalt und die Albträume

Das Gleichgewicht der Kräfte in Europa ist empfindlich gestört, das erste Mal
seit Jahrhunderten steht wieder ein starker Staat in der Mitte Europas. »Die
Leute ahnen nicht, was die Lage ist. Wir balancieren auf der Spitze eines Blitz-

Bismarck mit seinen beiden Doggen in
Friedrichsruh, Fotografie 1886

ableiters ...« Bismarck bemüht sich, den anderen europäischen Ländern zu
vermitteln, Deutschland sei »saturiert« – seine Politik kenne keine außen-
politischen Ambitionen, keine Kolonien, keine Militäreinsätze. Er setzt auf
Koalitionen. Sein Albtraum: ein französisch-russisches Bündnis, sein Ziel: die
Isolierung Frankreichs. Verträge, Rückversicherungsverträge und (geheime)
Bündnisse dienen diesem Ziel.

Diese Grundidee für ein europäisches Gleichgewicht der Kräfte diktiert der
alte, geschwächte und kranke Bismarck während eines Kuraufenthalts in Bad
Kissingen 1877 seinem Sohn Herbert. Der war 1874 auf Wunsch seines Vaters
in den diplomatischen Dienst eingetreten und ist einer von Bismarcks engsten Vertrauten.

Der Kampf gegen »Reichsfeinde«

Parallel zur friedlichen Außenpolitik ist Bismarcks Innenpolitik bestimmt
vom Kampf gegen die von ihm so titulierten »Reichsfeinde«. Hat er vorher
sein Leben in den Dienst eines mächtigen Preußen gestellt, so will er es nun
um jeden Preis nach seinen Vorstellungen formen.

Was die Verfassung und vor allem seine eigene, mit fast diktatorischen Kom-
petenzen ausgestattete Machtstellung angeht, ist ihm das schon gelungen.
Seine neue Lebensaufgabe ist jetzt der Kampf gegen Katholiken und Sozialdemokraten.

Katholische Polen in Preußen und die katholischen Staaten im Süden
Deutschlands verschieben das religiöse Gleichgewicht zuungunsten des protestantischen Preußen. Gleichzeitig gewinnt die katholische Zentrumspartei
an Macht, die als oberste Autorität nicht den preußischen Staat, sondern Rom
anerkennt. Das kann Bismarck nicht recht sein. Er setzt das Bürgerrecht auf
freie Religionsausübung faktisch außer Kraft. Auf dem Höhepunkt des so
genannten Kulturkampfes sind alle preußischen katholischen Bischöfe verhaftet oder ausgewiesen. Doch es nützt nichts: Als die Zentrumspartei
stärkste Fraktion im Reichstag wird, muss der Kanzler den Kulturkampf aufgeben. Diesen Krieg hat er verloren. Wie immer bei Niederlagen, leidet jetzt
Bismarcks Gesundheit besonders: Ständige Völlerei zehrt an seinem gesund-
heitlichen Zustand, Gesichtsneuralgien, Rheuma, Verdauungsstörungen und
Schlaflosigkeit sind die Folgen.

Jetzt werden die Sozialdemokraten zu Bismarcks Hauptfeinden. »Sie sind die
Ratten im Land und sollten vertilgt werden.«

Es ist eine Strategie von Zuckerbrot und Peitsche – auf der einen Seite werden sozialdemokratische Vereine und Organisationen verboten, andererseits
will Bismarck die »Arbeiterfrage« durch eine fortschrittliche Sozialpolitik

lösen (ab 1883 Anfänge einer Kranken-, Unfall-, Alters- und Invaliditätsversicherung). Es ist Fürsorge nach der von Bismarck verinnerlichten Gutsherrenart: Arbeitet jemand ordentlich, muss man für ihn sorgen. Doch das Kalkül geht nicht auf: Unter den Repressionen entwickelt sich die Sozialdemokratie zur Massenbewegung.

Am 9. März 1888 stirbt Kaiser Wilhelm I. Sein Sohn, Friedrich III., schon schwer krebskrank, regiert nur 99 Tage. Dann übernimmt der 29-jährige Kaiser Wilhelm II. den Thron – jung, ungeduldig und machthungrig. Über die anstehende Verlängerung des Sozialistengesetzes kommt es zum Bruch zwischen Kanzler und Kaiser.

Am 29. März 1890 verlässt Bismarck nach 26 Dienstjahren die Wilhelmstraße in Berlin, und obwohl Tausende von Menschen seinen Weg zum Lehrter Bahnhof säumen und ihm zujubeln, spricht er grollend von einem »Leichenbegängnis erster Klasse«.

Wilhelm II. und Otto von Bismarck am 30. Oktober 1888 in Friedrichsruh

Das Rentnerleben des Arbeitswütigen

Auch wenn viele Menschen erleichtert sind, das starre System Bismarcks endlich loszuwerden, wird er auch schon zu Lebzeiten zum Mythos. Immer wieder mischt sich der »Alte vom Sachsenwald« mit Interviews in die tagesaktuelle Politik ein, Gerüchte über seine Rückkehr auf die politische Bühne reißen nicht ab. Am 30. Juli 1892 hält Bismarck eine Rede in Jena, zu der Tausende von Menschen kommen. Er lobt die Errungenschaften Thüringens und nutzt den Auftritt und Jubelempfang gleichzeitig dazu, sich vom aktuellen Kurs Wilhelms II. zu distanzieren. Bismarcks fortwährende Beliebtheit trifft den eitlen Kaiser. Anfang des Jahres 1894 merkt Wilhelm II., dass es besser für ihn wäre, wenn das Volk seine nationalen Gefühle zwischen König und dem ehemaligen Kanzler nicht spalten müsse – er sucht die Versöhnung mit Bismarck, erst in Berlin, dann mit einem Gegenbesuch in Friedrichsruh. Doch Bismarck kann das Schauspiel Wilhelms nicht versöhnen.

Nach dem Tod seiner geliebten Ehefrau Johanna Ende 1894 geht es mit Bismarcks Gesundheit merklich bergab. Zu seinem 80. Geburtstag am 1. April 1895 entscheidet der Reichstag, keine Glückwünsche auszusprechen. In Friedrichsruh kommen allerdings 9875 Telegramme und 450.000 Briefe an, es gibt Fackelzüge durch den Park vor seinem Schloss, Jubelreisen aus verschiedensten Städten werden organisiert, tausende »patriotische« Bürger pilgern in den Sachsenwald.

Alles das kann Bismarck nicht mehr mit dem Leben versöhnen. »Gebt, dass ich meine Johanna wieder sehe«, so notiert die Schwiegertochter die letzten Worte des Machtpolitikers am 30. Juli 1989, kurz vor 23 Uhr. Dann stirbt er.

Der »Eiserne Kanzler« im Ruhestand

Wilhelm II. und sein Reichskanzler Bernhard von Bülow ersetzen durchdachte Diplomatie durch plumpe Machtpolitik, Deutschland soll jetzt einen »Platz an der Sonne« bekommen. Bismarcks feines Gefüge wird aus dem Gleichgewicht gebracht, die prekäre Mittellage Deutschlands ignoriert. Noch 1898, kurz vor seinem Tod, sagt Bismarck: »Zwanzig Jahre nach dem Tod Friedrichs des Großen kam Jena, und zwanzig Jahre nach meinem Ableben wird Deutschland zusammenbrechen, wenn es so weiter regiert wird.« Ob ein Künstler der Politik wie Bismarck den Ersten Weltkrieg hätte verhindern können, bleibt Spekulation.

Max Weber sagt, Bismarck »hinterließ eine Nation … ohne allen und jeden politischen Willen, gewöhnt, dass der große Staatsmann an ihrer Spitze für sie die Politik schon besorgen werde«. Und in dieser obrigkeitsstaatlichen Fixierung sieht Weber den »bei weitem schwersten Schaden« der Bismarck-Zeit.

Das letzte Bildnis Otto von Bismarcks entsteht am 30. Juli 1898 auf dem Totenbett; Skizze von Franz von Lenbach

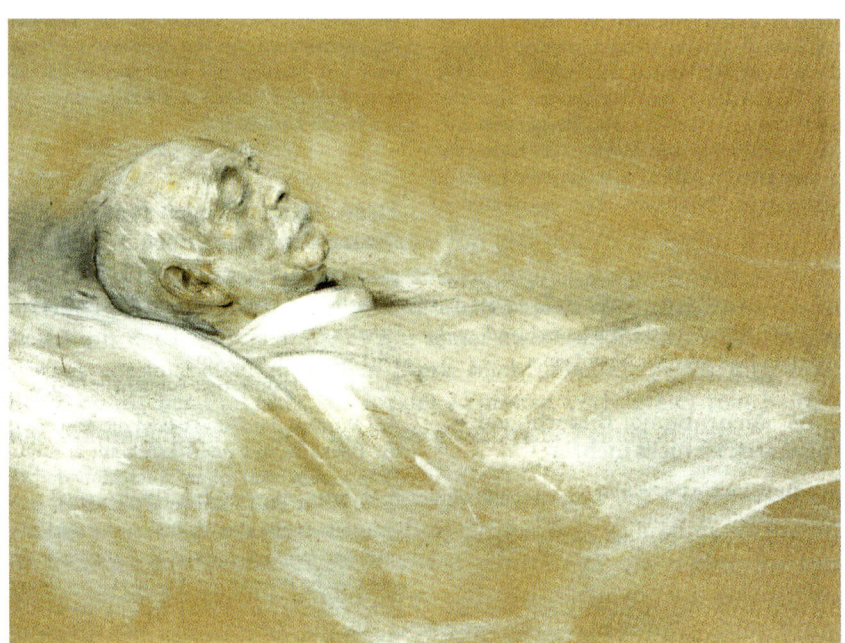

Zeittafel Otto von Bismarck

1815	**1. 4.** Geburt Otto Eduard Leopold von Bismarck in Schönhausen
1821–1832	Schulbesuch in Berlin
1832–1835	Jurastudium in Göttingen und Berlin
1835	Referendar am Königlichen Stadtgericht in Berlin
1836	Regierungsreferendar in Aachen
1838	Abbruch des Referendariats, Militärdienst als »Einjährig-Freiwilliger«
1839	**1. 1.** Bismarcks Mutter stirbt, Otto übernimmt die Bewirtschaftung der väterlichen Güter
1846	Bismarck wird Deichhauptmann
1847	**8. 5.** Bismarck rückt in den Vereinigten Preußischen Landtag nach
1847	**28. 7.** Hochzeit mit Johanna von Puttkamer
1848	**18. 3.** Revolutionäre Erhebungen, Barrikadenkämpfe in Berlin
1850	Abgeordneter im Erfurter Unionsparlament
1851	Gesandter am Bundestag in Frankfurt am Main
1859	Gesandter am russischen Hof in St. Petersburg
1862	Gesandter in Paris, Heeres- und Verfassungskonflikt Peußischer Ministerpräsident und Minister des Auswärtigen
1864	**16. 4.** Sieg der Preußen und Österreicher über die Dänen (Schleswig und Holstein)
1866	**Juni/Juli** »Bruderkrieg« Preußen gegen Österreich, Sieg Preußens in der Schlacht bei Königgrätz
1867	**14. 7.** Bismarck wird Kanzler des Norddeutschen Bundes
1870	Kriegserklärung Frankreichs gegen Preußen, Schlacht bei Sedan
1871	**18. 1.** Gründung des Deutschen Kaiserreiches in Versailles Beginn des »Kulturkampfes« in Preußen
1873	**22. 10.** Drei-Kaiser-Abkommen (Deutsches Reich, Österreich-Ungarn und Russland)
1878	**18. 10.** Sozialistengesetz wird vom Deutschen Reichstag verabschiedet
1879	**7. 10.** Zweibund (Deutsches Reich und Österreich-Ungarn)
1881	**18. 6.** Drei-Kaiser-Bündnis (Deutsches Reich, Österreich-Ungarn, Russland)
1882	**20. 5.** Dreibundvertrag (Deutsches Reich, Österreich-Ungarn und Italien)
1887	**18. 6.** Geheimer Rückversicherungsvertrag (Russland, Deutsches Reich)
1888	»Drei-Kaiser-Jahr«, Wilhelm II. wird Deutscher Kaiser
1890	**20. 3.** Entlassung Bismarcks
1894	**27. 11.** Tod von Bismarcks Frau Johanna
1898	**30. 7.** Tod Bismarcks in Friedrichsruh bei Hamburg

Karl May als Old Shatterhand mit Silberbüchse

Lutz Pehnert

Karl May

Amerika liegt in Sachsen 1842–1912

Der Beginn einer Legendenbildung: Karl May als Old Shatterhand, mal mit Silberbüchse, mal mit dem Bärentöter oder einfach nur mit dem Fell eines Kojoten über seiner Schulter – so lässt er sich im Ostern 1896 fotografieren. Ein 54-Jähriger wie zum Fasching kostümiert. Heute lächelt man über diese Verkleidung, damals überzeugte sie die Fans außerordentlich. Auf den Starfotos können sie zum ersten Mal den Mann bestaunen, dessen Taten im Norden Amerikas sie in seinen Büchern bewundert haben. Der Karl May auf den Fotos ist zugleich auch jener, der von sich behauptet, »französisch, englisch, italienisch, spanisch, griechisch, lateinisch, hebräisch« sprechen und schreiben zu können. Geradezu genialisch, aber seine Aufzählung beginnt hier erst. Nach seinen vielen Reisen durch die Welt, so resümiert er, verstehe er jetzt »über 1200 Sprachen und Dialekte«.

Wer ist dieser Karl May – etwa das achte Weltwunder? Oder nur ein Prahler, ein Blender? In Vorträgen behauptet er, dass er bereits zwanzigmal in Nordamerika gewesen sei und demnächst auch wieder über den Großen Teich wolle, um in den Rocky Mountains mal eben einen Grizzly-Bären zu erlegen. Und seine Fans glauben es ihm und jedes seiner Abenteuer mit seinem Freund Winnetou, dem Häuptling der Apachen. Als Karl May 1897 in München Quartier nimmt, muss die Feuerwehr die Menschenmassen vor seinem Hotel mit der Wasserspritze auseinander treiben, damit die Straßenbahn wieder fahren kann. Karl May – ein Popstar am Ende des 19. Jahrhunderts. Doch Karl May ist Winnetou nie begegnet. Nur einmal, 1908, vier Jahre vor seinem Tod, reist er in die USA. Und hier entlarvt sich der vorher aufgebauschte Wildwest-Mythos in desillusionierenden Schnappschüssen. In der Reservation der Tuscaroras – einst stolze Irokesen – knipst seine Frau Klara das einzige Bild, das ihn mit einem Indianer zeigt, einem bärtigen Mann in zerschlissener Arbeitskleidung mit Hosenträgern. Angeblich soll er ein Häuptling sein und ist doch nur ein einfacher Landarbeiter. Er und Karl May stehen neben einem Zelt, es ist kein Tipi, nur eine Lagerstätte für Feldfrüchte. »May bei den Tuscarora-Indianern«, schreibt Klara May unter das Foto, um zu beweisen: Ihr Mann war tatsächlich bei den Rothäuten.

Das vielleicht traurigste Foto von Karl May entsteht ebenfalls in Amerika: Karl May sitzt in einem Boot, aber das liegt am Ufer auf dem Trockenen.

»Er war von nicht sehr hoher und nicht sehr breiter Gestalt. Ein dunkelblonder Vollbart umrahmte sein sonnenverbranntes Gesicht. Er trug ausgefranste Leggins und ein ebenso an den Nähten ausgefranstes Jagdhemd, lange Stiefel, die er bis über die Knie emporgezogen hatte, und einen breitkrempigen Filzhut, in dessen Schnur rundum die Ohrenspitzen des grauen Bären steckten … In der Rechten hielt er ein kurzläufiges Gewehr, dessen Schloß von ganz eigenartiger Konstruktion zu sein schien…«

Aus: »Der Sohn des Bärenjägers«

1908 besucht Karl-May die Tuscarora-Indianer-Reservation, das Bild fotografierte seine Frau Klara

Ebenfalls ein Schnapschuss von der Amerikareise. Familie May mit dem befreundeten Ehepaar Pfefferkorn in einem Boot

Kaum zu glauben, dass das jener Kerl sein soll, der so dreist von sich behauptet hatte, er selbst sei Old Shatterhand, der »Westmann« mit der Schmetterfaust, der mit seinem roten Blutsbruder die »dark and bloody grounds« so gründlich vom Bösen säuberte.

Karl May – ein sächsischer Phantast oder ein begnadeter Poet? Oder beides. Er gründete ein Weltreich der Phantasie, um sein Leben neu zu erfinden. Was aus seinem Leben ist Mythos, Legende, Lüge? Vielleicht hat er ja nicht gelogen, vielleicht war er wirklich schon als Junge in Amerika, auch wenn es ganz anders aussah, ein kleines Dorf, bei Penig gelegen, in seiner Heimat. Und nur ein paar Kilometer weiter umwehte ihn schon die Hitze der Sahara, zumindest dem Namen nach. Wüstenbrand heißt der kleine Ort. Dahinter liegt Ernstthal, die Geburtsstadt von Karl May.

Die Rose von Ernstthal

»Aber der Webstuhl vermag der Hand auch des fleißigsten Arbeiters keine Reichtümer zu bieten …«, so beginnt Karl Mays allererste Erzählung »Die Rose von Ernstthal«. Es ist keine erfundene Welt, sondern die bittere Realität, in die Karl May am 25. Februar 1842 hineingeboren wird. Er ist das fünfte Kind des 32-jährigen Webergesellen Heinrich August May und seiner sieben Jahre jüngeren Ehefrau Christiane Wilhelmine. Neun weitere Geschwister folgen noch, aber von den 14 Kindern sterben neun bereits vor ihrem zweiten Geburtstag.

Phantasie, das ist der Treibstoff für den Ausbruch aus einer demütigenden Wirklichkeit und der brutalen Erziehung des Vaters. Mit unerbittlicher Strenge will er seinen einzigen Sohn zu einem »hochgebildeten Mann« formen. Für den heranwachsenden Jungen heißt das: Pauken bis weit in die Nacht. Der Drill verschärft sich, als Karl May 14 Jahre alt ist. Er soll Latein im Selbststudium erlernen und private Stunden in Französisch nehmen. Das Geld dafür muss sich der Junge im Kegelschub der Hohensteiner Schankwirtschaft Engelhardt verdienen. Zwölf Stunden und mehr stellt er Kegel auf. Zur Kneipe gehört allerdings auch eine Leihbibliothek. Hier entdeckt er Bücher, die von edlen Räuberhauptmännern erzählen. Sie heißen Rinaldo Rinaldini, Sallo Sallini oder Himlo Himlini. So abenteuerlich wie ihre Namen sind ihre Taten – und sie begeistern den Jungen. Eines Nachts entschließt er sich zu großer Tat. Er macht sich auf den Weg nach Spanien: »Ich rang nach einem Entschlusse. Das Buch, in dem ich gelesen hatte, führte den Titel ›Die Räuberhöhle an der Sierra Morena oder der Engel aller Bedrängten‹. Als Vater nach Hause gekommen und dann eingeschlafen war, stieg ich aus dem Bett, schlich mich aus der Kammer und zog mich an. Dann schrieb ich einen Zettel: ›Ihr sollt euch nicht die Hände blutig arbeiten; ich geh nach Spanien; ich hole Hilfe!‹ Diesen Zettel legte ich auf den Tisch, steckte ein Stückchen trockenes Brot in die Tasche, dazu einige Groschen von meinem Kegelgeld, stieg die Treppe hinab, öffnete die Tür, atmete da noch einmal tief und schluchzend auf, aber leise, leise, damit ja niemand es höre, und ging dann gedämpften Schrittes den Marktplatz hinab und die Niedergasse hinaus, den Lungwitzer Weg, der über Lichtenstein nach Zwickau führte, nach Spanien zu, nach Spanien, dem Lande der edlen Räuber, der Helfer aus der Not.

Man glaube ja nicht, dass dies eine ›verrückte Idee‹ gewesen sei. Ich war geistig kerngesund. Der Fehler lag daran, dass ich infolge des verschlungenen Leseschundes den Roman für das Leben hielt und darum das Leben nun einfach als Roman behandelte.«

Doch das Abenteuer dauert nur einen Tag, bei Verwandten in der Nähe von Zwickau muss er seinen Plan aufgeben. Der erste Versuch, eine große Tat zu vollbringen, scheitert. Genauso wie der Traum des Knaben vom Gymnasium und dem anschließenden Medizinstudium. Mit 14 Jahren wird Karl May konfirmiert und verlässt die Schule.

Karl Mays Geburtshaus in Hohenstein-Ernstthal

Kleine Diebereien

Ein kleines Stipendium ermöglicht ihm den Besuch des Lehrerseminars in Waldenburg. Im vierten Jahre dieses Studiums gerät May zum ersten Mal mit dem Gesetz in Konflikt. Im November 1859 ist der damals 17-jährige Lichtwochner an seinem Seminar. Er hat die Aufgabe, für die Talglichter zu sorgen, mit denen man damals die Räume beleuchtete. Er entwendet sechs Kerzen, der Vorfall wird entdeckt. Das Kultusministerium relegiert May vom Seminar. Nach einem Gnadengesuch darf May sein Studium in Plauen fortsetzen, wo er die Prüfung als Schulamtskandidat im September 1861 mit der Note »gut« besteht.

Im selben Herbst, noch keine 20 Jahre alt, wird May Fabrikschullehrer in Chemnitz, wo er die vertraglich vereinbarte Wohnung mit einem Buchhalter teilt. Er behält dessen ihm geliehene Taschenuhr etwas länger als vereinbart. Der Zimmergenosse erstattet Anzeige wegen Diebstahls. Ein Gericht verurteilt May zu sechs Wochen Haft, die er im Chemnitzer Brettturm absitzen muss. Die eigentliche Strafe allerdings folgt erst Monate später. Sein Antrag auf Wiederaufnahme in den Schuldienst wird abgelehnt. Karl May ist arbeitslos und am Tiefpunkt seines Lebens angekommen.

Frühestes Foto von Karl May, im Jahr 1875 beginnt er als Zeitschriftenredakteur zu arbeiten

Hochstapelei und Bestrafung

Der Rachefeldzug beginnt im Juni 1864. Zuerst erschwindelt er als »Dr. med. Heilig, Augenarzt und früher Militair aus Rochlitz« bei einem Schneider verschiedene Kleidungsstücke, dann als Ferdinand Lohse, Seminarlehrer in Plauen, bei der Firma Oskar Nappe zwei Bisampelze mit Klappkragen und zwei große Bisamkragen. Die Beute verkauft oder verpfändet er. 41 Taler bringen ihm die Bisampelze. In Leipzig versucht er bei der bekannten Rauchwarenfirma Friedrich Erler am Brühl etwas Ähnliches. Doch diesmal fliegt der Schwindel auf. Wegen mehrfachen Betruges wird May zu vier Jahren Arbeitshaus verurteilt. Ab dem 14. Juni 1865 ist er Nummer 171 auf dem zu einer Anstalt umgebauten Schloss Osterstein. Am 2. November 1868 wird er begnadigt, doch er ist seelisch angeschlagen.

Als Ausweg aus der Depression erweist sich erneut der Rückfall ins kriminelle Gewerbe. Als »Polizeilieutnant von Wolframsdorf aus Leipzig« erscheint er bei einem Krämer in Mittweida. Forsch erklärt er, die Kasse durchsuchen zu müssen, und beschlagnahmt angebliches Falschgeld. Als die Polizei nach ihm fahndet, versteckt er sich in zwei Höhlen im Oberwald nördlich von Hohenstein. Weitere kleine Diebereien folgen. Am 2. Juli 1869 wird May schließlich verhaftet. Er kann fliehen, gelangt über die Grenze nach Böhmen. Als er schließlich von der Polizei aufgegriffen wird, behauptet er dreist, der Neffe eines Plantagenbesitzers von der fernen Insel Martinique zu sein. Auf seiner Europareise habe er seine Ausweise verloren, nun wolle er zu Verwandten nach Görlitz. Karl May vermischt Erlebtes und Erfundenes zu einem eindrucksvollen Reiseabenteuer. Als die Polizei die vermeintlichen Verwandten ermitteln will, bricht das Lügengebäude Karl Mays zusammen. Aus der Phantasiefigur wird wieder der reale Karl May – ein Betrüger, Schwindler, Hochstapler. Am 13. April 1870 verurteilt ihn das Bezirksgericht Mittweida zu einer Zuchthausstrafe von vier Jahren.

Hölle Waldheim

»Züchtling Nr. 402«, das ist nun Karl May. Und das Zuchthaus Waldheim ist seine Hölle. Gnadenlose Verhaltensvorschriften verlangen bedingungslosen Gehorsam. Während der 13-stündigen Arbeitszeit herrscht absolutes Sprechverbot, geahndet werden »unnötiges Schnauben und Räuspern« während der Andachtsübungen und zu lautes Lachen.

Als er am 2. Mai 1874 die Hölle von Waldheim verlassen darf, ist er ein gebrochener Mann. Auf die Frage nach Plan und Wunsch für sein weiteres Leben wird in den Papieren die Antwort notiert: »Will nach Amerika ausreißen.«

Welches Amerika er meint, das hinter dem Großen Teich, das in seiner Phantasie oder das in der Nähe seiner Geburtsstadt, bleibt offen.

Jedenfalls kehrt er zu seinen Eltern zurück. Nach seiner Entlassung findet er zunächst eine Tätigkeit als Redakteur von Unterhaltungsblättern, dann bald als freier Schriftsteller. Die Unterhaltungs- und Familienzeitschriften nach dem Vorbild der »Gartenlaube« bedienen die großen Sehnsüchte des kleinen Mannes: private Idyllen, Heldenmythen und exotische Fernen. Mit solcher Lektüre wird nun Karl May glänzen.

Er ist jetzt 32 Jahre alt, verfasst heimatliche und exotische Novellen, pseudonyme Kolportagehefte, aber auch schon die ersten der Reiseromane, die ihn später berühmt machen. Was ihm vorher in seinem Leben misslungen ist, nun gelingt es ihm, als wäre alles bis dahin Geschehene nur die Vorgeschichte gewesen, eine Stoffsammlung, mit der er nun unermüdlich wuchert. In 37 Arbeitsjahren schreibt Karl May etwa hundert dicke Bände, allein seine riesigen, von 1882 bis 1887 entstandenen Kolportageromane umfassen gut 24.000 Seiten. Nach einem Leben voll Bitterkeit und Betrügereien entwirft er nun einen fiktiven Kosmos, der alles bietet und in dem sich erfüllt, was dem Autor im realen Leben versagt blieb. Und er selbst ist Held auf allen Kontinenten: als Old Shatterhand und Kara Ben Nemsi.

Würger und Winnetou

Im Oktober 1875 erfindet er im »Deutschen Familienblatt« sein Leben neu: »… das Leben war mir bisher nichts gewesen als ein Kampf mit Hindernissen und Schwierigkeiten, ich war einsam und allein meinen Weg gegangen, unbeachtet, unverstanden und ungeliebt, und bei dieser Abgeschiedenheit hatte sich eine Art Weltschmerz in mir entwickelt …«, so berichtet er in »Aus der Mappe eines Vielgereisten«. Die Trübsal endet, als Winnetou erscheint, ein Apache, der »berühmteste und gefürchtetste« in den weiten Jagdgründen. Der zweite Auftritt von Winnetou folgt drei Jahre später, aber da schätzt ihn Karl May bereits »als den besten, treuesten und edelsten meiner Freunde«.

In seinen Erzählungen fügt sich Baustein um Baustein zu einer einzigartigen Märchenwelt, die phantastischer ausgeschmückt ist als bei allen seinen Vorgängern – James Fenimore Cooper, Friedrich Gerstäcker. Dabei formt er ein Wildwest-Panorama, das es so nie gegeben hat.

Mitte 1879 erscheint in der Erzählung »Unter Würgern« zum ersten Mal der Name Old Shatterhand: »Noch ehe er eine Bewegung machen konnte, traf ihn meine Faust auf die Stirn; er knickte zusammen und sank besinnungslos zu Boden. Es war dies ganz derselbe Jagdhieb, wegen dessen man mich … zuweilen ›Old Shatterhand‹ – alte Schmetterhand – genannt hatte.«

1892 erscheint der erste Band von Karl Mays Reiseerzählungen, späterer Titel: »Durch die Wüste«

Oben: Verleger Friedrich Ernst Fehsenfeld »entdeckt« 1891 Karl May

Mitte: Karl May 1892, als seine ersten Werke bei Fehsenfeld erscheinen

Rechts: 1879 beginnt Karl Mays Mitarbeit an der katholischen Jugendzeitschrift »Deutscher Hausschatz«

Legendenbildung

Antwort der Redaktion der katholischen Unterhaltungszeitschrift »Deutscher Hausschatz« auf eine Leseranfrage, 1880: »Das können wir Ihnen wirklich nicht sagen, wie viel Selbsterlebtes und wie viel dichterische Zuthaten an May's Reiseabenteuern sind. Das ist aber wahr, dass der Verfasser alle jene Länder bereist hat, welche den Schauplatz der Abenteuer bilden, und das ist richtig, daß seine farbenreichen Schilderungen von Land und Leuten, Thieren und Pflanzen, Sitten und Gebräuchen etc. genau nach der Natur gezeichnet sind … Gegenwärtig reist er in Rußland und beabsichtigt, bald wieder einen Abstecher ins Zululand zu machen.«

Nicht viel anders handelt Kara Ben Nemsi, Karl Mays zweites Pseudo-Ich aus dem Morgenland.

Dass Karl May 1880 auch heiratet, erscheint neben seinen vermeintlichen Weltreisen und Abenteuern fast wie eine Fußnote seiner Biografie. Am 12. September 1880 lässt er sich in der St.-Christophorikirche in Hohenstein mit Emma Pollmer trauen, die er hier drei Jahre zuvor kennen gelernt hatte. Das Eheleben macht ihn nicht halb so glücklich wie die Welt, in der er schreibend unterwegs ist: »Ich hatte einsehen müssen, daß es für mich kein anderes Glück im Leben gab als nur das, welches aus der Arbeit fließt.«

Unterwegs im Wilden Westen

Neben seiner Arbeit für den »Deutschen Hausschatz« schreibt Karl May für den Dresdner Verlag Münchmeyer fünf riesenhafte Kolportageromane, zu je 100 Heften. Seinen Namen versteckt er dabei hinter klangvollen Pseudonymen. Ab November 1882 erscheinen wöchentlich ein bis zwei Hefte mit dem Titel »Das Waldröschen oder die Rächerjagd rund um die Erde. Großer Enthüllungsroman über die Geheimnisse der menschlichen Gesellschaft«. Der Autor nennt sich Capitain Ramon Diaz de La Escosura – und ist doch Karl May. Das »Waldröschen« ist wahrlich ein blutiges Werk, am Ende bleiben 2293 Tote auf der Strecke. Aber es wird zum erfolgreichsten Lieferungsroman am Ende des 19. Jahrhundert. Erst 1886 verlässt May die süßliche Welt des Kitsches und der anspruchslosen Unterhaltung. In der 1887 neu gegründeten Knabenzeitschrift »Der gute Kamerad« veröffentlicht er die Jugenderzählungen: »Der Sohn des Bärenjägers«, »Der Ölprinz« oder »Der Schatz im Silbersee«. Zu einer Zeit, da die letzten freien Indianer den Weg in die Reservationen antreten, wagt Karl May noch einmal den Sprung in die Romantik eines James Cooper. Lederstrumpf und Chingachgook heißen nun Old Shatterhand und Winnetou.

Der Freiberger Verleger Fehsenfeld ist von Karl Mays Texten fasziniert. 1893 bringt er die Erstausgabe von »Winnetou« heraus. In wenigen Jahren sind Friedrich Ernst Fehsenfeld und Karl May wohlhabende Männer. Zum Jahreswechsel 1895/96 bezieht Karl May mit seiner Frau Emma die neu erbaute »Villa Shatterhand« in Radebeul. Waffen, Raubtierfelle, ein ausgestopfter Löwe und andere angebliche Jagdtrophäen schmücken sein Arbeitszimmer. Hier entstehen auch die Fotos von Alois Schießer, die Dr. Karl May in den Kostümen seiner Helden zeigen. Wenn er im privaten Kreise vom Tode Winnetous erzählt, sitzt er tränenüberströmt da, weil ihm die Erinnerung daran zu nahe geht. Selbst wenn er allein in seinem Arbeitszimmer Tage und Nächte hindurch schreibt, spricht, lacht und weint er mit seinen Figuren. Einmal rennt eine Angestellte, die das Geschrei in Mays Zimmer gehört hatte, entsetzt aus dem Hause und verkündet, Herr May sei wahnsinnig geworden. – Karl May wahnsinnig? Er ist bereits ein berühmter Schriftsteller, als er öffentlich behauptet: »Ich selbst bin Old Shatterhand und Kara Ben Nemsi und habe all jene Abenteuer und Heldentaten, die in meinen Büchern geschrieben stehen, selbst erlebt.«

Bei seinen Vorträgen in München, Wien, Prag und vielen anderen Städten erfahren die Zuhörer die phantastischsten Dinge. Karl May erzählt, dass er den Befehl über 35.000 Apachen habe, dass er schon mit 16 Jahren die Universität besucht habe, dass er wegen der Strapazen im Wilden Westen täglich zehn bis 14 Pfund Fleisch essen würde, roh oder unter dem Sattel zugeritten. Immer schriller, bizarrer und seltsamer gestaltet er seine Berichte.

Was ist der Grund für diese unersättliche Geltungssucht? Haben die Jahre der Demütigungen, das unerfüllte Verlangen nach privater Zuneigung und Anerkennung durch die Gesellschaft einen Gefühlsstau hinterlassen, der sich nun in einer überspannten Renommiersucht Bahn bricht? Oder ist es abermals das Bedürfnis nach Rache, das sich nun im Glanz der gesponnenen Legende und des gewonnenen Ruhms tarnt? – Nach dem Scheitern als Lehrer, dem vergeblichen Ausreißversuch nach Spanien, den missratenen Eulenspiegeleien als Dr. Heilig und Räuberhauptmann ist er nun auf dem Gipfel seiner Verwandlungskunst angelangt: Doktor Karl May, Old Shatterhand und Kara Ben Nemsi in einer Person – ein Held.

1893 erscheint »Winnetou« als Band 7 der gesammelten Werke

Der Verleger Friedrich Ernst Fehsenfeld über Karl May

»Ich begann zu lesen und kam nicht davon los. Familie, Geschäft, Essen und Trinken, alles vergaß ich! Ich wollte nur wissen, ob der Held entrinnen würde, ich zitterte und frohlockte, wenn es ihm gelang, sich vor seinen Feinden zu retten oder sie zu überlisten … Diese Erzählungen aus ihrer Zerstückelung in Zeitschriften herauszuholen, sie in Bücher zu fassen und so der deutschen Jugend und dem ganzen Volk zu schenken, das war ein Gedanke, der mich nicht wieder los ließ.«

Oben: Eines der vielen Starfotos, die Karl May von sich anfertigen lässt

Rechts: Karl May stattet sein Arbeitszimmer mit all den exotischen Requisiten seiner nicht stattgefundenen Reisen aus

Der 55-Jährige über seine Lebensziele
»Ich habe nur noch zwei große Lebenszwecke zu erfüllen: eine Mission bei den Apatschen, deren Häuptling ich bin, und eine Reise zu meinem Halef, dem obersten Scheik der Haddedihn-Araber. Dann aber werde ich vor den deutschen Kaiser treten: ›Majestät, wir wollen einmal miteinander schießen‹. Ich werde ihm meinen Henrystutzen vorführen. Derselbe wird in der gesamten deutschen Armee eingeführt werden, und kein Volk der Erde wird dann je den Deutschen widerstehen können.«

Auch wenn sich Karl May auf seinen Starpostkarten als Weltenbummler und Abenteurer präsentiert, bisher ist er nur mit dem Finger auf der Landkarte durchs wilde Kurdistan, die Kordilleren oder den Llano Estacado gereist. Was dem Popstar zur Abrundung seines abenteuerlichen Ichs noch fehlt, sind Fotos, die ihn an den Orten seiner Taten zeigen.

Untergang im Orient

Am 24. März 1899, Karl May ist 57 Jahre alt, bricht er zu seiner ersten Weltreise auf. Sie führt ihn ins Morgenland von Kara Ben Nemsi und Hadschi Halef Omar. Doch die Realität von Kairo ist für ihn ein Schock. Er besichtigt die Pyramiden, reitet zwei Stunden und fünfundvierzig Minuten auf einem Kamel, dann treiben ihn die Hitze und der trockene Wind in sein Kairoer Hotel zurück. Er gerät in eine schwere seelische Krise, hier im Orient bricht die von ihm geschaffene Traumwelt, das Fundament seines Schreibens, mehr und mehr auseinander. Von seiner Fahrt über das Rote Meer schreibt er in einem Brief: »Es haben mich viele auf dem Schiff liebgewonnen, obgleich ich jetzt das gerade Gegenteil vom früheren Karl bin. Der ist mit großer Ceremoni von mir in das rothe Meer versenkt worden; mit Schiffssteinkohlen, die ihn auf den Grund gezogen haben.« In Padang auf Sumatra erleidet er schließlich einen Nervenzusammenbruch, ein paar Monate später in Istanbul den zweiten. Als Karl May nach seiner über einjährigen Orientreise am 31. Juli 1900 wieder in Radebeul eintrifft, scheint ein radikaler Wandel seines Wesens vollzogen. Er bedeutet das baldige Ende seiner Old-Shatterhand-Legende. Den ausgestopften Löwen neben seinem Schreibtisch schenkt er der Radebeuler Pestalozzi-Schule, an seinen Verleger Fehsenfeld schreibt er: »Alle meine bisherigen Bände sind nur Einleitung, Vorbereitung. Was ich eigentlich will, weiß außer mir kein Mensch ... Ich trete erst jetzt an meine eigentliche Aufgabe.«

Angriffe und Verleumdung

Karl May gibt die Abenteuerschriftstellerei, die ihn wohlhabend und berühmt gemacht hat, abrupt auf und schreibt von nun an symbolisch-surrealistische Schlüsselromane von pazifistischer Tendenz, die Schlussbände des »Silberlöwen«, »Und Friede auf Erden«, »Ardistan und Dschinnistan« und »Winnetous Erben«.

Er denkt an einen völligen Neubeginn. Und das bekommt auch Emma, seine Frau, zu spüren, die für ihn immer mehr zur Verkörperung seiner Vergangenheit wird und all dessen, von dem er nun Abschied nehmen will. Mit einer ihm sonst fremden Rücksichtslosigkeit betreibt er die Trennung. Ein Scheidungsurteil beendet am 14. Januar 1903 seine 22-jährige Ehe. Zweieinhalb Monate später heiratet der 61-Jährige die 39-jährige Klara, geborene Beibler, verwitwete Plöhn. Es folgen neun Jahre einer glücklichen Ehe ohne Disharmonien. »Herzle«, so die gegenseitige Anrede. Aber gerade nun, da er sich von seinen Lebenslügen verabschieden will, holt ihn seine Vergangenheit ein.

Schon während seiner Reise in den Orient las man in verschiedenen deutschen Zeitungen von Zweifeln an seiner Person und den geschilderten Abenteuern. Sie münden allmählich in scharfe Angriffe und regelrechte Verleumdungskampagnen. Seine früheren Kolportageromane werden unbefugt unter seinem Namen neu veröffentlicht. Karl May reicht beim Landgericht Klage ein – und löst eine Prozesslawine aus, die bis über seinen Tod hinaus andauern wird. Die Presse bezeichnet Karl May als Schundliterat und schreibt, dass er in seiner Jugend nicht Old Shatterhand und Kara Ben Nemsi, sondern ein Krimineller gewesen sei.

May prozessiert vor mehreren Gerichten um Ehre und Urheberrecht, fast überall mit Erfolg, aber seine bürgerliche Existenz wird durch die Enthüllungen der Skandalpresse ruiniert. Noch einmal geht er auf große Reise, am 5. September 1908 bricht er in die USA auf, nicht als legendenumwobener Abenteurer, sondern als ganz normaler Tourist. Und ohne Illusionen. Nach

Karl May nimmt Abschied vom Abenteuerroman

Aus dem vierten Band des Romans »Im Reiche des silbernen Löwen«:
»»Wir standen Mann gegen Mann einander gegenüber. Oder war es Seele gegen Seele, Geist gegen Geist?‹
›Du bist Old Shatterhand‹, fragt er.
›Ich war es‹, antwortete ich ruhig, aber bestimmt ...
›Du bist Kara Ben Nemsi Effendi?‹
›Ich war es‹, erwiderte ich abermals ...
›Bist es nicht mehr? Beides nicht mehr?‹ ...
›Beides nicht mehr!‹ nickte ich.«

Im April 1900 reist Karl May mit seiner Frau Emma und seiner späteren Frau Klara Plöhn nach Ägypten

1896 beziehen die Mays eine Villa in Radebeul, die später den Namen »Shatterhand« erhält

den Erfahrungen der Orient-Reise rechnet er nicht mehr damit, dass er im Lande Winnetous etwas von seinen schriftstellerischen Traumwelten wieder entdecken könnte. Die Realität allerdings ist noch viel trostloser.

Als er Anfang November nach Deutschland zurückkehrt, steht ihm die schlimmste Verleumdung noch bevor. Der Journalist Rudolf Lebius bezeichnet in seinem Wochenblatt »Der Bund« den 67-Jährigen als einen »geborenen Verbrecher«. Zusammen mit einem Schulfreund habe er eine Räuberbande angeführt, Marktfrauen überfallen, gewildert und fast täglich Einbrüche vorgenommen. Karl May erhebt Privatklage wegen Beleidigung; doch Lebius wird am 12. April 1910 wegen »Wahrnehmung berechtigter Interessen« freigesprochen. Nun wetteifert fast die gesamte deutsche Presse mit hämischen Kommentaren gegen diesen Möchtegern-Held, den man ungestraft einen »geborenen Verbrecher« und »literarischen Schinderhannes« nennen darf.

Karl May wehrt sich, will seine Sache sogar vor den Reichstag bringen. Sein letztes Werk ist eine 147 Druckseiten lange Prozessschrift an das Königliche Landgericht zu Berlin. Am 18. Dezember 1911 kommt es vor dem Landgericht III in Moabit zur Berufungsverhandlung. Um ihre Behauptung vom »geborenen Verbrecher« zu untermauern, verweisen Rudolf Lebius und sein Anwalt auf jene Kostümfotos, die Karl May als Old Shatterhand und Kara Ben Nemsi zeigen. »Aber ein Verbrechen wären doch solche phantastischen Dinge bei einem Dichter nicht«, erwidert der Landgerichtsdirektor Theodor Ehrecke. »Und ich halte Herrn May für einen Dichter.« Das Gericht verurteilt Lebius zu 100 Mark Geldstrafe oder ersatzweise 20 Tagen Gefängnis.

Ein Sieg für Karl May, für kurze Zeit lebt er noch einmal auf. Drei Monate später folgt er einer Einladung des Akademischen Verbandes für Literatur und Musik in Wien. Am 22. März spricht er vor über 2000 Zuhörern im überfüllten Sofiensaal über sein Leben und Werk. Ein letztes Mal hat er die Chance, sich gegen all die Verleumdungen und Anfeindungen zu wehren: »Es gibt nämlich zwei grundverschiedene Karl May, einen ächten und einen gefälschten, einen wirklichen und einen erfundenen, einen ernsten und einen carikirten, den man in hunderten von Zeitungen als Luftikus und Hans Wurst gezeichnet findet.«

Acht Tage später, am 30. März 1912, erliegt Karl May einem Herzschlag.

Klara und Karl May im Jahr 1911, ein Jahr vor Mays Tod

Zeittafel Karl May

1842	**25. 2.** Karl May wird in Ernstthal, heute Hohenstein-Ernstthal, geboren
1856–1861	Besuch des Lehrerseminars in Waldenburg
1861	Fabrikschullehrer in Altchemnitz, Verhaftung wegen »Uhrendiebstahls«
1862	Verurteilung zu sechs Wochen Gefängnis, Strafverbüßung in Chemnitz
	6. 12. Musterung, für militäruntauglich befunden
1863	**20. 6.** Streichung aus der Liste der Schulamtskandidaten
1864/65	Hochstaplei und Betrügereien, Verurteilung zu vier Jahren und einem Monat Arbeitshaus
1868	**2. 11.** Vorzeitige Entlassung
1869/70	Hochstapelei und Diebereien, Verurteilung zu vier Jahren Zuchthaus
1870–74	Strafverbüßung in Waldheim, Arbeit als Zigarrendreher
1874	Schriftstellerische Versuche
1875	Beginn der Arbeit als Zeitschriftenredakteur beim Verlag H. G. Münchmeyer in Dresden
	Erste Erzählung »Die Rose von Ernstthal«; im »Deutschen Familienblatt« taucht erstmals Winnetou auf
1876	Bekanntschaft mit Emma Pollmer
1879	In der zweiten Hausschatz-Erzählung »Unter Würgern« taucht erstmals Old Shatterhand auf.
1880	**17. 8.** Eheschließung mit Emma Pollmer
1881	Im »Deutschen Hausschatz« erscheinen erste Teile des Orient-Balkan-Zyklus. Kara Ben Nemsi und Hadschi Halef Omar treten auf
1882	**November** Erste Hefte des »Waldröschens«
1887	**Januar** Mit dem »Sohn des Bärenjägers« beginnt die Mitarbeit an der Zeitschrift »Der gute Kamerad«
1894	Vor Weihnachten erscheint »Old Surehand«, 1. Band
1895	**17. 12.** Kauf der Villa »Shatterhand« in Radebeul
1896	Der Amateurfotograf Alois Schießer macht 101 Kostümfotos. Der Büchsenmacher Max Fuchs fertigt »Silberbüchse« und »Bärentöter« an.
1897/98	Reisen durch Deutschland und Österreich
1899	**26. 3.** Aufbruch zur Orientreise: Ägypten, Libanon, Palästina, Ceylon, Sumatra
	3. 6. Erste Presseattacke
1902	**Januar** May verteidigt sich gegen die Presseangriffe mit der anonymen Schrift »Karl May als Erzieher«
1903	**14. 1.** Ehescheidung verkündet
	30. 3. Eheschließung mit Klara Plöhn
1904	**11. 9.** Beginn der Angriffe von Lebius in der »Sachsenstimme«
1905	**Oktober** May besucht einen Vortrag von Bertha von Suttner; danach freundschaftliche Kontakte
1908	Reise in den Nordosten der USA und angrenzende kanadische Gebiete
1909	**2. 11.** Lebius bezeichnet May als »geborenen Verbrecher«
1910	Veröffentlichung der Autobiografie »Mein Leben und Streben«
1911	**18. 11.** Das Landgericht III in Berlin-Moabit verurteilt Lebius zu einer Geldstrafe
1912	**30. 3.** Karl May stirbt in Radebeul

Friedrich August III., König von Sachsen

André Meier

Friedrich August III.
Sachsens letzter König 1865–1932

November 1918. Sachsens König Friedrich August III. raucht seine letzte Zigarre im Dresdner Schloss. Derweil marschiert vor den Fenstern die Revolution. Sachsens Arbeiter- und Soldatenräte fordern ein Ende der Herrschaft des Hauses Wettin. Des Königs Offiziere sind zum Äußersten bereit. Notfalls wollen sie die alte Ordnung mit der Waffe in der Hand verteidigen. Doch Friedrich August winkt ab. Der Monarch raucht und lässt packen. Wieder einmal sieht er tatenlos zu, wie andere sein Schicksal wenden. Erst brennt ihm die Frau durch, lässt ihn mit allen Kindern sitzen, und nun verlässt ihn auch noch sein Volk, nimmt ihm die Krone, die er 14 Jahre lang trug. Friedrich August III., ein Mann, der Geschichte machte, indem er sie einfach geschehen ließ.

»Mehr August als Friedrich!«
Kaiser Wilhelm II.

Der artige August

Friedrich August wird am 25. Mai 1865 geboren. Er ist der Sohn Prinz Georgs, und der wiederum ist der zweitgeborene Sohn König Johanns und seiner Gemahlin Amalia Auguste. Vater eines Thronerben wurde Prinz Georg nur, weil die Ehe seines älteren Bruders Albert kinderlos geblieben war.

Das Land, das Friedrich August einmal regieren soll, ist das kleinste unter den deutschen Königreichen. Drei Fünftel seines Territoriums fielen 1815 an Preußen. Als Strafe, weil die Sachsen bei der Völkerschlacht an Napoleons Seite gestanden hatten. 1866 versuchen die Sachsen noch einmal, gegen den immer mächtiger werdenden Nachbarn im Norden aufzustehen. Diesmal als Verbündete der Österreicher. Doch die sächsisch-österreichische Allianz wird bei Königgrätz von den Preußen vernichtend geschlagen. Seitdem ist das Königreich Sachsen vollends dem machthungrigen Preußen ausgeliefert und muss fortan brav mitmarschieren, wenn Berlin zu den Waffen ruft.

1870 geht es gegen Frankreich. Es ist der letzte, der so genannten Einigungskriege. Das neue deutsche Reich soll auf dem Schlachtfeld geschmiedet werden, nach Bismarcks Willen, mit Blut und Eisen. Am 18. Januar 1871 ist es schließlich soweit. Im Schloss von Versailles wird Wilhelm I. zum deutschen Kaiser ausgerufen.

Für den kleinen Friedrich August hat das alles keine Konsequenzen. Sein Dresdner Leben bleibt, wie es war. Hofstaat und Hofhaltung der Wettiner

König Johann von Sachsen, Großvater von Prinz Friedrich August

haben den Absturz Sachsens in die politische Bedeutungslosigkeit unbeschadet überstanden. Im Schloss wird die Illusion, Sachsen spiele im Konzert der großen europäischen Mächte noch immer eine Rolle, tapfer aufrecht erhalten.

Wohl behütet wächst der künftige König heran. 1872 feiern die Großeltern Goldene Hochzeit. Und Friedrich August, gerade sieben geworden, schreibt eine Glückwunschkarte, in der er seine künftige Lebensmaxime vorformuliert: »Liebe Großeltern! Auf Eure goldene Hochzeit habe ich mich schon längst gefreut. Der liebe Gott erhalte Euch noch lange Jahre gesund, darum werde ich ihn bitten. Ich will Euch auch durch Artigkeit und Fleiß immer Freude machen.«

Durch Artigkeit und Fleiß anderen gefallen. Was der kleine Prinz hier verspricht, ist mehr als nur eine kindliche Höflichkeitsfloskel. Fleiß und Artigkeit, später auch Pflichterfüllung und Gehorsam genannt, sind das Korsett, in das sich Friedrich August ein Leben lang zwängt.

Der Prinz liebt Gedichte und studiert trotzdem, was dem Hof am zweckmäßigsten erscheint: Jura. Mit Beginn des Sommersemesters 1884 schreibt er sich in Straßburg an der Kaiser-Wilhelm-Universität ein. Vom Hof mit einer Apanage von 10.000 Talern ausgestattet, mietet sich der frischgebackene Student eine Villa und beginnt in die trockene Welt der Jurisprudenz einzusteigen. Nach knapp einem Jahr kehrt er aus dem Elsass nach Sachsen zurück, um in Leipzig sein Studium abzuschließen. Sein Quartier in der Messestadt ist das königliche Palais in der Ritterstraße. Genug Raum für ein fröhliches Studentenleben, doch Klagen darüber, dass Friedrich August über die Stränge schlägt, hört man nicht. Keine Anekdoten über Sauf- und Frauengeschichten. Der Prinz studiert – fleißig und artig. Die Alma mater Lipsiensis besucht er nur ein Jahr, am 11. März 1886 erhält er sein Abschlusszeugnis. Mitgliedern der königlichen Familie erspart man die Strapazen eines vollen Studienganges.

Dafür geht der Prinz nun zum Militär. Mit zwölf schon wurde er Secondeleutnant des Dresdener Leib-Grenadierregiments. Nach seinem Studium darf er zu den Großenhainer Husaren, dann geht es weiter zur Infanterie. Der Prinz, der als erster Wettiner auf König und Kaiser vereidigt wurde, soll in möglichst vielen Waffengattungen seine Erfahrungen sammeln. Und wieder hört man nur Löbliches über Friedrich August: ein guter Reiter, ein Freund des geregelten Kasernenlebens. Mit 23 Jahren ist er bereits Major und Kommandeur eines eigenen Bataillons.

Doch wenigstens ein Laster hat der junge Mann. Er raucht, aber auch dies ist eine patriotische Leidenschaft. Schließlich ist Dresden das Zentrum der deutschen Tabakindustrie. Ein guter Sachse ist Friedrich August schon, nun muss er nur noch ein guter Weltbürger werden. Und so schickt man ihn auf Reisen.

194

Der Thronfolger ist bestens gerüstet. Französisch beherrscht er perfekt, Englisch, Latein und Altgriechisch gut. Zwischen 1886 und 1890 pendelt Friedrich August monatelang als Bildungsreisender unter dem Namen Graf von Wesenstein zwischen Europas Metropolen und den wichtigsten Stätten der antiken Welt.

Die Traumhochzeit

Seit August dem Starken sind die Wettiner katholisch und mit der Habsburger Dynastie in Wien durch etliche Ehen verwandtschaftlich eng verknüpft. Nun ist Friedrich August an der Reihe, das alte familiäre Band zwischen den Herrscherhäusern Österreichs und Sachsens wieder einmal fester zu ziehen. Seine Auserwählte ist Luise, amtlich Louise Antonietta Maria, Erzherzogin von Österreich, Prinzessin von Lothringen, Habsburg und Toscana genannt. Ein schöner Titel, doch mehr auch nicht. Luises Familie hatte das Herzogtum Toscana schon 1859 verloren und lebt seither bei ihrer kaiserlichen Verwandtschaft im österreichischen Exil.

Luise ist zwanzig, als Friedrich August um ihre Hand anhält. Sie will diese Ehe. Zwanzig Jahre später gibt Luise in ihren Memoiren Einblick in ihr Seelenleben: »Mein unabhängiger Geist verlangte nach einem freien Felde der Tätigkeit. Ich wünschte an einer Stelle zu stehen, wo ich Einfluss hatte und der Gedanke, Königin zu werden, schmeichelte meiner ehrgeizigen Eitelkeit.«

Und Luise ist es durchaus nicht unangenehm, dass es Friedrich August ist, der ihr bei diesem Aufstieg das Händchen hält: »Mein Verlobter war jung, hübsch und betete mich an; selbst über sein scheues Wesen sah ich gern hinweg, denn es bewies mir, dass seine Frauenerfahrungen erst mit mir begonnen hatten.« Erstaunlich, immerhin ist Friedrich August bereits 26 Jahre alt. Ganz offensichtlich also kein Wettiner vom Schlage eines Augusts des Starken, kein Frauenheld, Lebemann und Hufeisenbieger. Aber allemal eine gute Partie für die Prinzessin ohne Toscana. Das findet man auch in der Wiener Hofburg, und so gibt Kaiser Franz Joseph, das Familienoberhaupt der Habsburger, seine Einwilligung zur dieser Hochzeit. Dazu kommen ein Diamantendiadem und eine Mitgift von 100.000 Gulden.

Die Trauung findet am 21. November 1891 in Wien, in der kaiserlichen Hofburgkapelle statt. Dann reist das junge Paar über Prag nach Dresden. Glaubt man Luises Erinnerungen, so drängt sich das Volk jubelnd an den Gleisen. Im Dresdner Schloss wird das neue Familienmitglied dagegen herzlich steif empfangen. Streng hält man sich an die Etikette. »Lästig und lächerlich«, urteilt Luise über das Zeremoniell.

Prinz Friedrich August beginnt seine militärische Laufbahn bei den Großenhainer Husaren, Fotografie von 1888

Luise Antonietta Maria mit Tochter Monica

Kronprinz Georg von Sachsen, ältester Sohn Friedrich Augusts III., wurde Jesuit

Nach dem Tod von König Johann hat Albert, Friedrich Augusts Onkel, den Thron bestiegen. Er geht bereits auf die siebzig zu. Und mit dem Herrscher ist auch das Gefolge in die Jahre gekommen. Ein greiser Hofstaat, der sich in strenger katholischer Frömmigkeit gefällt. Besonders Augusts Vater Georg demonstriert mit Inbrunst seine Glaubensstrenge.

Das neue Zuhause des jungen Paares wird das Taschenbergpalais. Ein Bau mit direktem Zugang zum Schloss, errichtet vom Architekten Pöppelmann im Auftrag Augusts des Starken als Heim für dessen langjährige Mätresse, die Gräfin Cosel.

Am 15. Januar 1893 wird Prinz Georg Ferdinand im Taschenbergpalais geboren. August ist erfreut. »Eine Ehe ohne Kinder ist wie ein Kuchen ohne Rosinen«, soll er gesagt haben. Nicht ahnend, dass er zwar bald jede Menge Rosinen, aber keinen Kuchen mehr in Händen halten wird.

Das königliche Ehedrama

Die junge Dame aus dem Hause Habsburg erfüllt ihre Pflicht. Drei Söhne bringt sie zur Welt, dann folgen die Töchter. Zum Ärger des Hofes ist diese Frau aber nicht nur eine gebärfreudige Mutter, sondern zudem eine unternehmungslustige Person, die jede Gelegenheit nutzt, dem Trübsinn des staubigen Schlosslebens zu entkommen. Was den Hof erbost, macht Luise bei den Dresdnern beliebt. Ihr Konterfei ziert zahllose Postkarten. Ungezwungen bewegt sich die Kronprinzessin in der Stadt. Man sieht sie im Theater, auf Ausstellungen, bei Einkäufen, mit dem Fahrrad über die Bürgerwiesen radeln oder bei den sommerlichen Vergnügungen im Großen Garten. Luise fällt auf, und sie genießt es. Binnen kurzer Zeit ist die Prinzessin das populärste Mitglied des sächsischen Königshauses. Im Schloss sieht man das nicht gerne. Die Sorge, dieser schillernden Frau könnte der artige und fleißige Friedrich August nicht gewachsen sein, greift um sich.

Und es wächst die Eifersucht des Schwiegervaters, denn dieselben Dresdner, die Luises Postkarte an ihre Zimmerwände pinnen, verhöhnen Friedrich Augusts Vater als »Georg den Grämlichen«. So etwas kann selbst einen frommen Mann auf böse Gedanken bringen. Offen ausgetragen wird der Konflikt, als im Juni 1902 Friedrich Augusts Onkel, König Albert von Sachsen, 74-jährig stirbt. Er hatte sich bislang schützend vor Luise gestellt. Neuer König wird jetzt Luises 70-jähriger Schwiegervater. Er hat den Machthunger, der Friedrich August fehlt. Kaum gekrönt, beginnt Georg, die Kaltstellung der ungeliebten Schwiegertochter zu betreiben. Seine Spione sitzen bereits im Taschenbergpalais, Luises Briefe werden kontrolliert, jeder ihrer Schritte überwacht.

König Albert, Friedrich Augusts Onkel, tritt die Nachfolge von König Johann an

Die Sächsische Königsfamilie 1885: von links die Prinzen Max, Johann, Albert, Prinz Georg, König Albert, Prinzessin Mathilde, Königin Carola und Prinz Friedrich August, der Sachsens letzter König werden wird

Auf Unterstützung durch ihren Gatten hofft Luise vergebens. Der ist kaum daheim. Friedrich August reist im Auftrag des Vaters durch die Lande, jagt oder schult seine militärischen Kenntnisse auf ausgedehnten Kaisermanövern. Er weiß nichts von der Intrige, die sein Vater spinnt. Und selbst wenn, Friedrich August ist nicht der Mann, der gegen den König rebelliert. Artig und fleißig erfüllt der 37-Jährige seine Kronprinzenrolle.

Allein gelassen in einer ihr feindlich gesinnten Umgebung, sucht Luise Trost. Inzwischen Anfang dreißig, beginnt sie eine Liaison mit dem jungen Hauslehrer ihrer Söhne. Der 23-jährige André Giron ist Belgier und unterrichtet für 175 Mark monatlich die Prinzen in Französisch. Anders als Friedrich August ist Giron sehr galant und in Dresden für seine amourösen Qualitäten bekannt.

Des Königs Spionen bleibt die Affäre nicht verborgen. Georg darf frohlocken, sein Urteil, der Schwiegertochter fehle es an der für eine Königin notwendigen sittlichen Reife, hat sich bestätigt. Friedrich August, der gehörnte Thronfolger, ist wieder einmal unterwegs und weiß von nichts. Als er endlich heimkommt, hält er die Gerüchte schlicht für Hoftratsch. Luise fleht ihn an, Dresden mit ihr und den Kindern verlassen. Doch für solche Hilferufe hat er nur ein Schulterzucken übrig. Nichts als weibliche Hysterie, vermutet Friedrich August und geht wieder auf Reisen.

Kronprinzessin Luise mit drei Söhnen und zwei Töchtern

Kronprinzessin Luise und ihr Liebhaber, der Hauslehrer André Giron

Luise, mittlerweile fünffache Mutter und erneut schwanger, fürchtet, von ihrem Schwiegervater in eine Nervenheilanstalt gesteckt zu werden. Eine damals durchaus gängige Praxis, um exaltierte Damen zu disziplinieren. In ihrer Verzweiflung gesteht die Prinzessin König Georg in einem Brief die Affäre und schwört reumütig Besserung: »Ich will mutig gegen meine böse Natur kämpfen, ich will nur meine Pflicht leben, mein Vergehen büßen, versuchen durch tadelloses Betragen ein wenig meine Schuld abzutragen …«

Der Schwiegervater legt den Brief unbeantwortet zu den Akten und schreitet zur Tat. Hauslehrer Giron muss am 2. Dezember 1902 Dresden verlassen. Luise hat nun keine Hoffnung mehr, dass ihre Affäre ohne Konsequenzen bleibt, und flieht aus Sachsen.

König Georg glaubt, seine Schwiegertochter würde ihren Eltern in Salzburg einen vorweihnachtlichen Besuch abstatten. Und tatsächlich fährt Luise erst einmal in ihre alte Heimat. Allerdings währt Luises Aufenthalt in Österreich nicht lange. Die Großherzogin und der Großherzog von Toscana fordern Luise zur Rückkehr nach Dresden auf. Andernfalls, so drohen sie, würden sie die schwangere Tochter verstoßen. Mit ihrem Bruder Leopold flieht Luise heimlich in die Schweiz. Das vorläufige Ziel ihrer Odyssee ist Genf, schon damals ein Tummelplatz begüterter Exilanten. Ein paar Tage später trifft auch André Giron in Genf ein und zieht in Luises Appartement.

Lange lässt sich Luises Verschwinden nicht geheim halten. Die Prinzessin posiert in Genf ungeniert mit ihrem Liebhaber. Daheim in Sachsen brodeln die Gerüchte. Am 22. Dezember 1902 ist der Hof genötigt, die Flucht offiziell zu bestätigen: »Ihre kaiserliche und königliche Hoheit, die Frau Kronprinzessin, hat in einem anscheinend krankhaften Zustande seelischer Erregung Salzburg plötzlich verlassen und sich unter Abbruch aller Beziehungen zu ihren hiesigen Angehörigen ins Ausland begeben.«

Der Skandal erregt ganz Europa. Doch nirgendwo erhitzen sich die Gemüter mehr als in Dresden. Verdutzt muss Friedrich August feststellen, dass Presse und Untertanen auf der Seite der untreuen Gattin stehen. Die oppositionelle Sozialdemokratie reibt sich die Hände. Kühn interpretiert sie den Seitensprung als Aufstand gegen die Monarchie. Luise berichtet später sogar davon, dass sächsische Sozialdemokraten sie im Exil aufgesucht hätten, um sie zur Rückkehr und zur Mitwirkung an einem Aufstand gegen das Königshaus zu bewegen. Um dem Spuk ein Ende zu bereiten, drängt der Hof auf eine schnelle Scheidung. Ganz allmählich kippt auch die öffentliche Meinung. Denn während sich der Prinz im heimischen Sachsen als treusorgender allein erziehender Vater profiliert, reist Luise unruhig umher und stolpert von Affäre zu Affäre. Beschleunigt wird der Stimmungsumschwung durch den Tod König Georgs. Friedrich Augusts Vater stirbt am 15. Oktober 1904 im Schloss Pillnitz.

Der leutselige König

39 Jahre alt ist Friedrich August und vielfacher Vater, als er den Thron besteigt. Herbeigesehnt hat Friedrich August diesen Tag nicht. Nie hat er sich nach dem Amt gedrängt.

Die Sachsen aber knüpfen große Hoffnung an den jungen Regenten. Jahrzehntelang wurden sie von Greisen regiert, die jede Veränderung scheuten. Nun dürsten sie nach Neuerungen.

Doch schon mit seinen ersten Auftritten enttäuscht der König ihre Erwartungen. Treuherzig verspricht Friedrich August, »die Regierung im Geiste des Verewigten fortzuführen«.

Das Königreich aber hat Reformen dringend nötig. Sein Wahlrecht gehört zu den rückständigsten des Deutschen Reiches. Sachsens Wähler werden nach Steuerklassen unterteilt. De facto bedeutet dies, dass die Stimme eines Spitzensteuerzahlers soviel Wert besitzt, wie die von 52 Arbeitern oder Angestellten. Friedrich August weiß, dass er hier gefordert ist. 1909 lässt er das Wahlrecht reformieren, wagt aber an dessen undemokratischen Charakter nicht zu rütteln. Er handelt und tut doch eigentlich wieder nichts.

Privat geht indes das Drama mit Luise, die sich jetzt Gräfin Montignoso nennt, in seine letzte Runde. Luises Trumpf ist Monica, ihre jüngste Tochter. Friedrich August hat sie trotz erheblicher Zweifel an der Vaterschaft als sein Kind anerkannt. So hofft Luise, mit der Kleinen gemeinsam in den Schoß der Familie zurückkehren zu können. Obwohl sie sich im Scheidungsvertrag verpflichtet hat, Sachsen nicht mehr zu betreten, trifft sie am Morgen des 21. De-

Kaisermanöver 1912, links König Friedrich August III. von Sachsen, Mitte: Kaiser Wilhelm II., rechts Kronprinz Georg von Sachsen

König Friedrich August mit seinem Hund

zember 1904 in Dresden ein. Die ehemalige Kronprinzessin von Sachsen schafft es nur bis zur Tür des Schlosses. Dort wird sie von Geheimpolizisten abgeführt und muss noch am selben Tag die Stadt wieder verlassen. Monica, ihre jüngste Tochter, muss sie 1908 nach langem Streit Friedrich August überlassen. Er erzieht das Mädchen mit derselben Aufmerksamkeit, die er all seinen Kindern widmet. Auch dafür mögen ihn seine Sachsen. Nach dem Fiasko mit Luise fängt der König keine neue Beziehung mehr an. Luise wird 1947 einsam und völlig verarmt in Brüssel sterben.

Frei von privaten Sorgen, kann sich Friedrich August nun ganz seiner Tätigkeit als Landesherr widmen. Der König baut, oder korrekter, er lässt bauen. Im Mai 1913 eröffnet Friedrich August in Leipzig die 1. Internationale Baufachausstellung. Sachsens Beitrag zu diesem Großereignis ist der Leipziger Hauptbahnhof. Es ist das kostspieligste Prestigeobjekt in der Ära Friedrich August III. 135 Millionen Mark verschlingt die Errichtung des größten europäischen Kopfbahnhofes. Die Kosten teilen sich die Stadt sowie die Länder Sachsen und Preußen. 1915 ist der Bau vollendet.

Schon zehn Jahre zuvor und ebenfalls in Leipzig wurde das riesige, von Hugo Licht entworfene Rathaus fertig gestellt. Auch hier war Friedrich August bei der Einweihung zugegen. Der König ist ein gern gesehener Gast und Schirmherr. Auch weil er lange Reden hasst. Er sächselt hemmungslos, was seinen öffentlichen Auftritten jedes Pathos nimmt. Die Etikette ist ein Ballast, von dem er sich immer häufiger befreit. Und so machen bei des Königs Untertanen bald rührende Geschichten über den ach so volkstümlichen Monarchen die Runde: »Adjöh, Ihr Gohklfritzen«, soll der König bei der Verabschiedung sächsischer Feuerwehrleute gerufen haben. Und bei einer feierlichen Brückeneinweihung bestand seine Eröffnungsrede nur aus einem hingebrummelten »Na, da wolln mr mal drüberloofn!«.

Mit den Jahren wird der König oder der Geenich, wie ihn seine Untertanen nennen, zum allseits geschätzten Landesvater.

Unter Friedrich August hat Sachsen teil am Aufstieg Deutschlands zur größten Industrienation Europas. Die Expansion der chemischen und der Elektro-Industrie leitet eine neuerliche Modernisierungswelle ein. Das Automobil erobert die Straßen. Selbst der König entdeckt den Reiz des neuen Fortbewegungsmittels, 1904 kauft sich Friedrich August seinen ersten Mercedes für 40.000 Reichsmark.

In keinem anderen Land Europas ist die Bevölkerungsdichte so hoch wie in Sachsen. Fast fünf Millionen Einwohner zählt das Land 1914 und deren Vermögen wächst. Bis zum Kriegsausbruch steigen die Steuereinnahmen des Staates stetig. Fast dreieinhalb Millionen Sachsen besitzen ein Sparbuch. Der technische Fortschritt erfasst auch die alte Residenzstadt Dresden. Die Luft über der barocken Stadt wird von neuartigen Fluggeräten erobert. Graf Zeppelin kommt nach Dresden. Auf dem riesigen Luftschiff, das ihn bringt, prangt in großen Lettern stolz der Name »Sachsen«. Die Stadt bekommt einen Flugplatz, und selbst der König geht in die Luft.

Es sind die glücklichsten Jahre seiner Regentschaft. Auch weil unter Friedrich August Kunst und Kultur in Sachsen ungestört zu neuer Blüte kommen. 1905 wird in Dresden die Künstlergemeinschaft Brücke gegründet. Die Moderne erobert die Ausstellungssäle. Denn anders als der Kaiser in Berlin reagiert Friedrich August statt mit Empörung mit Desinteresse. Er fördert nichts, aber er verhindert auch nichts.

Artig in die Katastrophe

Im Reich regiert der drahtige Kaiser Wilhelm II. Unter ihm wird Deutschland systematisch militarisiert, die Uniform zum wichtigsten Kleidungsstück, der zackige Offizier zum männlichen Idealtyp. Auch Deutschland will nun seinen Platz an der Sonne. Kaiser Wilhelm strebt nach neuen Kolonien, will, dass Deutschland mit Frankreich und England gleichzieht. »Weltpolitik als Aufgabe, Weltmacht als Ziel, Flotte als Instrument«, so lautet Wilhelms Devise. Selbst Friedrich Augusts Ländchen wird nun Seemacht: »Leipzig«, »Dresden«, »Sachsen« heißen stolze neue Kreuzer der kaiserlichen Kriegsflotte.

1911 reist der Sachsenkönig nach Afrika. Nicht als Kriegsherr, sondern als Jäger. Mit einem Dampfer fährt er den Nil entlang, die Flinte immer im Anschlag. Zwei Giraffen, fünf Krokodile, zwei Nilpferde, vier Büffel, 13 Antilopen und ein Weißkopfgeier fallen dem Sachsen zum Opfer. Ein ausgestopfter Löwenkopf oder ein respektabler Stoßzahn fehlen noch in der Trophäensammlung des Königs. Ein Grund mehr, die exotischen Eroberungswünsche des Kaisers zu unterstützen.

Am 18. Oktober 1913 wird in Leipzig das Völkerschlachtdenkmal eingeweiht. 100 Jahre zuvor war an dieser Stelle das Heer Napoleons geschlagen worden. Und mit ihm die Sachsen.

Lang haben sich deshalb die Wettiner gegen ein Denkmal gewehrt. Nach der Reichseinigung lassen sie den Widerstand fallen. Nun wird der Sieg gegen Napoleon als eine gesamtdeutsche Ruhmestat gefeiert. Klammheimlich schleichen sich so die Wettiner nachträglich auf die Gewinnerseite. Die Denkmaleinweihung wird zu einem Großereignis. Kaiser Wilhelm ist zugegen, der österreichische Thronfolger und natürlich Friedrich August. Er – und nicht wie erwartet der Kaiser – hält die Einweihungsrede. Das liberale »Berliner Tageblatt«, das mit antifranzösischen Ausfällen Wilhelms gerechnet

Am 18. Oktober 1913 weiht Friedrich August III. gemeinsam mit Kaiser Wilhelm II. das Leipziger Völkerschlachtdenkmal ein

In Oschatz kamen Friedrich August III. auf
dem Korridor eines Feldlazaretts zwei
Soldaten mit einem großen Küchenkessel
voll dunkler Brühe entgegen. »Löffel her!«
verlangte der König. Der ihn begleitende
Arzt wollte Unheil abwenden; »Aber Majestät!« Der König duldete keinen Widerspruch: »Löffel hab' ich gesaacht, das
geniegt doch.« Also bekam er den Löffel.
Er tauchte ihn in die Brühe, kostete und
spuckte gehörig. »Pfui, Deifel! Das
schmeckt ja wi Uffwaschwasser! Was soll'n
das sein?« »Aufwaschwasser, Majestät!«

**Abdankungserklärung vom
13. November 1918**

»An den Arbeiter- und Soldatenrat,
Dresden, Ständehaus.
Auf die heute früh mündlich an Se. Exzel-
lenz den Herrn Finanzminister gerichtete
Anfrage teile ich mit, dass Se. Majestät der
König auf den Thron verzichtet hat.
Gleichzeitig hat Se. Majestät alle Offiziere,
Beamten, Geistlichen und Lehrer von dem
ihm geleisteten Treueid entbunden und sie
gebeten, im Interesse des Vaterlandes auch
unter den veränderten Verhältnissen ihren
Dienst weiter zu tun.
Der Minister des Innern Dr. Koch«

hatte, kommentiert tags darauf erleichtert: »Es war vielleicht richtiger, dass
der gute König Friedrich August von Sachsen mit etwas erkälteter Stimme
und leise sächselndem Tonfall die einfachen Worte las, die sein Ministerium
zusammengestellt hatte, niemandem zuliebe und niemanden zuleide.«

Am 1. August 1914 ruft Wilhelm II. die Deutschen zu den Waffen.

Der sächsische König wird vom deutschen Kriegseintritt im Urlaub überrascht. Flugs eilt er in die Heimat zurück und schickt seinem Kaiser ein Telegramm: »Es drängt mich, Dir zu sagen, dass meine Sachsen Dir kriegsbereit
zujubeln«. Das sollte sich rasch ändern. Aus dem geplanten Blitzkrieg wird
ein zäher Grabenkampf. Allein in den ersten fünf Wochen verliert die von
Sachsen gestellte 3. Armee an der Westfront zwölfeinhalbtausend Mann.
Friedrich August verzichtet auf den Oberbefehl über die eigenen Truppen.
Er bleibt an der Heimatfront, verabschiedet Soldaten zum Fronteinsatz oder
besucht Lazarette und spendet Trost. »Sein Se froh, dass Se keen Landbrief-
träger sind«, frotzelt er, als man ihm einen Sparkassenangestellten vorstellt,
der an der Front das Bein verloren hat.

Die unblutige Revolution

1918, nach vier Jahren Stellungskrieg, ist auch bei Sachsens Herrscher die
Euphorie verflogen. Die wirtschaftliche Situation an der Heimatfront ver-
schlimmert sich zusehends. Der Unmut wächst in allen Schichten. Der Hunger wird auch in Sachsen wieder ein Massenphänomen. Selbst im engsten
Kreis des Königs keimt die Erkenntnis, dass die Monarchie nur noch durch
einen sofortigen Friedensschluss zu retten sei. Kronprinz Georg, Friedrich
Augusts ältester Sohn, versucht im kaiserlichen Hauptquartier vergeblich für
ein Ende der Kampfhandlungen zu werben.

Am Ende sind es die Soldaten selbst, die dem sinnlosen Blutvergießen ein
Ende bereiten. Erst die Matrosen in Wilhelmshaven, dann Truppenteile im
ganzen Land. Anfang November weht auf dem Brandenburger Tor in der
Reichshauptstadt Berlin die rote Fahne.

Und auch in Sachsen gärt es. Zunächst zeigt sich Friedrich August unbeein-
druckt. Noch am 8. November dekoriert der König im Schloss verdiente
Frontsoldaten. Erst als ihn am Abend desselben Tages immer alarmierendere
Nachrichten aus allen Teilen des Landes erreichen, ruft er sein Kabinett
zusammen. Der König zieht die einzig richtige Konsequenz. Er verbietet jede
Gewaltanwendung und verlässt Dresden.

Eine Nacht verbringt der König auf seinem Jagdschloss Moritzburg, am
nächsten Morgen geht die Flucht weiter. Vorläufiges Ende ist Schloss Gute-
born bei Ruhland, im preußischen Teil der Lausitz. Hier vollzieht sich das

Friedrich August III. mit seinen Kindern

letzte Kapitel der Regentschaft des letzten sächsischen Königs. In dem 1947 abgerissenen Schloss unterzeichnet Friedrich August III. am 13. November 1918 seine Verzichtserklärung auf den sächsischen Thron. Formal blieb damit der Anspruch der Wettiner auf die Herrschaft erhalten. Verzichtete der König doch nur für seine Person, jedoch nicht für seine Nachfahren auf die Krone. Friedrich August mag der Abschied leichter gefallen sein als anderen Monarchen. Machtgelüste trieben ihn nie, und auch wenn der legendäre Seufzer »Machd doch eiern Drägg alleene!« nicht aktenkundig ist, zuzutrauen war er diesem Mann allemal.

Der König geht ins Exil. Zwar hätte ihm in Sachsen niemand ein Haar gekrümmt, aber Friedrich August ist ein Mann mit Prinzipien: »Ein König wohnt in seinem Land nicht zur Miete, sondern geht, wenn seine Zeit abgelaufen ist.« Ganz in der Nähe von Breslau, dem heutigen Wroclaw, besitzen die Wettiner riesige Ländereien. Und mittendrin in dem Dörfchen Sibyllenort, polnisch Szodre, ein Schloss mit 400 Räumen. Allein die Dachfläche dieses heute weitgehend zerstörten Baus maß 10.000 Quadratmeter. Hier in Schlesien richtet sich der König nun häuslich ein. Großzügig vom sächsischen Staat abgefunden, muss sich der pensionierte König um seinen Lebensunterhalt keine Gedanken machen. Und so beschränkt er sich darauf, seinen Hobbys zu frönen. Er jagt, umsorgt die Familie, reist viel, kommt bis nach

Sybillenort (polnisch Szodre), in der Nähe von Breslau, ist der Exilort des Königs

Am 22. Februar 1932 wird Friedrich
August III. in Dresden begraben,
auch Wilhelm II. ist anwesend

Brasilien, Ceylon und Indien. Ist er daheim, steht Friedrich August früh auf, kümmert sich um seinen Grundbesitz, empfängt Besucher und lässt die Abende in geselliger Runde ausklingen.

In die große Politik mischt sich Friedrich August nicht mehr ein. Gleichwohl hält er an alten Freundschaften fest. Er besuchte Kaiser Wilhelm in dessen holländischem Exil oder nimmt auf seiner Schlosstreppe Paraden königstreuer Sachsen ab.

Es ist ein beschauliches Leben. Samstags lädt Friedrich August Breslauer Professoren zu Privatvorlesungen ins Schloss. Einmal wöchentlich geht er ins Dorf zum Kegeln.

14 Jahre währt das so, dann ist der König tot.

Am 18. Februar 1932 stirbt Friedrich August im Alter von 67 Jahren an den Folgen eines Gehirnschlags. Einen Tag später trifft der Leichnam des Königs in Dresden ein. Es ist ein nasser kalter Montagmorgen und trotzdem säumen Hunderttausende die Straßen. Zu dumpfen Trommelschlägen wird der Sarg auf einem Feldgeschütz durch das Spalier der Trauernden vom Hauptbahnhof zur Hofkirche gezogen. Überall sieht man die Uniformen und Insignien der alten Monarchie.

Deutschland ist eine Republik, aber politisch labil und wirtschaftlich schwer angeschlagen.

Allein in Sachsen sind 1932 von 1,6 Millionen Erwerbsfähigen 600.000 ohne Arbeit. Verständlich, dass sich viele beim Anblick des toten Königs nach den alten, vermeintlich besseren Zeiten zurücksehnen.

Friedrich August scheint die Idealfigur für derartig nostalgische Projektionen. Ein volkstümlicher, gutmütiger Monarch, ein treusorgender Vater, so erinnert man sich mit Wehmut seiner. Und obgleich Friedrich August nun schon seit Jahrzehnten in der Hofkirche, in der Gruft der Wettiner liegt, hat sich an diesem Bild nur wenig geändert.

Zeittafel Friedrich August III.

1865	**25. 5.** Prinz Friedrich August von Sachsen, Sohn von Prinz Georg von Sachsen und Maria Anna von Portugal, wird in Dresden geboren
1866	**Juni/Juli** Die Sachsen kämpfen im Deutschen Krieg an der Seite Österreichs gegen Preußen und werden mit den Bündnispartnern bei Königgrätz am 3. Juli geschlagen
1870–1871	Der Deutsch-Französische Krieg führt zur Gründung des Deutschen Kaiserreiches am 18. Januar 1871 in Versailles
1877	Friedrich August tritt ins sächsische Heer ein
	25. 5. Ernennung zum Sekondeleutnant im 1. Leibgrenadier Regiment
1884–1886	Studium der Geschichte, Rechts- und Staatswissenschaften an den Universitäten Straßburg und Leipzig
1886–1890	Mehrere Bildungsreisen führen Friedrich August u. a. nach Wien, London, Rom, Athen, Marokko, Ägypten und Israel
1891	**21. 11.** Hochzeit von Prinz Friedrich August von Sachsen mit der Erzherzogin Louise Antonietta von Österreich-Toscana
1893	**15. 1.** Geburt des Kronprinzen Georg Ferdinand
1902	**19. 6.** König Albert von Sachsen stirbt, Nachfolger wird sein Bruder Georg, der Vater von Friedrich August
	Dezember Kronprinzessin Luise flüchtet aus Dresden wegen einer Affäre mit dem Hauslehrer ihrer Kinder; Friedrich August ist nun alleinerziehender Vater von fünf Kindern
1903	**11. 2.** Scheidung der Ehe zwischen Friedrich August und Louise
1904	**15. 10.** Tod König Georgs, sein Sohn Friedrich August wird als Friedrich August III. König von Sachsen
1909	**5. 5.** Einführung des allgemeinen und direkten Wahlrechts.
1911	Große Jagdexpedition des Königs in den Sudan
1912	Ernennung Friedrich Augusts III. zum Generalfeldmarschall durch Kaiser Wilhelm II.
1914–1918	Erster Weltkrieg. Friedrich August III. versucht gegen Ende des Krieges unter anderem im deutschen Bundesrat ein Friedensangebot an die Alliierten durchzusetzen
1918	**8. 11.** Friedrich August III. verlässt Dresden und reist über Schloss Gutenborn, wo er fünf Tage später die Verzichtserklärung auf den sächsischen Thron unterzeichnet, ins schlesische Sibyllenort, das von nun an sein neuer Wohnsitz sein wird
1925–1931	Vom sächsischen Staat großzügig abgefunden, genießt Friedrich August seinen Lebensabend und unternimmt zahlreiche Fernreisen
1932	**18. 2.** Friedrich August, der letzte Sachsenkönig, stirbt nach einem Schlaganfall in Sibyllenort

Winifred König

Orte und Drehorte

Ein Blick hinter die Kulissen der »Geschichte Mitteldeutschlands«

»Die Geschichte ist überhaupt nur ein Magazin für meine Phantasie, und die Gegenstände müssen sich gefallen lassen, was sie unter meinen Händen werden.«
Friedrich Schiller

Ein kleines Dorf in den Sommertagen des Juli 2004: Altranstädt, gelegen nahe der A9 zwischen Bad Dürrenberg und Leipzig-West. Die Gegend ist unspektakulär, verspricht nichts. Und doch ist Altranstädt einen historischen Augenblick lang der politische Mittelpunkt Europas gewesen. Im kleinen Schloss des Ortes, einst ein im 12. Jahrhundert von den Mönchen des Klosters Pforta gegründetes Zisterziensergut, zwang am 24. September 1706 der im Nordischen Krieg zunächst siegreiche Schwedenkönig Karl XII. Sachsens König August den Starken zum Altranstädter Frieden.

Nun ist ein anderer weltberühmter Mann nebst Ehefrau, Kindern und zahlreichen Schülern hier eingezogen: Johann Sebastian Bach. – Der Kenner seiner Biografie braucht keine Lücke in seinem Geschichtswissen zu fürchten, Bach war natürlich niemals in Altranstädt. Die Macher der »Geschichte Mitteldeutschlands« haben hier mangels eindeutig historisch überlieferter Wohnstätten des großen Komponisten eine erfunden und gefunden, die das Eintauchen in Bachs Leben ermöglicht.

So geschieht es immer dann, wenn die mitunter Hunderte von Jahren zurückliegende Geschichte einer historischen Gestalt keine authentischen Spuren mehr preisgibt. Das Erinnern braucht nicht nur ein Gedächtnis, es braucht auch Orte, die unsere Vorstellungskraft inspirieren. Sicher finden sich in den Filmen der Reihe zuerst einmal jene, die nachweislich mit dem Leben des Protagonisten verbunden sind. Doch oftmals sind die kulturhistorisch wertvollen Bauten für aufwendige Filmarbeiten ungeeignet, viele Male bis zur Unkenntlichkeit überbaut oder ganz zerstört. Die alte Leipziger Thomasschule zum Beispiel wurde 1902 abgerissen. Ein Teil des Johannisfriedhofs, auf dem die Bachs ihre toten Kinder zu Grabe trugen und sie selbst ihre letzte Ruhe fanden, existiert zwar noch – doch dort, wo die Grabstellen waren, ist heute eine Verkehrsinsel.

So dienen der kleine Park und die Räume von Altranstädt, die Renaissancehalle oder die alten Holztreppen dem Filmteam als ideale Kulisse für die Spielszenen. Die Wahl der Orte, an denen der Alltag der Filmhelden lebendig werden soll, knüpft dabei an die historischen Überlieferungen an. Der authentische Ort – ob er tatsächlich existiert oder aus historischen Dokumenten vorstellbar wird – und der ausgewählte Spielort sollen so weit als

Prof. Georg Christoph Biller als Bach und Wolfgang Heinichen vor dem Schloss Altranstädt. Dreharbeiten, Sommer 2004

möglich übereinstimmen. So schwärmen die Filmleute alljährlich aus, um Thüringen, Sachsen und Sachsen-Anhalt nach Orten zu durchstöbern, an denen sie ihre Vorstellungen in Bilder umsetzen können. Schloss Altranstädt war ein solcher Ort. Und wenn der 37. Nachfolger im Amt des Thomaskantors und zugleich sein Darsteller im Film bei den Dreharbeiten auf den engagierten Vorsitzenden des Fördervereins Schloss Altranstädt trifft und der ein leibhaftiger Nachfahre des Dresdener Hofkapellmeisters zu Bachs Zeiten, Johann David Heinichen, ist – dann verwischen sich plötzlich die Grenzen zwischen Vergangenheit und Gegenwart, von Realität und Fiktion. Von einigen solcher »Grenzüberschreitungen« soll dieser Text erzählen. www.schloss-altranstaedt.de

Prinzessin ohne Schloss – Radegunde

Die Funkenburg und Burg Lohra

Vor 1500 Jahren verlor die thüringische Prinzessin Radegunde ihre Heimat und wurde nach Franken verschleppt. Wo wuchs sie auf, wie sah es dort aus? Bis heute ist es Historikern und Archäologen nicht gelungen, den Königshort der alten Thüringer zu finden. Irgendwo an den Ufern der Unstrut soll es gewesen sein. – Wo können wir Radegundes Schicksal lebendig machen? In Westgreußen nahe dem thüringischen Sömmerda wurde in den 1970er Jahren eine germanische Siedlung entdeckt, die vom 2. Jahrhundert v. Chr. bis zum 1. Jahrhundert n. Chr. existiert hat. Auf Initiative des Vereins Funken-

Dreharbeiten für »Radegunde« in der Funkenburg bei Sömmerda

Die Burg Bertarchars brennt ab – im Modell

Der Hof des Palastes des Königs Chlothar auf der Burg Lohra – Nebel, Feuer und Kamerakran im Einsatz

burg e.V. wurde die Befestigungsanlage »wiederaufgebaut« – die Funkenburg. Für die »Geschichte Mitteldeutschlands« verwandelt sie sich nun in den Königshort der Thüringer. Auf dem rekonstruierten Wehrturm steht Radegunde mit ihrem Vater Bertarchar, dem König. Von dort sieht sie die Thüringer in den Krieg gegen die Franken ziehen. Der Wehrturm und die Palisaden brennen, als die Franken den Kampf gewinnen. Doch was im Film in Flammen aufgeht, ist selbstverständlich nur ein Modell! Mit Feuer vorsichtig umzugehen, war oberstes Gebot bei den Dreharbeiten, denn die gesamte Anlage besteht, historisch korrekt, aus Holz. – Wenn Radegunde auch 500 Jahre nach Entstehen der ursprünglichen Siedlung gelebt hat, so wissen wir doch, dass in ihrer Lebenszeit noch ebenso gebaut wurde wie bei den »alten Germanen«.
www.greussen.del/fb/anlage.html

Die Wohnräume der Königsfamilie finden wir im südwestlichen Vorharz, in der Burg Lohra auf einem Bergsporn der Hainleite. Der Kornspeicher der Burg aus dem 11. Jahrhundert wird unser Drehort für die Szenen aus dem Leben von Radegundes Familie.

Die Doppelkapelle aus dem 12. Jahrhundert, das kunstgeschichtlich wertvollste Zeugnis von Burg Lohra, wird mitunter sogar direkt mit der Heiligen Radegunde in Verbindung gebracht. In der Gegend erzählt man sich, dass vor etwa 20 Jahren Nonnen aus dem französischen Kloster von Poitiers, wo Radegunde begraben ist, auf die Burg kamen, weil sie gehört hatten, sie sei dort geboren. Auch manche Wissenschaftler nehmen dies an, zu beweisen ist es nicht. Für unsere Wahl aber eine Legitimation mehr! Der steinerne Innenhof dient gleich als eindrucksvolle Kulisse für die Darstellung von König Clothars Palast in Franken, der im 6. Jahrhundert nachweislich schon in Steinbauweise errichtet wurde. Die Burg Lohra ist heute ein lohnenswertes touristisches Ziel. Und vielleicht ergeht es Ihnen dann so ähnlich wie den Teilnehmern des vorjährigen internationalen Sommerworkshops: Für ein paar Stunden verwandelten sie sich in den Hofstaat des fränkischen Königs.

Auf den Spuren der Ottonen

Die Konradsburg, St. Cyriakus und Kloster Rohr
Am 7. August 936 wird Otto I. in Aachen zum König gekrönt. Beim anschließenden Festmahl fließt der Wein in Strömen, das Gewölbe ist von Lärm und Musik erfüllt. – Wo aber befinden wir uns? Von der einstigen Kaiserpfalz Magdeburg existieren nur noch spärliche Reste. Lediglich im Kreuzgang des Klosters Unser Lieben Frauen in Magdeburg residiert für unseren Film der

wichtigste Zeuge von Ottos Leben, Widukind von Corvey. Die Festtafel hingegen steht in der spätromanischen Krypta der Konradsburg bei Ermsleben im Unterharz. Hier befindet sich im Film auch das Gemach von Kaiserin Adelheid, der zweiten Frau Ottos des Großen, hier lässt sich 973 Ottos Sohn Liudolf wie ein König feiern, bevor er sich schließlich seinem Vater unterwerfen muss. Die Konradsburg stammt aus dem 11. Jahrhundert. So ganz passt sie also nicht in einen Film über die Otto I. Deshalb ist sie auch nie wirklich zu sehen. Doch die Krypta ist ein schöner Spielort, und ungestörtes Arbeiten ist hier möglich. Mal war das Bauwerk Kloster, mal Vorwerk, im 18. und 19. Jahrhundert benutzte man die bauhistorisch wertvolle Krypta gar als Schweinestall. Etwa ab 1980 engagiert sich die Bürgerinitiative Förderkreis Konradsburg e.V. für »ihre« Burg. Einige der heutigen Burgherren und -damen leben in den Wohn- und Wirtschaftsgebäuden, stehen interessierten Touristen für Informationen zur Verfügung und backen, nebenbei gesagt, hervorragende Kuchen.
www.Konradsburg.com

Dreharbeiten für »Radegunde« in der Funkenburg bei Sömmerda

Die Stiftskirche St. Cyriakus diente schon in zwei Filmen als Lebens- und Regierungsstätte der Ottonen. Das nimmt kaum Wunder, denn schließlich gilt diese weithin sichtbare Kirche am nordöstlichen Rand des Harzes als der am besten erhaltene Sakralbau der ottonischen Architektur in Deutschland. Die in der Augustsonne fast weiß strahlende Kirche ist das vielleicht schönste Zeugnis romanischer Baukunst im mitteldeutschen Raum. Wo wenn nicht hier könnten Filmbilder entstehen, die das Leben der Ottonen nacherlebbar machen, auch wenn Otto der Große natürlich nicht in Gernrode gekrönt wurde. Sein Grab befindet sich im Magdeburger Dom. Doch sein Darsteller in unserem Film ist in der mehr als tausend Jahre alten Krypta in St. Cyriakus aufgebahrt, die als die älteste bestehende Hallenkrypta nördlich der Alpen gilt – neben der Krypta im thüringischen Rohr.
In St. Cyriakus inszenieren wir im Film über Otto den Großen auch die Trauung seines Sohnes mit der byzantinischen Prinzessin Theophanu. Zwei Jahre später bekommt sie ihren eigenen Film und wieder zieht der Tross nach Gernrode, aus gutem Grund: Theophanu brachte aus dem hochkultivierten Byzanz, wo sie als Nichte des Kaisers in den Mauern des »Heiligen Palastes« aufwuchs, neben Kunst und höfischen Sitten auch Architektur in den rauen Norden. Die Pfeiler und Säulen im Mittelschiff von St. Cyriakus verdanken ihre eher untypische Anordnung vielleicht dem Einfluss der Kaiserin aus Byzanz.
www.harz-saale.de / Impressionen / Ostharz / Stiftskirche

Dreharbeiten zum Film »Theophanu« in der Stiftskirche St. Cyriakus in Gernrode, Sommer 2004

Doch die einzige Spur, die uns auf direktem Weg zu Theophanu und in ihre Zeit führt, ist das schon erwähnte Kloster Rohr. 17 Ortschaften dieses Namens gibt es im deutschsprachigen Raum. »Unser« Rohr, in karolingischer Zeit Rara genannt, liegt in Thüringen, sieben Kilometer entfernt von der Theaterstadt Meiningen. Gegründet wurde das Kloster im 9. Jahrhundert. Im 10. Jahrhundert diente es deutschen Königen zur Hofhaltung, unter ihnen Otto I.. Den Höhepunkt in der mittelalterlichen Geschichte aber erlebte das Kloster am 29. Juni 984: Theophanu feierte ihren größten Triumph und wir, die so oft auf Alternativen angewiesen sind, können ihren Sieg über Heinrich den Zänker, ihren ärgsten Konkurrenten um die Macht, am authentischen Ort in Szene setzen. Vermutlich hat die junge Kaiserin an jenem Tag tatsächlich ihr Dankesgebet in der nun über tausend Jahre alten Hallenkrypta verrichtet...
www.dillstaedt.de / rohr

Kein Ort für Hermann von Salza?

Burg Querfurt

Burg Querfurt war zwar keine Ordensburg, stammt aber aus der Zeit Hermann von Salzas

Der erste Hochmeister des Deutschen Ordens hat wenig authentischen Spuren in seiner alten Heimat Thüringen hinterlassen, auf die wir uns stützen könnten. Doch es gibt natürlich architektonische Zeugnisse, die der Lebenszeit Hermann von Salzas entstammen. Wer in den Spielorten des Films die Burg Querfurt erkennt und einige historische Kenntnis besitzt, mag sich zunächst wundern. – Unser Held war tatsächlich niemals in Querfurt, und die Burg war auch nie Ordensburg. Doch die Herren von Burg Querfurt beteiligten sich an den Kreuzzügen des 12. und 13. Jahrhunderts. Von dort brachten sie auch so manche architektonische Anregung mit: Teile der Wehranlage z. B. orientieren sich am Bau der Kreuzfahrerburgen im Heiligen Land. Die Kapelle, die im 12. Jahrhundert zu Ehren des berühmtesten Querfurters, des heiligen Brun, errichtet wurde, weist byzantinische Merkmale auf. So können wir, ganz ohne Geschichtsfälschung, unsere Filmfigur in und um Querfurt agieren lassen, als Ersatz für die Kreuzfahrerburg Montfort im Heiligen Land.
www.burgenwelt.de / querfurt

Die Burgen der heiligen Elisabeth

Wartburg, Runneburg und Creuzburg

Davon zu erzählen, dass die thüringische Landgräfin Elisabeth auf der Wartburg lebte und Dreharbeiten dort zum Pflichtkanon gehören, hieße wohl

ebenso Eulen nach Athen zu tragen wie auf Luthers Bibelübersetzung »im Reich der Vögel« zu verweisen. Natürlich wandelt Elisabeth zwischen den Säulen des Palas der Wartburg, sind viele wichtige Momente ihres Lebens hier dargestellt. Doch etliche Szenen im Film über die heilige Elisabeth, die sich eigentlich auf der Wartburg abgespielt haben, entstanden auf der Runneburg im thüringischen Weißensee. Schon von weitem sieht man die Nachbildung der gewaltigen Steinschleuder, die Kaiser Otto IV. im Jahr 1212 gegen die Burg richtete. Sicher ist, dass Elisabeth 1225 anlässlich eines der größten Hoftage der Ludowinger, des Geschlechts ihres Gemahls, auf der Runneburg weilte. Die Replik eines Kruges aus dem 13. Jahrhundert, aus Elisabeths Lebenszeit also, den man bei Ausgrabungen im Brunnen des Burghofs fand und dessen Original dort im »Schatzgewölbe« zu sehen ist, gehört während der Dreharbeiten zu den wichtigsten und bestgehütetsten Requisiten auf der Hochzeitstafel des Landgrafenpaares. Die erhaltenen Teile des romanischen Palas der Burganlage dienen als Schlafgemach der Liebenden. Auch das berühmte »Rosenwunder« setzen wir lieber auf der Runneburg, abseits von den Touristenströmen der Wartburg, ins Bild. Den Ruhm des »herrlichen Bergschlosses«, wie Richard Wagner die Wartburg nannte, kann dieser kleine Kunstgriff wohl kaum schmälern.
www.runneburg.de

Die Lieblingsburg des Landgrafenpaares aber war die thüringische Creuzburg, was beinahe jedes Kind im Dorf gleichen Namens weiß. Auch Luther und Melanchthon, Napoleon und Goethe schätzten diesen lieblichen Ort. Von hier brach Ludwig IV. wirklich zum Kreuzzug auf, von dem er nicht zurückkehrte – die schwangere Elisabeth zurücklassend. Über die Steinbrücke kann Konrad von Marburg auf einem Esel über die Werra zur Burg reiten, ganz so als wäre man tatsächlich im Frühjahr 1226. Dass heute in der Creuzburg ein kleines, aber sehr gediegenes Hotel Platz gefunden hat, müssen Szenenbild und Kamera natürlich wegzaubern.
www.Creuzburg.de

Noch viele solcher Drehorte, an denen wir die Geschichten unserer Protagonisten in Szene gesetzt haben, ließen sich aufzählen – etwa das Barockschloss Schönwölkau, wo das Leben Augusts des Starken und des Alten Dessauers vorstellbar wird, die Burg Rochlitz, die Kulisse für Martin Luthers Familienleben ist oder die Villa Wachwitz, in denen Richard Wagner und Sachsens letzter König, dessen Sommersitz sie tatsächlich war, für den Film residierten. Doch ein paar Geheimnisse um die Gesichter der mitteldeutschen Geschichte wollen wir für uns behalten…

Burg Rochlitz, ehemalige Residenz Friedrichs III., auch genannt der »Gebissene«, dient im Lutherfilm als Drehort für das Schwarze Kloster in Wittenberg.
Im Rittersaal findet das Beilager Martin Luthers mit Katharina von Bora statt.
Im Burggarten erfreuen sich die Luthers am ersten Sohn und bewirten ihre Gäste

Personenregister

Ortsregister

Bildnachweis

Die Szenen- und Motivfotos auf den Zeittafeln und im Text Drehorte wurden von folgenden Fotografen im Auftrag des MDR, bzw. der Projektgruppe »Geschichte Mitteldeutschlands«-Ottonia erstellt: Axel Berger, Ralf Uwe Heinrich, Gerhard Hopf, Machmud Dabdoub, Jens Schwengel, Karsten Trepte.
Die Abbildungen in den Textbeiträgen zu den einzelnen Filmen wurden für die jeweilige - Filmproduktion aufbereitet und sind folgenden Archiven, Einrichtungen und Publikationen zuzuordnen: